E. POTTIER

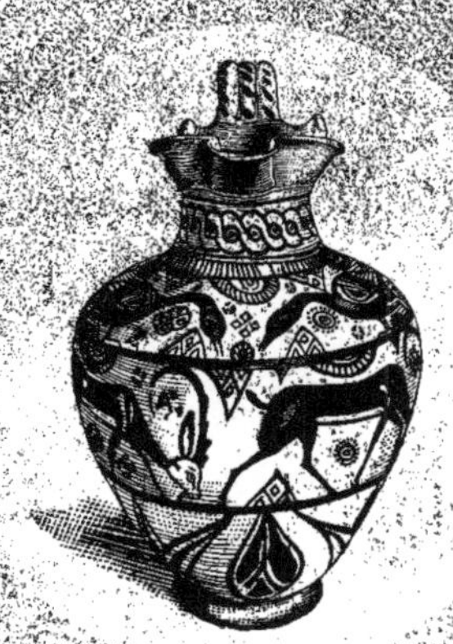

VASES ANTIQUES

DU LOUVRE

HACHETTE & CIE

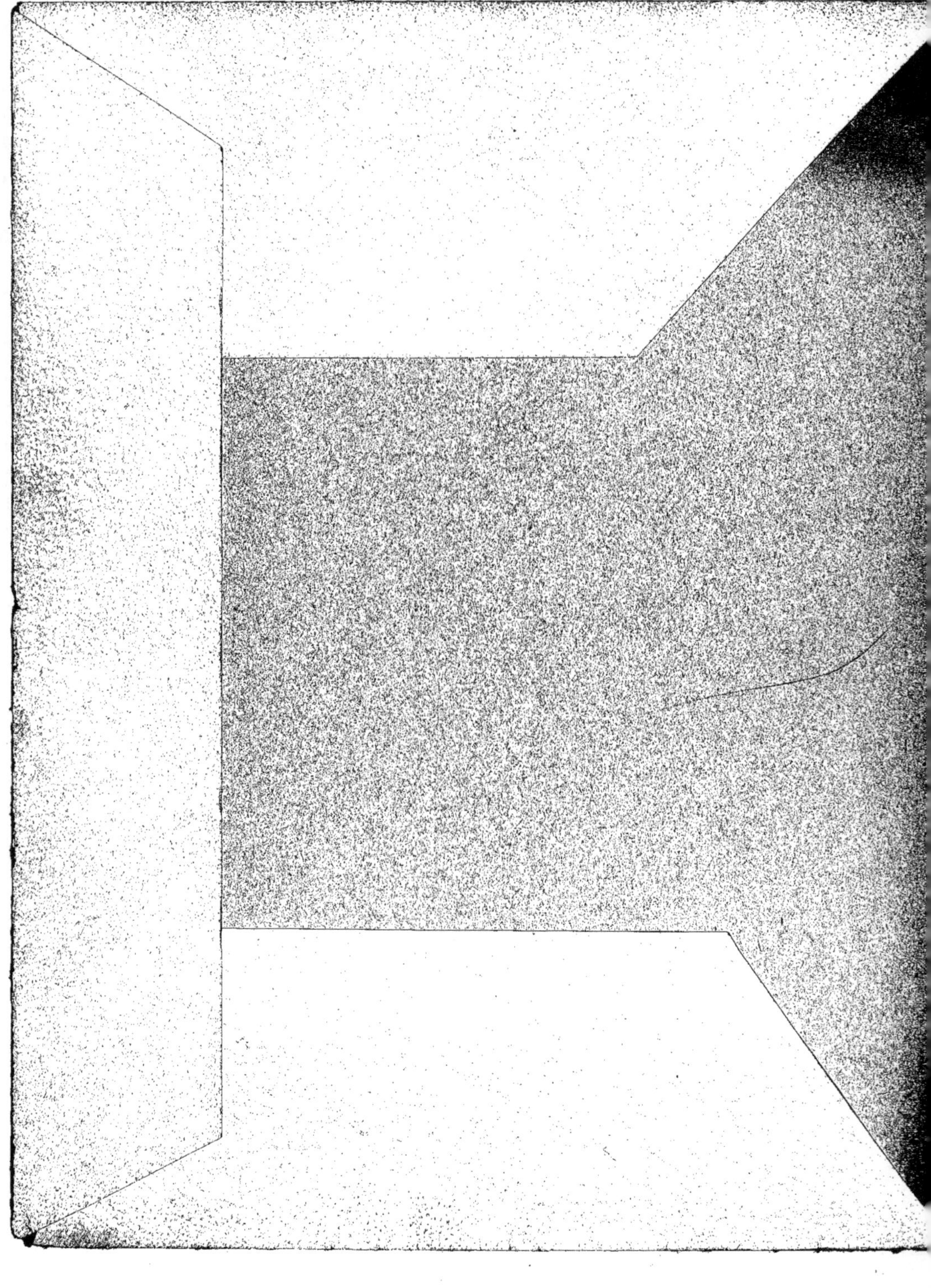

VASES ANTIQUES

DU LOUVRE

OUVRAGE PUBLIÉ SOUS LES AUSPICES
DU MINISTÈRE DE L'INSTRUCTION PUBLIQUE ET DES BEAUX-ARTS
ET DE L'ACADÉMIE DES INSCRIPTIONS ET BELLES-LETTRES

VASES ANTIQUES DU LOUVRE

PAR

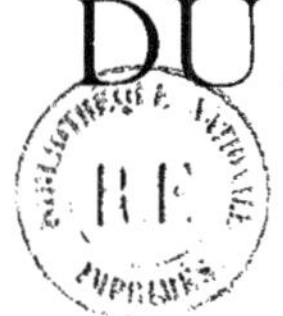

E. POTTIER

Ancien Membre de l'École d'Athènes, Agrégé de l'Université, Docteur ès lettres,
Conservateur-Adjoint des Musées Nationaux.

PHOTOGRAVURES ET DESSINS DE JULES DEVILLARD

SALLES A-E

LES ORIGINES — LES STYLES PRIMITIFS
ÉCOLES RHODIENNE ET CORINTHIENNE

PARIS

LIBRAIRIE HACHETTE ET CIE

79, BOULEVARD SAINT-GERMAIN, 79

1897

A

M. Léon HEUZEY

MEMBRE DE L'INSTITUT
CONSERVATEUR DU MUSÉE DU LOUVRE

ET A

M. Georges PERROT

MEMBRE DE L'INSTITUT
DIRECTEUR DE L'ÉCOLE NORMALE SUPÉRIEURE

HOMMAGE DE RECONNAISSANTE AFFECTION.

AVERTISSEMENT

L'Album de *Vases antiques* que je présente aux étudiants et aux archéologues est dû à la libéralité du Ministère de l'Instruction publique et de l'Académie des Inscriptions et Belles-Lettres, dont les subventions m'ont permis de réaliser, avec le concours de MM. Hachette, cette première partie de mon travail sur la collection céramique du Louvre. C'est le complément du petit *Catalogue* qui, mis en vente dans les galeries du Musée, explique aux visiteurs l'intérêt des poteries antiques. L'Album contient des types de vases choisis dans les premières Salles A, B, C, D, E, c'est-à-dire l'histoire de la peinture grecque et italiote depuis les origines jusqu'aux environs du vi^e siècle avant notre ère. Nous comptons consacrer plus tard deux autres fascicules au contenu des dernières Salles.

Ces Albums ont, à notre avis, deux raisons d'être : à ceux qui sur place ont le loisir d'étudier les originaux, ils conserveront le souvenir des formes et des peintures les plus remarquées ; à ceux qui, loin de Paris, ne peuvent venir chercher dans nos galeries des documents artistiques, ils fourniront d'utiles et précis renseignements.

Je me suis donné pour règle de ne jamais décrire un vase sans renvoyer en même temps à une reproduction, l'expérience m'ayant appris qu'aucune description, si minutieuse qu'elle soit, ne remplace un bon dessin ou même un simple croquis. D'excellents catalogues descriptifs ont paru, qui ne rendent pas le dixième des services qu'on pourrait attendre d'eux, faute de planches ou de bois insérés dans le texte. Assurément la description reste indispensable ; elle complète les détails qui ne sont pas visibles dans le dessin, elle renseigne sur la technique, les couleurs, les restaurations, les dimensions, la provenance, etc. Mais il est nécessaire que ces deux éléments d'informations s'unissent et se prêtent un mutuel appui. On remarquera d'ailleurs que la méthode des catalogues descriptifs, accompagnés de nombreuses illustrations, est adoptée aujourd'hui par la plupart des grands Musées : c'est le meilleur moyen de constituer peu à peu ce *Corpus Rerum* dont l'achèvement tant désiré sera, avec le *Corpus Inscriptionum*, le grand œuvre de la science archéologique moderne.

J'ai donc cherché à donner le plus de dessins possible. On en trouvera environ trois cent quarante, répartis dans les cinquante planches qui accompagnent notre texte. Il est bien entendu que ce nombre de reproductions est de beaucoup inférieur au total des vases exposés dans les cinq salles du Louvre qui renferment la céramique des premiers âges. Pour publier intégralement la collection, il aurait fallu disposer de fonds très considérables. Mais je crois avoir fait connaître ce qui est essentiel et, si le succès encourage la publication de ces Albums, on pourra compléter plus tard, par des Suppléments, cette première ébauche. Ajoutons que notre texte contient, outre les vases dessinés ici pour la première fois, la description de ceux qui ont été publiés antérieurement. En résumé, le présent fascicule donne l'énumération complète de tous les vases archaïques du Louvre qui ont été reproduits dans un ouvrage quelconque.

Il me reste à dire un mot des planches et de la façon dont elles ont été faites. Si j'avais adopté uniquement le système du dessin reporté sur cuivre ou sur zinc, j'aurais dû renoncer presque à la moitié des planches que je donne. Le procédé de la *simili-gravure*, appelé aussi *direct*, offrait l'avantage de réduire considérablement les dépenses, de faciliter la publication d'un plus grand nombre de types, de donner un fac-similé photographique des formes, des ornements et des sujets représentés. Il est vrai que ce procédé a un défaut, qui est l'aspect souvent gris des figures. J'ai cru pouvoir passer par-dessus cet inconvénient, en raison des autres commodités. D'ailleurs je ne me suis pas interdit l'usage du dessin reporté sur zinc, mais je l'ai réservé pour la publication des détails et des scènes développées, dont la photographie directe n'aurait pas donné une idée suffisante. Je suis heureux de dire en terminant que j'ai trouvé chez M. J. Devillard, qui s'est fait une spécialité de ces reproductions d'après les vases antiques, le concours le plus précieux et le plus dévoué.

Paris, novembre 1896.

SÉRIES ORIENTALES

Bien que les poteries antiques de l'Orient sortent du cadre de nos études sur la céramique grecque et qu'elles soient réparties entre différentes sections du Musée, je n'ai pas voulu les laisser entièrement de côté dans cet Album. Sans en faire un inventaire complet j'ai tenu à signaler celles qui ont été publiées, puis à décrire en détail celles qui intéressent particulièrement l'archéologie grecque, soit par la similitude des formes, soit par la nature du décor. Je rappelle d'ailleurs, comme je l'ai dit dans mon *Catalogue* (p. 72), que beaucoup de ces vases ont subi, à des degrés divers, l'influence hellénique et qu'à cet égard ils avaient droit de trouver place ici.

ÉGYPTE

1. Vase à étrier et à goulot vertical. — L'épaule, la panse et la base portent des cercles noirs. Sur le sommet de la panse cinq motifs végétaux, formés de deux A superposés et surmontés d'un demi-cercle de points. Cercles noirs concentriques sur le sommet du bouton central ; barbouillages noirs sur les anses ; ellipse noire entourant les attaches du goulot et du piton central. Le dessous du pied est légèrement creux. C'est une poterie mycénienne.

> Terre blanche, dure et bien cuite, mêlée de quelques graviers. Engobe blanc sale. Peinture en noir peu lustré, tournant au brun. Quelques éclats enlevés sur la panse et sur le rebord du pied. Haut. 0,11.
> (Inv. N 1265.) Trouvé en Égypte et rapporté au Musée en 1852 par Clot-Bey.
> Publié dans notre pl. 3.

2. Vase à deux petites anses verticales, en forme de gourde ronde et plate. — La panse est de chaque côté décorée de trois séries de cercles concentriques, disposés verticalement.

> Terre rosée. Engobe jaune verdâtre. Peinture en noir mat. Pièce chypriote ou fabriquée en Égypte d'après des modèles chypriotes. Haut. 0,20.
> (Inv. N 1252.) Trouvé en Égypte et donné au Musée vers 1851 par M. Louis Batissier.
> Publié dans notre pl. 3.

3. Cornet sur pied haut orné de tores saillants, avec six oreillettes verticales munies d'anneaux d'argile. — Dans l'intervalle compris entre chaque oreillette on a peint en noir une bande verticale quadrillée. Ces bandes s'arrêtent devant ou passent à travers cinq quadrupèdes accroupis, grossièrement figurés avec un œil rond énorme, une crinière hérissée et un corps zébré de traits noirs. Un double tore saillant, hérissé d'aspérités, sépare la panse du pied. Sur le haut du pied, au-dessus de quatre tores réguliers saillants, une zone de larges entrelacs noirs quadrillés. L'intérieur offre une série de cercles saillants qui se prolongent jusqu'au fond et attestent l'emploi du tour. Le dessous du pied est plat.

> Terre rosée et friable. Peinture en noir mat. Pas d'engobe. L'intérieur, la base du pied et le dessous, quelques parties du rebord ont été revêtus d'un enduit noir, lustré, d'aspect goudronné ou bitumeux qui paraît moderne. Il semble qu'on ait voulu se servir d'un vase antique, très poreux, et qu'on ait cherché à le rendre moins perméable par cet enduit. Le vase brisé en plusieurs morceaux a été recollé. Trois anneaux manquent aux oreillettes. Haut. 0,225. Diam. 0,115.
> Par sa structure, ses oreillettes et annelets, son décor primitif en noir mat, cette poterie rappelle à la fois Hissarlik, Chypre et Bologne. La date et l'origine exacte en sont difficiles à déterminer. Je croirais à l'imitation d'un produit chypriote, fait sur place, en Égypte.
> (Inv. Égypte 10 676.) Acheté à Louqsor et rapporté au Musée en 1895 par M. Georges Bénédite.
> Publié dans notre pl. 3.

4. Amphore à base pointue, sans anses. — Le goulot seul porte une décoration composée d'arêtes lancéolées, la pointe en bas, et surmontées d'une zone de gros points noirs. En haut et en bas deux cercles rouges entre deux cercles noirs, et par-dessus les cercles rouges un cercle semé de gros points noirs.

> Terre blanche. Pas d'engobe. Peinture en noir mat et en rouge vineux, analogues aux couleurs de Chypre. Haut. 0,26.
> (Inv. N 882.) Trouvé en Égypte, sans provenance exacte connue.
> Publié dans notre pl. 3.

5. Amphore à long col et à base pointue, avec deux courtes anses verticales. — Une des faces du vase est seule décorée de vives couleurs. Sur le col une bande de dents de loup, noires, accostées de croissants jaunes entre deux bandes d'arêtes lancéolées bleues. Quatre cercles rouges et trois cercles noirs pointillés de blanc séparent ces bandes. Sur la panse une fleur de lotus à pédoncule jaune, à pétales verts, à corolle blanche et bleue, se détache sur un fond bleu, la tête en bas. Au-dessous, en demi-cercle, sur un fond rouge une bande de dents de loup bleues, ayant au centre un croissant jaune et alternant avec des bâtonnets bleus encadrés de blanc, puis une bande de godrons blancs sur fond bleu. Un cercle noir, un autre pointillé de blanc, un cercle bleu limitent ces bandes. Près de l'attache de chaque anse, un réseau flottant de fils rouges imite un lien qui attacherait ce tissu coloré sur le devant du vase.

> Terre rouge. Engobe blanc sur la surface extérieure. Peinture en couleurs verte, bleue, jaune, rouge, noire et blanche. Ces couleurs sont faites à l'eau et s'en vont au moindre contact humide. Le col est fendu et un morceau du rebord manque. Haut. 0,26.
> (Inv. ancien fonds, n° 807.) Trouvé en Égypte, sans provenance exacte connue.
> Publié dans notre pl. 3.

CHALDÉE

Le groupe de vases d'argile, trouvé par M. de Sarzec à Tello, sur l'emplacement de l'ancienne cité chaldéenne de Sirpourla, a été réuni et publié dans une seule planche des *Découvertes en Chaldée* par E. de Sarzec et L. Heuzey, pl. 42 (n° 1, époque de Goudéa ; n°ˢ 2-10, époque de Our-Nina ; n°ˢ 12-15, époque incertaine ; n°ˢ 16 et suiv., époque gréco-parthe).

ASSYRIE

1. Haut gobelet sans anses sur pied court. — La panse est divisée, par des cercles réservés en clair, en trois zones noires de grandeur inégale. Sur la zone supérieure, la plus grande, sont peintes cinq grandes dents de loup en traits blancs séparés par un pointillé blanc ; dans les intervalles laissés par ces dents de loup, cinq plus petites sont insérées en haut et cinq en bas et chacune de ces petites dents est semée de points blancs. Sur la zone du milieu, la plus petite, quatre petites dents de loup du même genre alternent avec quatre groupes de bâtonnets verticaux mêlés de points blancs. Sur la zone inférieure est peint quatre fois le motif des deux triangles affrontés par les pointes et semés de points blancs. Près de la base et sur le pied un cercle noir. Le dessous est presque plat.

> Terre blanchâtre à surface jaunie. Peinture en noir mat, tournant au brun et au rougeâtre, et au blanc crémeux. Haut. 0,125.
> (Inv. n° 282.) Trouvé par V. Place en Assyrie, à Dgigan, et entré au Musée en 1852.
> Publié par Place, *Ninive et l'Assyrie*, pl. 68-69, n° 8 ; Perrot et Chipiez, *Hist. de l'Art*, II, p. 715, fig. 376. Cf. A. de Longpérier, *Notice des antiquités assyriennes du Louvre*, n° 282.

PERSE

Un groupe important de vases, appartenant surtout aux époques parthe et sassanide, a été recueilli par M. et Mᵐᵉ Dieulafoy dans leurs fouilles de Suse et rapporté au Louvre en 1887. Ils sont décrits et publiés par M. Dieulafoy, *l'Acropole de Suse*, p. 425, fig. 266-273 (époque achéménide et sassanide), p. 427-428, fig. 276-282 (époque parthe), p. 443, fig. 378 (époque séleucide), pl. xii et xvi en couleurs (époque sassanide).

Les descriptions qui suivent se rapportent à d'autres vases du Louvre dont les peintures ou la technique offrent plus de rapports avec les produits grecs.

1. Œnochoé sans anse, à bec allongé. — Aucun décor peint ni incisé. Le fond est plat.

> Pièce façonnée à la main. Terre noire, dure et bien cuite. Haut. 0,13.
> (Inv. AO 1822). Trouvé en Perse, dans des ruines au sud de Rhagæ, et acquis en 1889.
> Publié par Perrot et Chipiez, *Hist. de l'Art*, V, p. 868, fig. 522.

2. Vase en tronc de cône, à col court et sans anses. — La panse est couverte d'un réseau de dessins incisés. En haut trois lacis ondulés et deux cercles. Le reste de la panse est divisé en métopes longues par six bandes verticales contenant des traits horizontaux et des zigzags verticaux ; dans chaque métope des triangles hachés de traits parallèles et séparés par un trait vertical. Le fond du vase est plat.

> Terre noire, bien cuite et dure. Travail d'incisions soigné. Le rebord est effrité. Haut. 0,10.
> (Inv. AO 1815.) Même provenance.
> Publié par Perrot et Chipiez, *Ibid.*, p. 869, fig. 524.

3. Vase sphérique, sans anses, sur pied court. — Sur le haut de la panse trois larges métopes quadrillées, limitées en haut et en bas par un cercle. Sur le pied un cercle et deux groupes de trois traits verticaux. Le dessous est creux.

> Terre rosée, revêtue d'un engobe blanc, jauni. Peinture monochrome en brun mat. Haut. 0,13.
> (Inv. AO 1812.) Même provenance.
> Publié par Perrot et Chipiez, *Ibid.*, p. 870, fig. 526.

4. Vase en tronc de cône, sans anses, sur un pied évasé. — Sur la panse, entre deux cercles, quatre bandes de traits horizontaux alternent avec quatre bandes de lacis verticaux. Sur le pied trois groupes de traits verticaux. Le dessous est creux.

> Terre rosée, recouverte d'un engobe blanc jauni. Peinture monochrome en noir mat. Nombreuses écailles enlevées ou recollées sur le col ; pied recollé et restauré. Haut. 0,20.
> (Inv. AO 1892.) Même provenance.
> Publié par Perrot et Chipiez, *Ibid.*, p. 871, fig. 528.

5. Gobelet sans anses. — Le haut de la panse est orné d'une bande de quadrillés, d'une double zone de dents de loup superposées et opposées, d'une autre bande de quadrillés. Dans l'intérieur, un cercle bordant l'embouchure. Le fond est conique et pointu.

> Terre blanchâtre, dure et bien cuite, à surface jaunie. Peinture monochrome en noir mat tourné au brun. Haut. 0,08.
> (Inv. AO 1806). Trouvé en Perse, sur la route de Karadju, et acquis en 1889.
> Publié par Perrot et Chipiez, *Ibid.*, p. 868, fig. 523.

6. Vase en tronc de cône, sans anses. — Sur le haut de la panse quatre zones limitées par des cercles ; dans chaque zone quelques métopes longues contenant deux ou trois zigzags horizontaux et superposés. Le dessous est plat.

> Terre blanchâtre, à surface jaunie. Peinture monochrome en noir mat, tournant au brun. Le rebord est effrité, la panse fendue et recollée. Haut. 0,09.
> (Inv. AO 1818.) Même provenance que le n° 1.
> Publié par Perrot et Chipiez, *Ibid.*, p. 871, fig. 527.

7. Vase en forme de bol, sans anses. — Sur la panse deux zones opposées l'une à l'autre de dents de loup hachées de traits parallèles. À l'intérieur un cercle bordant l'embouchure. Le dessous est plat.

> Terre rosée, avivée par un engobe d'un rouge vif, à l'extérieur et à l'intérieur. Peinture en noir mat. Haut. 0,09. Diam. 0,12.
> (Inv. AO 1810.) Trouvé en Perse, à Damayan, sur l'emplacement de l'ancien Hécatompylos.
> Publié par Perrot et Chipiez, *Ibid.*, p. 872, fig. 529.

PHÉNICIE

1. Haut gobelet sans anses. — La panse est divisée en stries circulaires qui descendent jusqu'à la base ; une dépression plus profonde, aux deux tiers de la hauteur, resserre à cet endroit le diamètre du vase.

> Terre rosée pâle, épaisse et mal épurée, sans engobe ni peinture. Haut. 0,27.
> (Inv. ancien fonds 252.) Trouvé en Phénicie.
> Publié dans notre pl. 4.

2. Grand vase ovoïde à deux anses. — La surface entière, sauf une zone laissée unie au milieu, est décorée de stries circulaires, plus fines en haut, plus profondes et plus larges en bas, qui descendent jusque sur le fond même. Les deux anses, en forme d'oreillettes courtes, sont placées verticalement et grossièrement soudées à la panse par un travail de barbotine dont on n'a pas fait disparaître les traces.

> Terre rosée, peu cuite, sans engobe ni peinture. Le vase devait être muni d'un couvercle qui manque. Quelques parties de la panse son effritées. Haut. 0,39.
> (Inv. AO 2259.) Trouvé en Phénicie et acquis en 1893.
> Publié dans notre pl. 4.

3. Œnochoé à bec aplati et à anse ronde. — Aucun décor peint ni incisé.

> Terre rougeâtre, sans engobe ni peinture. La panse et le fond sont percés d'un trou. Haut. 0,26.
> (Inv. ancien fonds 10 225.) Trouvé dans les fouilles de M. Renan et rapporté en 1862.
> Publié dans notre pl. 4.

4. Œnochoé à bouche ronde et à anse coudée. —

Le bas de la panse est divisé en stries circulaires peu marquées. Sur le fond cercles concentriques incisés.

> Terre blanche, d'aspect extérieur jaune verdâtre, peu épurée, rugueuse au toucher, sans engobe ni peinture. Haut. 0,22.
> (Inv. AO 2013.) Trouvé près de Tunis, dans un tombeau phénicien, le 22 févr. 1881 (mission de M. le comte d'Hérisson). Donné au Musée en 1890.
> Publié dans notre pl. 4.

5. Œnochoé à goulot pointu et à anse quadrifide. — Le haut du goulot est divisé en stries circulaires, au-dessus d'un rebord saillant (sur lequel venait sans doute s'appuyer un couvercle coiffant le goulot). La panse est orné de stries circulaires, à peine marquées.

> Terre rougeâtre, rugueuse au toucher, sans engobe ni peinture. La panse est percée d'un trou. Haut. 0,20.
> (Inv. AO 2016.) Même provenance.
> Publié dans notre pl. 4.

6. Vase à bec pointu, à trois anses et à couvercle. — La panse est décorée de stries circulaires qui descendent jusqu'au pied ; cercle en saillie à la base du goulot. Les anses sont attachées verticalement. Le couvercle, surmonté d'un petit bouton, coiffe profondément le haut du goulot et vient s'appuyer sur un rebord saillant.

> Terre rougeâtre, grossière et mêlée de graviers, friable et peu cuite. Pas d'engobe ni de peinture. La surface est effritée, percée d'un trou en haut de la panse. Haut. 0,12.
> (Inv. AO 2127.) Trouvé en Phénicie et acquis en 1891.
> Publié dans notre pl. 4.

7. Réchaud ovoïde à deux anses. — La panse est divisée en quatre zones étroites par des tores saillants et chaque zone percée de 25 à 30 trous ; les anses horizontales et attachées à la partie inférieure du réchaud, dans lequel on plaçait des charbons allumés, en activant le courant d'air à travers les trous.

> Terre rougeâtre, mal épurée, mêlée de petits graviers. Pas d'engobe ni de peinture. Les deux anses sont brisées ; une grande partie de la zone inférieure manque. Haut. 0,12.
> (Inv. ancien fonds 10 207.) Trouvé à Saïda, dans les fouilles de M. Renan, et rapporté en 1862.
> Publié par Renan, *Mission de Phénicie*, pl. 21, n° 4. Voy. notre pl. 4.

8. Aryballe en forme de tête de guerrier casqué. — La forme du casque est ionienne avec une barre descendant verticalement sur le front et terminée par un crochet saillant ; les garde-joues ornés chacun d'une rosace incisée ; la coiffe décorée en haut d'une zone de dents de loup incisées, au centre d'une zone de caractères hiéroglyphiques donnant le nom du Pharaon Apriès ; en bas d'une bande en arête incisée et de traits verticaux descendant sur le couvre-nuque. Le goulot surmonte la coiffe à la place du cimier et est muni en arrière d'une petite anse plate. Le fond est plat.

> Terre blanche, friable, recouverte d'un émail bleu, actuellement très pâli. Les yeux sont incrustés d'une petite pâte de verre bleu foncé ou noirâtre. Traces de noir sur les sourcils. Haut. 0,065.
> (Inv. MNB 1143.) Le vendeur a indiqué Corinthe comme provenance, mais la facture est phénicienne ou gréco-ionienne.
> Publié par L. Heuzey, *Figurines antiques de terre cuite du Louvre*, pl. 7, fig. 2 ; *Gazette archéologique*, 1880, pl. 28, n° 2 ; Rayet et Collignon, *Hist. de la Céramique grecque*, p. 378, fig. 141 ; Perrot et Chipiez, *Hist. de l'Art*, III, p. 676, fig. 484.

9. Aryballe en forme de tête d'Hercule coiffé de la peau de lion, adossée à une tête de taureau. — Le goulot, muni d'une petite anse plate, surmonte les deux têtes comme dans le précédent. Le fond est plat.

> Même technique que dans le précédent. Émail d'un ton bleu devenu verdâtre. Le rebord du goulot est effrité. Bien que le relief du revers soit assez émoussé, je ne crois pas qu'on puisse y voir une tête de lion. Haut. 0,06.
> (Inv. MNB 2026.) Le vendeur a indiqué l'île de Cos comme provenance, mais la facture est phénicienne ou gréco-ionienne.
> Publié par L. Heuzey, *Figurines antiques du Louvre*, pl. 7, fig. 3 ; *Gazette archéologique*, 1880, pl. 28, n° 1.

10. Vase en forme de statuette de déesse drapée (Aphrodite), tenant une colombe de la main gauche. — Le type de la figure est archaïque ; deux tresses de cheveux retombent symétriquement sur chaque épaule ; le pied gauche est légèrement avancé. La main droite abaissée tient les plis de la draperie ; la main gauche serre l'oiseau contre la poitrine. Le goulot court forme une sorte de polos au-dessus de la tête. Au revers les cheveux retombent en nappe dans le dos et les plis de la tunique sont indiqués.

> Terre jaune, très tendre et peu cuite. Socle quadrangulaire. Petit trou d'évent rond sous la base. Les couleurs ont disparu, sauf un point rouge sur l'oiseau. Croûte terreuse sur toute la surface. Le rebord du goulot est en grande partie brisé. Haut. 0,26.
> (Sans n° d'inv.) Trouvé dans le voisinage de Tortose, en Phénicie, et entré au Musée en 1860.
> Publié par A. de Longpérier, *Musée Napoléon*, pl. 28, fig. 2 ; L. Heuzey, *Figurines antiques du Louvre*, pl. 12, fig. 5 ; Perrot et Chipiez, *Hist. de l'Art*, III, p. 201, fig. 142.

11. Lécythe à couverte blanche, à goulot élancé et à anse plate. — Vestiges d'un décor qui ornait le devant de la panse : en haut une bande quadrillée, au centre une branche de lierre avec ses feuilles, en bas une bande quadrillée et une grecque. Languettes noires rayonnantes sur le plat de l'épaule qui reste rouge.

> Terre rosée de l'Attique. Engobe blanc sur le haut de la panse, et peinture au trait noir lustré. Le noir lustré couvre le bas de la panse, le plat et la tranche du pied, le haut du goulot et l'anse. La peinture et l'engobe de la panse sont très endommagés.
> (Ancien fonds, inv. 10 130.) Trouvé à Tortose, dans les fouilles de M. Renan, et rapporté en 1862.
> Publié par Renan, *Mission de Phénicie*, pl. 21, n° 7.

PALESTINE

1. Vase en tronc de cône, muni de deux oreillettes ou anses. — Le haut manque et la forme de l'embouchure ou du col reste inconnue ; de même les deux appendices brisés qui subsistent au sommet de la panse ne permettent pas de restituer avec précision la structure des anses. Le milieu de la panse est décoré d'une large zone où est représenté, dans quatre métopes limitées par des bandes verticales de quadrillés, le même motif géométrique: un damier inscrit dans un octogone et chaque côté de l'octogone surmonté d'un triangle noir; autour de ce motif central sont disposés symétriquement des triangles, des carrés juxtaposés ou des losanges. En haut de la panse trois cercles fins, une large bande noire, un lacis circulaire entre six cercles, une autre bande noire. En bas de la panse trois cercles fins, une large bande noire, trois cercles fins et un lacis circulaire. Sur la base large cercle noir. Sur le fond, qui est plat, quadrillé noir semé de points.

> Terre rouge, épaisse, assez mal épurée, recouverte d'un engobe blanc, devenu gris. Peinture monochrome en noir mat, tourné au brun pâli. L'embouchure et la plus grande partie des anses manquent. Haut. 0,15.
> (Inv. MNB 333.) Trouvé à Jérusalem (voie Douloureuse), enfoui à 10 ou 12 mètres de profondeur, sur l'emplacement de l'église des Dames de Sion, et donné par M. de Saulcy, en 1872.
> Publié par Helbig, *Annali dell' Instituto*, 1875, pl. I ; Perrot et Chipiez, *Hist. de l'Art*, III, p. 669, fig. 478. Cf. H. de Villefosse, *Notice des monuments de la Palestine*, n° 10.

SALLE A

ORIGINES COMPARÉES

TROADE

A 1. Fragment de vase. — Aucun décor peint ni incisé. Bord de vase percé d'un trou longitudinal, formant tuyau, par lequel on faisait passer un lien servant d'anse.

> Terre rougeâtre, épaisse, mêlée de petits éclats de pierres. Engobe noir un peu luisant, à l'extérieur, à l'intérieur et dans le trou destiné à l'attache. Long. 0,05.
> (Inv. AM 497.) Trouvé à Hissarlik, dans les fouilles de Schliemann, et donné au Musée en 1893 par M. Georges Perrot.
> Publié par Perrot et Chipiez, *Hist. de l'Art*, VI, p. 897, fig. 443, n° 2.

A 2. Fragment de vase, avec oreillette percée de quatre trous. — Aucun décor peint ni incisé. Les trous disposés symétriquement servaient à passer des liens pour porter ou suspendre. Une encoche pratiquée dans le rebord marque la place où l'on posait le pouce, quand on prenait le vase.

> Argile épaisse, noirâtre, probablement fumigée, à surface grise et polie. Haut. 0,08.
> (Inv. AM 498.) Même provenance.
> Publié par Perrot et Chipiez, *Ibid.*, n° 1.

A 4 (1). Amphore à tête humaine et à deux anses. — Le goulot est orné de pastillages formant un nez, deux longs sourcils, deux yeux et deux oreilles (pas de bouche), la panse de deux mamelons pointus et d'une vulve.

> Poterie façonnée à la main. Terre grise, épaisse, mal épurée, sans engobe ni peinture. La panse est en partie calcinée, l'anse dr. brisée du haut, l'anse g. arrachée, un morceau du rebord du goulot enlevé. Haut. 0,17.
> (Inv. AM 532.) Trouvé à Hissarlik et acquis en 1894.
> Publié dans notre pl. 5. Cf. *Catalogue*, p. 180.

A 5. Petite œnochoé à bouche ronde et à anse ronde. — Aucun décor peint ni incisé. Le fond est plat.

> Pièce façonnée à la main. Même technique que A2, avec surface brune, un peu rougie par endroits. Embouchure effritée, anse recollée et restaurée. Haut. 0,13.
> (Inv. AM 525). Même provenance que A1.
> Publié par Perrot et Chipiez, *Ibid.*, p. 898, fig. 444.

A 6. Petite amphore à col court percé de deux trous et à deux anses en appendices saillants percés d'un trou. — Les trous servaient à passer des liens pour porter ou suspendre. Sur le col une zone de points incisés et une zone de traits verticaux. Sur l'épaule une zone de dents de loup incisées au-dessus d'une zone de points. Sur la panse une zone de traits obliques et crochus par le bas. Le fond est plat.

> Pièce façonnée à la main. Même technique que A5, avec surface rugueuse, grise et noircie par places. Incisions irrégulières et gauches. Haut. 0,10.
> (Inv. AM 527.) Même provenance.
> Publié par Perrot et Chipiez, *Ibid.*, p. 899, fig. 445.

A 7. Petite œnochoé à bec vertical et effilé, avec anse ronde. — Aucun décor peint ni incisé. Le fond est plat.

> Pièce façonnée à la main. Argile grise, assez bien épurée, avec surface rougeâtre et noircie par places. Haut. 0,12.
> (Inv. AM 526.) Même provenance.
> Publié par Perrot et Chipiez, *Ibid.*, p. 901, fig. 448.

A 8. Gobelet en forme de haut cornet à deux anses rondes et verticales. — Aucun décor peint ni incisé. Le fond est convexe.

> Pièce façonnée à la main. Même terre que dans A2 avec surface rougeâtre et claire. Le vase a été brisé en plusieurs morceaux et recollé. Une grande partie du rebord et quelques morceaux dans le bas sont restaurés.
> (Inv. AM 528.) Même provenance. Haut. 0,29.
> Publié par Perrot et Chipiez, *Ibid.*, p. 903. fig. 452.

A 9. Petit skyphos en forme de gobelet haut à deux anses rondes et verticales. — Aucun décor peint ni incisé. La surface du vase, dans l'intérieur et sur les parties hautes de l'extérieur, est tachetée de points plus clairs qui peuvent être dus à une cause accidentelle. Le vase repose sur une petite base arrondie et creuse en dessus.

> Pièce façonnée à la main. Même terre que dans A2, avec surface rougeâtre et l'intérieur noirci par un engobe un peu luisant. Haut. 0,10.
> (Inv. AM 529.) Même provenance.
> Publié par Perrot et Chipiez, *Ibid.*, p. 902, fig. 451.

A 10. Petite œnochoé à bec trilobé et à anse ronde. — Aucun décor peint ni incisé. Le fond est plat.

> Pièce façonnée à la main. Même technique que A2. Haut. 0,07.
> (Inv. AM 518 *bis*.) Même provenance.
> Publié par Perrot et Chipiez, *Ibid.*, p. 900, fig. 447.

A 11. Petit skyphos à deux anses rondes et verticales, porté par trois petits pieds recourbés. — Aucun décor peint ni incisé.

> Pièce façonnée à la main. Même technique que A2, avec surface noircie par endroits. Le vase, brisé en plusieurs morceaux, a été recollé. Une partie du rebord est restaurée. Haut. avec les anses 0,09.
> (Inv. AM 530.) Même provenance.
> Publié par Perrot et Chipiez, *Ibid.*, p. 902, fig. 450.

A 12. Petit canthare à une anse et à large embouchure. — Aucun décor peint ni incisé. Le fond est convexe, sans pied.

> Pièce façonnée à la main. Même technique que A2, avec surface grise et polie, noircie par places. Haut. 0,08.
> (Inv. AM 531.) Même provenance.
> Publié par Perrot et Chipiez, *Ibid.*, p. 901, fig. 449.

A 13. Petite œnochoé à bouche ronde et à anse ronde — Aucun décor peint ni incisé. Le fond est plat.

> Pièce façonnée à la main. Même technique que A2, avec surface claire, un peu rougie par endroits. Haut. 0,07.
> (Inv. AM 532.) Même provenance.
> Publié par Perrot et Chipiez, *Ibid.*, p. 900, fig. 446.

A 14. Petite œnochoé à bouche ronde et à anse plate. — Le col est orné d'un petit tore saillant, picoté de trous ; l'épaule porte deux cercles incisés. La panse est irrégulière et présente trois bosses saillantes. Le fond est légèrement creux.

> Pièce façonnée à la main. Même terre que dans A2, avec surface noircie. Une partie du col brisé et une des bosses saillantes ont été refaites. Haut. 0,09.
> (Inv. AM 536.) Même provenance.
> Publié par Perrot et Chipiez, *Ibid.*, p. 904, fig. 453.

CHYPRE

A 16. Grand vase à trois pieds et à deux anses verticales. — Aucun décor peint ni incisé.

Terre rougeâtre, épaisse, mal épurée et mêlée de graviers. La partie supérieure a été faite au tour et les pieds soudés ensuite. Un des pieds est recollé. Haut. o,3o.
(Inv. AM 4.) Trouvé dans l'île de Chypre et acquis en 1886.
Publié dans notre pl. 5. Cf. *Catalogue*, p. 105.

A 19. Œnochoé à bouche ronde, avec une anse ronde et une oreillette. — Le col et la panse sont ornés de traits verticaux incisés, interrompus par des petits cercles incisés; le tout dessine des espèces de côtes sur le vase. A la base du col, zone de dents de loup incisées, cantonnées de lignes de points en creux.

Poterie façonnée à la main. Terre rougeâtre, très cuite, à cassure noire. Engobe noirâtre sur lequel les incisions se détachent en clair. Haut. o,18.
(Inv. AM 192.) Trouvé dans l'île de Chypre et acquis en 1890.
Publié dans notre pl. 5. Cf. *Catalogue*, p. 105.

A 24. Œnochoé à long bec vertical. — Le col est orné de cinq groupes de six traits incisés; l'anse de petits traits parallèles incisés sur ses trois faces; la panse de deux grands groupes de cercles concentriques incisés, alternant avec deux petits, le tout traversé par trois cercles incisés qui font tout le tour de la panse. Les intervalles laissés entre les groupes de cercles sont remplis par cinq bandes verticales de traits horizontaux incisés. Une saillie pointue, en forme de nez, placée à la base du col, est forée d'un trou et servait à suspendre le vase.

Poterie façonnée à la main. Terre rosée. Engobe d'un rouge plus vif et lustré sur lequel les incisions se détachent en clair. Haut. o,21.
(Inv. AM 228.) Trouvé dans l'île de Chypre et acquis en 1890 de l'anc. collection Piot.
Publié dans notre pl. 5. Cf. *Catalogue*, p. 105.

A 27 (1). Cornet sans anses, à base pointue. — La panse est divisée en huit zones par des séries de six cercles incisés. Dans la zone supérieure est incisé un double lacis ondulé formant guirlande. La troisième et la sixième série de cercles présentent une bande intérieure ornée de petits traits obliques incisés.

Même technique et même fabrique que A 24. Haut. o,23.
(Inv. AM 555.) Trouvé dans l'île de Chypre et acquis en 1894.
Publié dans notre pl. 5. Cf. *Catalogue*, p. 105.

A 40. Œnochoé à une anse plate et à trois pieds, couverte d'appendices saillants. — Le goulot, l'embouchure et le bec ne forment qu'une seule ligne verticale. Dix-neuf saillies, percées d'un trou, dessinent sur le col et sur la panse des lignes verticales. Le décor peint consiste en huit zones de losanges quadrillés, placés horizontalement bout à bout entre quatre cercles. Sur le fond, deux cercles à pans coupés; deux des pieds sont réunis par des lacis ondulés. Sur l'anse, traits parallèles obliques.

Poterie façonnée à la main. Terre rougeâtre. Engobe blanc. Peinture en noir mat qui a presque partout tourné au rouge. Deux des appendices saillants sont brisés. Haut o,22.
(Inv. MNB 1298.) Trouvé dans l'île de Chypre et acquis en 1878 de l'ancienne collection Barre.
Publié dans notre pl. 5. Cf. *Catalogue*, p. 105.

A 42. Vase à panse sphérique, haut goulot vertical et tête de cerf. — C'est un des spécimens les plus instructifs pour montrer le passage de l'objet naturel à la forme céramique. On y reconnaît la gourde formée par l'écorce vide d'un cucurbitacé, le roseau creux servant de goulot, les deux petits bouchons taillés en sifflet et bouchant les ouvertures qui permettaient de remplir la cavité. L'anse elle-même, avec sa forme oblique et sa double attache du bas, apparaît comme une traduction matérielle de la corde de suspension. Sur le devant une petite tête de cerf, sommairement modelée, introduit le décor esthétique dans l'ustensile. Le céramiste y a ajouté le décor géométrique peint, losanges quadrillés, lacis ondulés, bandes verticales, cercles, qui forment comme un réseau, une sorte de filet à mailles enveloppant le tout.

Poterie façonnée à la main. Terre blanche. Engobe blanchâtre, devenu gris. Peinture en noir mat tournant au brun jaune. La panse, fendue dans le milieu, le goulot, l'anse brisée en trois parties, ont été recollés. Haut. o,37.
(Inv. AM 187.) Trouvé dans l'île de Chypre et acquis en 1890.
Publié dans notre pl. 5.

A 44. Petit cratère (dinos) à une anse verticale. — La panse est divisée en six zones étroites par sept lacis ondulés, superposés, mêlés de points noirs. Du lacis inférieur pendent huit lacis verticaux mêlés de points qui vont se réunir sur le fond du vase. Dans l'embouchure, quatre groupes de petites languettes noires parallèles. Sur le plat du rebord, zone de languettes. Sur le rebord extérieur deux cercles noirs. L'anse, profondément creusée au centre, porte trois raies noires verticales.

Poterie façonnée à la main. Terre noire, recouverte d'un enduit blanc épais, devenu gris. Peinture en noir mat, tournant au brun jaunâtre. La panse a subi deux profondes dépressions, avant ou pendant la cuisson. Une partie du rebord est brisée. Haut. o,16. Diam. de l'embouchure, o,14.
(Inv. N 3381). Trouvé dans l'île de Chypre.
Publié dans notre pl. 6. Cf. *Catalogue*, p. 105.

A 46. Coupe sans pied, à une anse et à bec. — Forme de bol. La panse est divisée en côtes par huit bandes verticales quadrillées, entre lesquelles se placent des bandes plus petites, des petits losanges superposés; le rebord est entouré d'une même bande quadrillée horizontale. L'ensemble de la décoration paraît inspiré par l'imitation d'un ruban circulaire d'où pendraient en lanières verticales d'autres bandelettes munies de franges au bout. Sur le rebord intérieur quatre groupes de petites languettes noires. Sur l'anse horizontale, une raie noire coupée de quelques traits verticaux. Un large trou fait communiquer la cavité intérieure avec le déversoir décoré intérieurement de raies verticales ou obliques, extérieurement de demi-cercles noirs. Le fond, un peu aplati, forme une base instable.

Poterie façonnée à la main. Terre blanche. Engobe assez épais, blanc sale, à l'int. et à l'ext. du vase. Une fissure près du bec. Haut o,09 Diam. o,15.
(Inv. MNB 3656.) Trouvé à Dali, dans l'île de Chypre.
Publié dans notre pl. 6. Cf. *Catalogue*, p. 106.

A 47. Vase rond de forme tubulaire, avec quatre pieds, un col vertical et une anse. — La panse a la forme d'un coussinet, percé d'une ouverture centrale au-dessus de laquelle l'anse forme une arche; ce coussinet est muni de quatre saillies forées d'un trou qui pouvait servir à suspendre des petits anneaux de métal ou de terre cuite. Le goulot est muni de chaque côté d'une saillie percée de deux trous, qui lui donnent une vague apparence de tête avec deux oreilles. Le décor, très effacé, consistait en traits parallèles et obliques.

Poterie façonnée à la main. Terre jaunâtre, peinture en noir mat, tournant au brun. Une grande partie de la pièce est revêtue d'une croûte terreuse qui en cache les ornements. Haut. o,09. Larg. o,11.
(Ancien fonds, inv. N 3364.) Trouvé dans l'île de Chypre.
Publié dans notre pl. 6. Cf. *Catalogue*, p. 106.

A 53. Vase à bec vertical et à une anse, orné d'une tête de bélier. — C'est l'ébauche de la forme dite plus tard *askos*. La tête d'animal, dont on peut préciser la nature par des comparaisons avec d'autres essais similaires, est traitée de la façon la plus sommaire: un bourrelet d'argile recourbé indique les cornes, une saillie forée d'un trou et entaillée sur le devant forme les yeux et le museau. Les ornements géométriques, très effacés, qui couvraient la panse, comportaient des lignes parallèles obliques, se coupant en quadrillés, des bandes de lignes verticales.

Poterie façonnée à la main. Terre jaunâtre, d'aspect extérieur brun sale. Peinture en noir mat, devenu brun effacé. Haut. 0,13. Long. 0,14. (Ancien fonds, inv. N 3352.) Trouvé dans l'île de Chypre. Publié dans notre pl. 6. Cf. *Catalogue*, p. 106.

A 86. Vase à goulot vertical et à une anse, en forme de cerf. — La ramure est nettement marquée ; les yeux et les narines sont indiqués par des trous. Les ornements sont bien conservés : quelques groupes de traits parallèles sur les cornes, des traits obliques sur l'anse, une dizaine de cercles autour du goulot et quelques traits dans l'embouchure ; sur chaque côté de la panse un zigzag vertical entre un damier et un quadrillé ; des traits parallèles sous le ventre, des lacis ondulés sur le dos.

Poterie façonnée à la main. Terre rosée, revêtue d'un engobe blanchâtre, par-dessus lequel on a peint en noir mat, presque partout tourné au rouge. Une des pattes et une des oreilles du cerf sont brisées. Haut. 0,15. Long. 0,16. (Sans numéro d'inv.) Provenance exacte inconnue, mais sans aucun doute chypriote. Publié dans notre pl. 6. Cf. *Catalogue*, p. 106.

A 67. Vase en forme d'oiseau, avec un goulot et une anse sur le dos. — Le plumage du corps et des ailes est figuré par une série de petits traits noirs parallèles. Sur le col et sur le ventre plusieurs bandes horizontales de petits traits parallèles. Les deux pattes sont formées par deux petits piquets droits ; les ailes par deux courts moignons saillants. L'anse est décorée de larges traits parallèles ; trois cercles noirs et un tore saillant autour du goulot ; un cercle noir dans l'embouchure.

Poterie façonnée à la main. Terre blanche, d'aspect extérieur gris, mêlée d'éclats de calcaire blanc. Peinture en noir mat, tournant au brun. Haut. 0,13. Long. 0,19. (Inv. MNB 385.) Trouvé dans l'île de Chypre, à Kastroulla, dans le Karpas, et acquis en 1872. Publié dans notre pl. 6. Cf. *Catalogue*, p. 106.

A 68. Vase en forme d'animal cornu. — J'ai d'abord cru à quelque ressemblance avec un poisson, un dauphin, dont la queue fourchue pointerait en l'air (cf. *Catalogue*, p. 106). Mais la saillie placée entre la fourche et la comparaison avec les essais plastiques du même genre prouvent que le modeleur a plutôt cherché ici à ébaucher un quadrupède (cerf, biche, bœuf ou bélier). La pièce est complètement close, sauf un trou d'évent placé sous la tête ; trois petites saillies, formant des pieds, donnent l'aplomb au vase. La tête, l'anse et la panse sont rayées de traits parallèles ou quadrillés.

Poterie façonnée à la main. Terre blanche, d'aspect extérieur jaunâtre. Peinture en noir mat devenu d'un ton brun pâle effacé. Haut. 0,09. Long. 0,13. (Inv. MNC 136.) Provenance exacte inconnue ; acquis en 1882. Publié dans notre pl. 6.

A 71. Vase à panse plate, à une anse et à double goulot dont l'un se termine en forme humaine. — Le modeleur a cherché à rendre un buste de femme, les bras croisés (peut-être la main gauche portée au menton) ; les cheveux pendants sont indiqués en arrière par des lacis ondulés peints en noir ; les yeux sont représentés par deux trous ; un ruban noir ceint la taille par derrière. La panse du vase est décorée, en avant et en arrière, par des raies verticales, des bandes verticales quadrillées, des lacis ondulés et des cercles. L'anse porte des groupes de traits horizontaux.

Poterie façonnée à la main. Terre claire qui paraît revêtue d'un engobe blanc par-dessus lequel on a peint en noir mat. Haut. 0,14. (Inv. AM 183.) Trouvé dans l'île de Chypre et acquis en 1889. Publié dans notre pl. 6. Cf. *Catalogue*, p. 106.

A 86. Œnochoé à bouche ronde, à anse plate et ornée d'une saillie cornue. — Sur le devant de la panse deux traits saillants elliptiques se font pendant, comme deux grands sourcils. La saillie, attachée au rebord et faisant suite à l'anse, se recourbe au-dessus d'elle : une encoche centrale permettait d'insérer le pouce à cette place, quand on versait, et assure la solidité de la prise.

Terre rougeâtre. Engobe brun foncé, donnant à la pièce un aspect noirâtre. Pas d'ornement peint. Haut. avec l'anse, 0,19. (Inv. MNB 363g.) Trouvé à Dali, dans l'île de Chypre. Publié dans notre pl. 7. Cf. *Catalogue*, p. 106.

A 88. Vase à étrier et à bec vertical. — La partie du vase dite « étrier » se compose d'un goulot central, factice et clos du haut, sur lequel s'arc-boutent deux anses plates. Le goulot placé en avant sert à la fois d'embouchure et de déversoir. Sur l'épaule, décor peint en noir, composé de petits ornements en forme de fer à cheval. Sur la panse, une large zone quadrillée entre six cercles noirs. Sur le reste de la panse jusqu'à la base deux larges zones claires séparées par des cercles noirs. Sur le sommet de l'étrier trois cercles concentriques et traînées noires sur les anses. Le dessous du pied est légèrement creux.

Terre jaunâtre. Peinture en noir peu lustré, tournant au brun jaunâtre. Nombreux éclats enlevés sur la panse ; bord du goulot effrité. Haut. 0,19. (Inv. MNB 3857.) Trouvé à Dali, dans l'île de Chypre. Publié dans notre pl. 7. Cf. *Catalogue*, p. 107.

A 89. Vase à étrier et à bec vertical. — Sur l'épaule décor composé de quelques feuillages effacés ou disparus sous une croûte terreuse. Sur la panse série de cercles. Sur le sommet de l'étrier deux cercles concentriques ; anses peintes en noir. Le dessous du pied est légèrement creux.

Terre rosée. Peinture en noir peu lustré, tournée presque partout au brun rouge. La surface du vase a souffert et la peinture est en grande partie disparue ; bord du goulot effrité. Haut. 0,11. (Ancien fonds, inv. N 3408.) Trouvé dans l'île de Chypre. Publié dans notre pl. 7. Cf. *Catalogue*, p. 107.

A 97. Œnochoé à anse plate et à bec horizontal, muni d'un filtre intérieur. — Sur la panse trois triangles quadrillés dans une zone claire entre deux larges cercles noirs ; quatre autres cercles sur le bas de la panse et un sur la base. Sur le goulot deux lacis ondulés ; dans l'embouchure deux cercles noirs. Sur l'anse un lacis ondulé entre deux raies noires verticales. Un cercle noir autour de l'attache du bec ; trois raies verticales sur le canal déverseur. Le filtre intérieur est composé d'une cloison d'argile, percée de sept trous, placée entre le fond du bec et la cavité intérieure. Le dessous du pied est légèrement creux.

Terre blanc verdâtre, rugueuse au toucher, mêlée d'éclats de calcaire blanc. Peinture en noir mat, devenu brun pâle. Haut. 0,19. (Ancien fonds, inv. N 3369.) Trouvé dans l'île de Chypre. Publié dans notre pl. 7. Cf. *Catalogue*, p. 107.

A 100. Petite amphore à deux anses plates. — Sur le rebord de l'embouchure dents de loup entre deux cercles. Sur les anses trois raies verticales. Sur le col, de chaque côté, quatre métopes longues en quadrillés. Sur l'épaule, de chaque côté, un quadrillé entre une bande de postes et une bande de losanges obliques. Sur la panse, zone de dix-sept enroulements de style mycénien entre deux et quatre cercles. Base ronde à deux tores saillants et pied creux en dessous.

Terre blanc verdâtre. Pas d'engobe. Peinture en noir mat, devenu brun pâle. Haut. 0,18. (Ancien fonds, inv. N 3873.) Trouvé dans l'île de Chypre. Publié dans notre pl. 7. Cf. *Catalogue*, p. 107.

A 103. Coupe à deux petites anses et à pied court. — L'intérieur est décoré de cercles noirs concentriques, deux au centre, trois à la partie supérieure du fond, quatre près du rebord. L'intérieur comprend en outre plusieurs saillies circulaires dans le fond et sur le rebord. Le rebord intérieur et extérieur est peint en rouge ; au-dessous une saillie circulaire. De chaque côté de la panse, dans une métope limitée à droite et à gauche par quatre raies noires verticales, un carré dans lequel est inscrit une croix cantonnée de losanges quadrillés ; dans le champ deux svastikas. En dessous un large cercle noir fait le tour de la panse. Les anses sont peintes en noir, avec deux larges traînées divergentes sous les attaches. La base plate et ronde est peinte en noir extérieurement ; le fond du pied est creux.

> Terre rosée. Engobe blanchâtre. Peinture en noir mat et en rouge vermillon foncé. Une partie du pied est brisé ; plusieurs morceaux de la coupe sont recollés. Haut. 0,11. Diam. 0,15.
> (Ancien fonds, sans numéro d'inv.) Une étiquette mentionne comme provenance l'île de Chypre.
> Publié dans notre pl. 7. Cf. *Catalogue*, p. 107.

A 105. Petite amphore à deux anses. — Dans l'embouchure deux larges cercles noirs. Sur le plat du rebord et sur le pourtour extérieur trois cercles ; sur le goulot zone de neuf feuilles juxtaposées et à la base cercle noir ponctué de points blancs. Sur l'épaule cercle noir divisé par des groupes de traits verticaux réservés en clair, zone de dents de loup cantonnées de points, zone de gros points noirs. Sur la panse, de chaque côté, une métope centrale, contenant deux triangles quadrillés accostés de deux fleurs de lotus, entre deux métopes en damiers. Sur la base et sur le fond cercles concentriques noirs. Sous chaque anse, peinte en noir, une longue tige feuillue isolée dans une métope claire.

> Terre jaune à surface verdâtre. Peinture en noir mat, devenu brun et tournant au jaunâtre. Retouches de blanc indiquées ci-dessus. Le vase a beaucoup souffert sur un des flancs qui est complètement effrité. Un morceau du rebord du col est refait. Haut. 0,15.
> (Inv. AM 188.) Trouvé dans l'île de Chypre et acquis en 1890.
> Publié dans notre pl. 7. Cf. *Catalogue*, p. 107.

A 111. Pinax ou coupe sans pied, à deux anses munies d'une saillie centrale. — Forme d'assiette ou de plat creux. L'intérieur est orné, au centre, de quatre cercles concentriques, d'un large cercle sur le fond. Le rebord et les anses sont peints en noir. Le fond extérieur de la coupe porte la décoration la plus importante : au centre une grande croix formée d'un motif central de quatre cercles concentriques, de deux bandes verticales à losanges quadrillés et de deux triangles remplis de losanges quadrillés. Sur le plat de la base six groupes de languettes ; sur le rebord trois cercles fins entre deux larges cercles noirs.

> Terre jaunâtre, mêlée d'éclats de calcaire. Pas d'engobe. Peinture en noir mat, tourné au brun. Diam. avec les anses, 0,36.
> (Ancien fonds, inv. N 3875.) Trouvé dans l'île de Chypre.
> Publié dans notre pl. 8. Cf. *Catalogue*, p. 107.

A 114. Œnochoé à bec trilobé et à anse plate. — Sur la panse trois oiseaux de style géométrique, les pattes portées en avant ; une courbe dessinée au-dessus du corps représente l'aile déployée. Un œil est figuré de chaque côté du bec du vase. Le rebord du col est peint en noir, extérieurement et intérieurement ; cercle noir à la base du col ; sur l'anse un zigzag entre deux bandes verticales noires. Sur le fond petits cercles incisés.

> Terre blanche. Pas d'engobe. Peinture en noir mat, tournant au brun pâli. Haut. 0,11.
> (Inv. AM 251.) Trouvé dans l'île de Chypre et acquis en 1890 de l'anc. collection Piot.
> Publié dans notre pl. 8. Cf. *Catalogue*, p. 107.

A 117. Œnochoé à bouche ronde et à anse bifide. — Sur la panse, arbrisseau feuillu entre deux oiseaux affrontés ; de chaque côté de l'attache de l'anse, un arbrisseau semblable. Cercle noir sur le rebord de l'embouchure ; zone de traits obliques sur le col et cercle noir avec points blancs. Sur le bas de la panse, cercle noir avec points blancs, zone de larges demi-cercles, zone de feuilles isolées, zone de traits obliques, zone de dents de loup cantonnées de points. L'anse est ornée d'une large raie verticale et de petites raies horizontales en bas et en haut.

> Terre jaune à surface salie. Peinture en noir mat. Retouches en points blancs sur les ailes des oiseaux. Toute la partie antérieure du col est refaite ; le reste du goulot est recollé en plusieurs morceaux. Haut. 0,16.
> (Inv. AM 197.) Trouvé dans l'île de Chypre et acquis en 1890.
> Publié dans notre pl. 8. Cf. *Catalogue*, p. 108.

A 120. Grande amphore à col haut et à deux anses. — Le col et la panse sont ornés de deux zones de petits cercles noirs concentriques, inscrits dans des métopes limitées à droite et à gauche par deux raies verticales rouges. Le reste de l'ornementation se compose de cercles rouges et noirs faisant tout le tour du vase. A l'attache de chaque anse une large traînée noire oblique ; sous chaque anse deux groupes de cercles concentriques. Sur le rebord plat de l'embouchure groupes de languettes tantôt noires tantôt rouges ; deux cercles noirs dans l'embouchure. Sur le fond du pied une dépression circulaire.

> Terre grise, mêlée de petits éclats de calcaire blanc. Engobe jaunâtre. Peinture en noir mat et en rouge vineux. La panse a subi une déformation avant ou pendant la cuisson. Haut. 0,65. Diam. de l'embouchure, 0,26.
> (Ancien fonds, inv. N 3340.) Trouvé dans l'île de Chypre.
> Publié dans notre pl. 8. Cf. *Catalogue*, p. 109.

A 151. Vase en forme de barillet avec goulot vertical et une anse coudée. — Sur la panse, dans une métope longue, limitée à droite et à gauche par les cercles qui font le tour de la panse, un oiseau vole à droite, les ailes déployées (cygne). Le reste du champ est occupé par des ornements géométriques : traits parallèles, demi-cercles concentriques, zigzags superposés. — Dans l'intérieur de l'embouchure sept cercles noirs et un plus large ; sur le rebord extérieur et sur le goulot dix cercles noirs et trois plus larges dont un rouge. L'anse est peinte en noir avec un large zigzag sur le plat ; sous l'anse des lignes obliques divergentes et deux losanges quadrillés. Trois groupes de cercles minces entre deux larges cercles noirs enserrent la panse du barillet dans le sens vertical ; à chaque extrémité du barillet un petit bouton saillant.

> Terre rosée, mêlée d'éclats de calcaire blanc, tout entière revêtue d'un engobe blanc devenu gris. Peinture en noir mat ; en rouge vineux pour certains détails des ailes de l'oiseau, et des ornements du champ. La panse du barillet a subi une déformation avant ou pendant la cuisson. Haut. 0,32.
> (Inv. MNB 1297.) Trouvé dans l'île de Chypre et acquis en 1878 de l'ancienne collection Barre.
> Publié dans notre pl. 8. Cf. *Catalogue*, p. 110.

A 152. Petit cratère sur trois pieds recourbés en anses plates, muni de deux anses à double arcade figurant une tête de bouquetin. — Sur la panse, dans une métope réservée en clair et limitée de chaque côté par une série de traits noirs verticaux, un chien tourné à droite, la gueule ouverte, enchaîné par le cou à une laisse fixée en terre. Derrière lui, dans le champ, une plante feuillue, devant lui des zigzags superposés. Au revers, deux métopes analogues dont chacune contient une fleur de lotus épanouie à pétales noirs et rouges. — Au-dessus du tableau un large cercle noir, deux fins et un cercle rouge entre deux noirs. Dans l'embouchure cercle noir. Sur le bas de la panse large cercle noir, cercle rouge et quatre cercles noirs fins. Dans les anses, les cornes du bouquetin sont peintes en noir, le nez et le cou en rouge, les yeux et la bouche en noir. Le fond du vase est plat.

> Terre blanche à surface grise. Peinture en noir mat et en rouge vineux. Un trou dans la panse. Haut. 0,16. Diam. 0,16.
> (Inv. AM 280.) Trouvé dans l'île de Chypre et acquis en 1890 de l'ancienne collection Piot.
> Détail publié en couleurs par Perrot et Chipiez, *Hist. de l'Art*, III. pl. 3 ; vue d'ensemble en vignette, *Ibid.*, p. 700, fig. 508.

A 153. Col de grande amphore. — Un personnage drapé, coiffé d'un haut polos (déesse ?), marche à droite, élevant les deux mains en l'air, les paumes tournées vers le spectateur, avec un geste de prière ou de bénédiction ; une écharpe à franges qui traîne par derrière sur ses talons représente sans doute l'extrémité d'une large ceinture nouée autour de sa taille. Deux hommes barbus, drapés, marchent à droite, portant sur leurs épaules une longue perche à laquelle est suspendu un bouquetin par les quatre pattes liées. — Entre huit raies verticales grand losange orné de petits losanges quadrillés. Entre six raies verticales damier noir et blanc. Dans l'intérieur du col, série de cercles saillants ; cercle noir en dedans et en dehors de l'embouchure, à la base du col, sur le haut de la panse.

> Terre grise, épaisse, mêlée de nombreux éclats de calcaire blanc. Peinture en noir mat ; une zone en rouge effacé sur la panse. L'œil du bouquetin est incisé. Brisé au ras du col, sauf un petit morceau de panse qui adhère encore. Fissure verticale dans le col. Haut. 0,24. Diam. 0,30.
> (Inv. MNB 322.) Trouvé dans l'île de Chypre et acquis en 1872.
> Publié en vignette par Perrot et Chipiez, *Hist. de l'Art*, III, p. 721, fig. 531.
> Voy. un autre aspect dans notre pl. 8. Cf. *Catalogue*, p. 111.

A 165. Œnochoé à bec trilobé et à anse bifide. — Sur le devant de la panse motif floral noir à deux volutes et à haut pédoncule surmonté d'une fleur en croix ; en dessous quatre arêtes noires lancéolées entre trois et deux cercles noirs horizontaux. Sur chaque côté de la panse sept cercles concentriques disposés verticalement. Sur le col, deux lacis ondulés alternant avec trois cercles. Le rebord supérieur du goulot et l'anse sont peints en noir. Le dessous du pied est creux.

> Terre rouge, avivée par un enduit un peu lustré. Peinture en noir mat. Le bout du bec est brisé ; plusieurs morceaux du pied recollés. Haut. 0,28.
> Inv. AM 52.) Trouvé dans la nécropole de l'ancienne ville d'Arsinoé ou Marion, dans l'île de Chypre, et acquis en 1887.
> Publié dans notre pl. 9. Cf. *Catalogue*, p. 111.

A 167. Amphore à deux anses bifides et à panse sphérique, sans pied. — L'imitation de la gourde, formée par l'écorce vide d'un fruit, est ici sensible (cf. A 42). Sur la panse, de chaque côté, sont placés verticalement : au centre douze cercles fins concentriques entre deux cercles larges, en dessous une couronne de huit groupes de petits cercles concentriques : à la base du col six cercles faisant verticalement le tour de la panse. Sous l'attache de chaque anse, quatre angles superposés d'où pend une bandelette quadrillée et accostés de quatre petits svastikas. Dans l'embouchure un cercle noir ; sur l'extérieur du goulot douze cercles fins entre deux larges cercles noirs ; tore saillant peint en noir à la hauteur des anses ; languettes horizontales sur les anses.

> Même technique que A 164. Terre dure et très cuite. Haut. 0,21.
> (Inv. AM 2.) Trouvé dans l'île de Chypre et acquis en 1886.
> Publié dans notre pl. 9. Cf. *Catalogue*, p. 111.

A 181. Œnochoé à bouche ronde, anse bifide et bec en forme de tête de taureau. — Le décor plastique est la partie principale. Le peintre y a ajouté seulement un cercle noir ponctué de blanc à la base du goulot et trois cercles noirs autour de la panse ; il a peint en noir la tête de taureau et indiqué les yeux en rouge.

> Terre rouge, épaisse, peu épurée, revêtue d'un engobe rouge foncé posé au pinceau. Peinture en noir mat. Retouches en rouge et en blanc indiquées ci-dessus. Haut. 0,20.
> (Ancien fonds, inv. N 3342.) Trouvé dans l'île de Chypre.
> Publié dans notre pl. 9. Cf. *Catalogue*, p. 112.

A 187. Fragment d'œnochoé décorée d'une figurine de femme tenant une œnochoé qui sert de déversoir. — Pour l'aspect que devait avoir le vase complet, voy. A 191. Sur le morceau de panse qui reste on distingue un ornement en forme de flèche blanche, trois étoiles blanches sur une bande noire, une bande de dents de loup noires sur fond blanc. — La figurine de femme est de style très ancien ; la tête est ceinte d'une *mitra* roulée en turban ; trois boucles de cheveux retombent sur chaque épaule ; la tunique rouge est ornée au col, aux manches, sur le devant, d'ornements en noir sur blanc. Elle tient des deux mains avancées le pied du vase appuyé sur son ventre, une petite œnochoé à anse bifide et à bec trilobé qui porte sur les flancs des cercles concentriques disposés verticalement.

> Terre jaune clair. Engobe rougeâtre. Peinture en noir mat et en blanc. Haut. de la figurine 0,15.
> (Inv. AM 62.) Même provenance que A 165.
> Publié par L. Heuzey, *Gazette archéologique*, 1889, pl. 1, fig. 1.

A 188. Fragment analogue. — Tout le vase manque ; il ne reste que la figurine de femme, très archaïque, dans la même attitude que la précédente. Même coiffure ; la tunique paraît courte et les deux jambes sont visibles.

> Même technique. Haut. 0,11.
> (Inv. AM 60.) Même provenance.
> Publié par L. Heuzey, *Ibid.*, p. 7 (vignette).

A 191. Œnochoé à anse bifide, bouche ronde et bec en forme de petite œnochoé tenue par une figurine de femme assise sur l'épaule du vase. — Sur le col, en haut, zone de dents de loup noires sur un fond blanc ; en bas, zone de dents de loup noires avec pointillé blanc sur les pointes et rosaces de points blancs dans les intervalles libres ; au milieu, petites rosaces de points blancs sur une bande noire et rangée de petites rosaces de points blancs au-dessus. Sur la panse treize cercles noirs, larges ou fins ; sur le pied deux larges cercles noirs ; le dessous est creux. Dans l'embouchure un cercle noir. Larges traînées noires sur les côtés et traits horizontaux ou obliques sur le plat de l'anse ; un petit pastillage collé de chaque côté de l'attache supérieure de l'anse. — La statuette de femme est de style archaïque, les cheveux serrés dans un cécryphale, le corps drapé dans une longue tunique, tenant des deux mains avancées la petite œnochoé qui sert de déversoir.

> Terre jaune clair. Engobe rougeâtre. Peinture en noir mat et en blanc sur le vase. Dans la figurine, noir sur les cheveux et les yeux, rouge sur le cécryphale et le haut de la tunique, jaune clair sur le bas. Un morceau du goulot manque ; d'autres parties du goulot recollées ; le bras droit de la figurine manque ; le pied du vase avec un morceau de la tunique recollé. Haut. 0,345.
> (Inv. AM 55.) Même provenance.
> Publié par L. Heuzey, *Gazette archéologique*, 1889, pl. 1, fig. 2.

A 213. Vase en forme de gourde à panse sphérique par devant, aplatie en arrière, et à goulot droit. — Quatre appendices saillants et forés d'un trou permettaient de passer un lien pour suspendre le vase. De chaque côté, la panse et le col sont recouverts de cercles concentriques (verticaux sur la panse, horizontaux sur le col). Une bande réservée, peinte en rouge, encadrée d'une double saillie, sépare les deux côtés de la panse et du goulot.

> Terre blanchâtre, surface grise revêtue d'un engobe devenu brun Emploi du rouge décrit ci-dessus. Le rebord du goulot ébréché Haut. 0,25.
> (Inv. MNB 85.) Trouvé en 1868 dans l'île de Chypre, aux environs d'Apollonie, et entré au Musée en 1871.
> Publié par Colonna-Ceccaldi, *Monuments antiques de Chypre*, pl. 29, n° 29.

A 234. Haut gobelet en terre cuite émaillée. — Sur le fond bleu verdâtre des ornements ont été peints en noir ; en haut, de chaque côté, une bande de huit petits cercles inscrits chacun dans un carré entre deux bandes d'arêtes noires lancéolées ; en bas, de larges feuilles de lotus, cantonnées de feuilles plus petites et de traits noirs horizontaux qui remplissent les intervalles. Les deux saillies verticales qui montent le long de chaque flanc et se recourbent en haut à la place des anses portent une série superposée de traits noirs horizontaux.

> Terre blanche, sablonneuse et friable, épaisse et lourde. Émail bleu, tourné au vert, recouvrant toute la surface extérieure du vase. Peinture en noir mat. La base est brisée, le rebord fendillé par de larges

fissures, l'émail endommagé en plusieurs endroits : le haut d'une des saillies verticales, servant d'anses, est recollé. Haut. 0,25.
(Ancien fonds, sans numéro d'inv.) Provenance exacte inconnue; classé depuis longtemps parmi les objets trouvés à Chypre.
Publié dans notre pl. 9. Cf. *Catalogue*, p. 114.

A 236. Fragment de vase. — On y distingue quatre zones superposées. En haut une bande de petites feuilles lancéolées et au-dessus une bande de gros points noirs allongés. Dans la zone principale une tête colossale de la déesse égyptienne Hathor, vue de face, coiffée d'un haut polos décoré de trois rosaces incisées et encadrée entre deux volutes incisées qui représentent les boucles symétriques de sa chevelure; la tête est posée sur une sorte de court chapiteau d'où elle semble émerger. A droite, deux personnages drapés, l'un s'appuyant sur une longue lance ou bâton, l'autre élevant la main droite et paraissant montrer la tête colossale. A gauche deux personnages drapés, l'un tenant en laisse un petit chien; l'autre, dont il ne reste plus que la main élevée, devait être semblable à celui qui est placé en pendant. Tous ces personnages ont l'œil incisé rond ou un peu ovale, le manteau bordé d'un zigzag incisé et une tresse courte pendant du crâne en arrière (coiffure des Hétéens ou Hittites). Dans la zone inférieure restes de deux grandes fleurs incisées, séparées par un bouton ou feuille.

Terre blanchâtre à surface grise. Peinture en noir brun mat. Travail d'incisions rare et peu habile. Haut. 0,14. Larg. 0,13.
(Inv. AM 393 D.) Trouvé dans l'île de Chypre et acquis en 1892 de l'anc. collection Van Branteghem.
Publié par M. Collignon, *Revue des Études grecques*, 1893, p. 36, fig. 2.

A 237. Fragment de vase. — Poterie sans doute analogue à la précédente. Il ne reste qu'une grande tête, vue de face, analogue à la précédente, mais sans attribut précis ; le bas du visage forme un angle aigu, accosté de bandes quadrillées. La tête devait être contenue dans une métope, dont l'encadrement en traits verticaux subsiste à gauche. Il y avait une zone inférieure dont on distingue encore la trace.

Terre blanchâtre à surface grise. L'extérieur paraît porter un engobe blanc sali. Peinture en noir brun mat. Haut. 0,06. Larg. 0,07.
(Inv. AM 393 A.) Même provenance.
Publié par M. Collignon, *Ibid.*, p. 39, fig. 3.

A 240. Coupe à figures noires. — Dans l'intérieur un homme barbu, nu, l'épée au côté suspendue à une double courroie passée en bandoulière, se penche et assujettit sa cnémide à sa jambe gauche soulevée de terre. En face de lui un éphèbe drapé avance la main droite et semble lui parler. De gros points noirs semés dans le champ simulent des inscriptions.

Les revers sont entièrement noirs, sauf une petite place réservée en rouge sous chaque anse.
Terre rougeâtre. Engobe tirant sur l'orange dans l'intérieur. Lustre noir brillant. Retouches rouges sur les cheveux, la barbe et le baudrier de l'homme, sur les cheveux et quelques parties de l'himation de l'éphèbe. Retouches de blanc en fleurettes sur l'himation du même et sur le bout de l'épée de l'homme. Cercle rouge sur le pied à l'extérieur. Plusieurs morceaux recollés et restaurés, qui ne touchent pas aux personnages. Haut. 0,08. Diam. 0,17.
(Inv. AM 82.) Même provenance que A 165.
Publié dans notre pl. 9. Cf. *Catalogue*, p. 115.

A 242. Petite coupe à figures noires. — Revers A. Figure minuscule et isolée d'archer agenouillé, tirant de l'arc. — Revers B. Dans des dimensions analogues, sphinx à aile recourbée, levant la patte droite de devant.

Tout l'intérieur est noir, avec partie centrale réservée en rouge, portant un cercle noir et un point. Le fond forme un ressaut intérieur. Chaque attache d'anse est décorée d'une palmette portée au bout d'un long pédoncule recourbé. La partie inférieure des revers est recouverte de l'enduit noir, avec un cercle réservé en rouge; le pied et les anses sont noirs.
Terre rosée de l'Attique. Lustre noir. Rouge sur les cheveux, le carquois de l'archer, blanc sur la chevelure. Rouge sur la chevelure et le poitrail du sphinx, sur les pétales alternés des palmettes. Le dessous du pied est foré intérieurement à une profondeur assez grande et ce trou est enduit du lustre noir. Plusieurs morceaux recollés et restaurés en B. Haut. 0,07. Diam. 0,12.

(Inv. AM 81.) Même provenance.
Publié dans notre pl. 9. Cf. *Catalogue*, p. 115.

A 247. Œnochoé à bouche ronde et à anse bifide, décorée d'un groupe d'Éros et Aphrodite, debout sur l'épaule du vase, et tenant une petite œnochoé qui sert de déversoir. — Sur l'épaule zone de six palmettes réservées sur l'argile claire et dessinées au trait noir ; le reste du champ autour d'elles est enduit d'un engobe devenu brun jaunâtre. Sur la panse une zone d'oves au trait noir entre deux cercles, une guirlande circulaire de feuilles de lierre et de baies peinte en ton noir tourné au brun jaunâtre. Sur le bas de la panse une grecque entre deux cercles, des dents de loup la pointe en bas. Près de la base une zone d'oves et un lacis circulaire. Sur le plat du pied une zone de languettes et sur la tranche une zone d'oves ; le dessous est creux. Sur le col, en haut et en bas, une zone d'oves; au milieu un quadrillé semé de points. Sur le plat de l'embouchure et dans l'orifice un cercle noir. Sur l'anse des languettes obliques, avec deux petites rondelles saillantes à l'attache supérieure; cercles concentriques sur les rondelles. — Les deux figurines, debout côte à côte, sont encore de style assez ancien. Éros diadémé et ailé est nu ; il tient de la main gauche l'anse de l'œnochoé à bec trilobé ; Aphrodite, les cheveux cachés sous un cécryphale, est drapée et tient de la main droite l'anse de l'œnochoé ; de la main gauche elle soutient le pli de sa tunique.

Terre rosée. Surface jaune brun, due à un lustre ou à un engobe. Peinture en noir presque mat. Pas de couleurs, sauf traces de blanc sur les figurines et leur œnochoé. Un petit trou dans la panse; les bras des figurines, l'anse, le bec et le pied de la petite œnochoé ont été recollés. Haut. 0,385.
(Inv. AM 76.) Même provenance.
Publié par L. Heuzey, *Gazette archéologique*, 1889, pl. 2, fig. 1.

A 248. Œnochoé de même forme. — Sur l'épaule palmettes noires couchées et reliées par des enroulements. Sur la panse, entre deux zones de petits oves, une guirlande de feuilles de laurier se détachant en clair réservé sur un fond noir ; une large zone de palmettes couchées et reliées par des enroulements. Sur le bas de la panse, deux zones d'oves alternent avec deux zones de languettes noires. Près de la base une zones d'oves et une zone de languettes. Sur le pied plat une zone de gros oves noirs et sur la tranche des languettes noires; le dessous est creux. A la base du col une zone d'oves entre deux tores légèrement saillants. Sur le col une zone de grandes arêtes noires et une zone de quadrillé semé de points. Près du rebord zone de languettes noires; cercle noir sur le pourtour de l'embouchure. Sur l'anse même décor qu'en A 247. — Les deux figurines ont la même attitude que dans le précédent, sauf qu'Aphrodite seule tient le petit vase par l'anse ; le style en est plus soigné et plus récent. Aphrodite est coiffée d'une sorte de bonnet phrygien ou du cécryphale pointu ; la draperie laisse l'épaule et le sein droit nus.

Même technique qu'en A 247. La tête d'Éros et son bras droit, une partie de l'anse et le goulot du petit vase manquent; le bras droit d'Aphrodite est recollé. Grande fissure verticale et quelques morceaux recollés dans l'œnochoé ; large écaille enlevée sur la panse. Haut. 0,41.
(Inv. AM 77.) Même provenance.
Publié par L. Heuzey, *Ibid.*, fig. 2.

A 251. Vase en forme de tête d'Égyptien. — Le type est plutôt égyptien que nègre, le nez gros, mais non épaté, les lèvres fortes, la tête recouverte d'une énorme perruque à deux rangs de boucles frisées. Un goulot droit surmonte la tête et est décoré sur le devant de quelques traits en creux ayant l'apparence d'une tête grotesque. L'anse verticale, en arrière, est plate et ornée de filets saillants verticaux.

Terre rosée, épaisse. Tout le vase était revêtu d'une peinture rouge brun, en grande partie écaillé et disparu ; la perruque devait être noire. Haut. 0,27.
(Ancien fonds, inv. N 3344.) Trouvé à Dali, dans l'île de Chypre.
Publié par Colonna-Ceccaldi, *Monuments antiques de Chypre*, pl. 29, n° 28.

A 256. Lécythe à panse allongée, recouverte d'un enduit blanc, et à col noir lustré avec anse plate. — Sur le devant de la panse une Amazone, tournée à droite, le pied gauche posé. sur une butte de terrain, est occupée à nouer les cordons de sa sandale sur son pied nu. Dans le champ, derrière elle, sont suspendus en trophée son arc, son carquois et son bouclier échancré. — Au-dessus du tableau courte grecque. Sur l'épaule réservée en rouge des palmettes noires. Le bas de la panse, le goulot, le dessus du pied et de l'anse en noir lustré.

> Terre rosée. Engobe de ton bistre clair. Beau lustre noir dans les parties ci-dessus indiquées. Dessin au trait noir avec parties plus pâles ou jaunies ; les parties nues de la femme, visage, mains et pieds, recouvertes d'un ton blanc. Plusieurs morceaux brisés et recollés ; larges écailles enlevées sur la panse, avec partie manquante près de la base. Haut. 0,27.
> (Inv. AM 94). Même provenance que A 165.
> Publié en couleurs par Duemmler, *Jahrbuch des deutsch. Inst.* 1887, pl. 11.

A 257. Cratère à figures rouges. — Revers A. Zeus drapé tenant le sceptre et le foudre court à droite, poursuivant une femme drapée qui fuit les deux bras étendus et retournant la tête. — B. Une femme drapée court à droite, le bras tendu vers un homme barbu drapé, debout et tranquille, s'appuyant de la main droite sur une canne à bec.

> Forme de cratère à panse renflée, avec oreillettes pleines formant anses. Au-dessus de chaque tableau une bande d'oves, et au-dessous une grecque.
> Terre rosée de l'Attique. Lustre noir brillant, taché ou enlevé en certains endroits par l'humidité. Traces de l'esquisse ; yeux dessinés correctement de profil. Un morceau du rebord restauré. Morceaux du pied recollés. Haut. 0,21. Diam. 0,26.
> (Inv. AM 341.) Trouvé à Curium de Chypre dans les fouilles de M. le vicomte de Castillon Saint-Victor. Donné en 1891 par le Ministère de l'Instruction publique.
> Publié dans notre pl. 9. Cf. *Catalogue*, p. 117.

A 258. Cratère à figures rouges. — Revers A. Un éphèbe vêtu d'une tunique courte, son himation passé en écharpe autour du cou, les cheveux ceints d'une bandelette, est debout sur un char à deux chevaux qui galopent à droite ; il tient les rênes à deux mains et l'aiguillon dans la main droite. Un autre éphèbe est vu en arrière-plan, courant à droite derrière les chevaux ; il retourne la tête vers l'aurige et porte une lance de la main droite ; l'himation couvre son dos, une large bandelette ceint ses cheveux. Entre les têtes de ces deux personnages on distingue, en ton mat sur le fond lustré, les traces d'une inscription en deux mots superposés : ΜΕΓΑΚΛΗΣ ΚΑΛΟΣ Μεγακλῆς καλός. — B. Une femme drapée entre deux éphèbes drapés.

> Panse renflée ; anses relevées et ornées d'une zone de languettes au point d'attache sur la panse ; guirlande de laurier autour de l'embouchure ; une grecque au pied de chaque tableau.
> Même technique que A 257. Les pattes de devant des deux chevaux sont remarquablement courtes et incorrectes. Toute une partie du vase a tourné au rouge, surtout du côté B où les figures ont beaucoup souffert. Haut. 0,36. Diam. 0,42.
> (Inv. AM 340.) Même provenance.
> Publié dans notre pl. 9. Cf. *Catalogue*, p. 117.

THÉRA

A 262. Œnochoé à bec allongé et à col renversé en arrière, avec anse ronde. — La panse porte sur le devant deux mamelons saillants, points en noir et accostés de deux petites rosaces en points noirs ; en dessous, une rosace noire à quatre pétales entre deux enroulements à double spirale. Au revers, sous l'attache de l'anse, une rosace noire à quatre pétales et quatre petites rosaces en points noirs. Sur le bas de la panse deux cercles noirs, trois sur le col et un à l'attache inférieure de l'anse, un sur la base dont le dessous est plat.

Pièce façonnée à la main. Argile grise, à surface jaunie bien épurée, dure et bien cuite. Peinture monochrome en noir mat. Le bec est ébréché. Haut. 0,26.
(Inv. MNB 2058). Trouvé dans l'île de Santorin, à Acrotiri, sous la pierre ponce, et rapporté en 1880 au Musée par MM. Fouqué et de Cessac.
Publié par Fouqué, *Santorin et ses éruptions*, pl. 41, n° 5 (en couleurs).

A 263. Œnochoé de même forme. — Sur la panse, de chaque côté, une rosace noire à quatre pétales, entourée de quatre petites rosaces formées de quatre points noirs. A droite et à gauche deux feuilles allongées, superposées horizontalement dans le champ. Près de la base trois cercles noirs. Sur le col trois cercles noirs ; le rebord du bec en noir avec un demi-cercle noir sous l'extrémité du bec ; cercle noir à l'attache inférieure de l'anse. Le fond est plat avec léger rebord saillant.

> Pièce façonnée à la main. Terre blanchâtre. Surface polie et grise. Peinture monochrome en noir mat. Haut. 0,24.
> (Inv. CA 550). Trouvé dans l'île de Santorin et rapporté par M. Letourneau en 1880. Entré au Musée en 1893.
> Publié par E. Pottier, *Bulletin des Musées*, IV, 1893, p. 223 ; fig. 1 (vignette).

A 265. Grand pithos à trois petites anses horizontales. — Cercles noirs irréguliers sur l'épaule. La panse est décorée d'une zone de grands enroulements, mêlés à des segments de cercles irrégulièrement disposés. Sur le bas de la panse un large lacis entre quatre larges cercles noirs irrégulièrement tracés. Des retouches blanches sont faites par larges traînées sur les segments de cercles et sur les cercles du haut ; par points au centre des enroulements. Les anses noires avec des languettes blanches. Sur le plat du rebord groupes de languettes noires et blanches. Dans l'embouchure un large cercle noir. Le dessous de la base est plat.

> Pièce façonnée à la main. Terre blanchâtre, épaisse. Surface polie et grise. Peinture en noir mat avec retouches blanches. Panse et embouchure un peu déformées à la cuisson. Haut. 0,78.
> (Inv. CA 296). Trouvé à Santorin et rapporté en 1866 par F. Lenormant. Légué au Musée en 1890 par le baron de Witte.
> Vue d'ensemble publiée par F. Lenormant, *Archæologische Zeitung*, 1866, *Anzeiger*, p. 257, pl. A, 2 ; Furtwaengler et Lœschcke, *Mykenische Vasen*, p. 21, fig. 8. Cf. *Catalogue*, p. 127.

A 266. Grande amphore avec deux anses à double arcature. — Une zone réservée en clair fait le tour du milieu de la panse, en passant par les anses. Elle porte de chaque côté trois métopes séparées par deux larges bandes de zigzags ; dans chaque métope une croix à quatre branches triangulaires au centre de six cercles concentriques ; dans le champ deux rosaces ponctuées et en bas une ligne de points noirs sous deux raies horizontales. La zone est limitée en haut et en bas par une bande circulaire de traits verticaux mêlés de triangles adossés par les pointes. Le reste de la panse, peint en noir, porte trois groupes de cercles réservés en clair. Languettes verticales sur la double arcade des anses et sur la saillie oblongue qui les sépare. Le dessous du pied est creux.

> Terre rosée, avivée par un enduit lustré. Peinture en noir peu lustré, tournant au brun jaunâtre. Le col tout entier manque. La moitié d'une des anses est brisée. Haut. 0,56.
> (Inv. MNB 960.) Trouvé à Messo-Vouno, dans l'île de Santorin, et rapporté par M. de Cessac. Donné en 1876 par le Ministère de l'Instruction publique.
> Publié dans notre pl. 10. Cf. *Catalogue*, p. 127.

RHODES

A 271. Coupe profonde à deux anses verticales et coudées, sur pied élancé. — La panse est décorée d'ornements curvilignes formant une série de losanges irréguliers, dans lesquels sont placés des enroulements. Le pied et la base sont couverts d'une série de cercles. Les anses et le rebord en noir. Sous le pied légèrement creux est placée une touche de couleur.

Pièce façonnée au tour. Terre claire, fine et bien cuite. Surface d'un ton jaune pâle. Peinture en noir peu lustré, tourné au brun rougeâtre. Haut. 0,22. Diam. sans les anses, 0,19.
(Inv. MNB 2032.) Trouvé à Camiros, dans l'île de Rhodes. Acquis de l'anc. collection Parent en 1880.
Vue d'ensemble publiée par Furtwaengler et Lœschcke, *Mykenische Vasen*, pl. xi, n° 70. Cf. *Catalogue*, p. 158.

A 273. Coupe à deux petites anses verticales, sur pied élancé. — D'un seul côté la panse est ornée d'un motif en partie géométrique et en partie floral qui parait emprunté à des éléments stylisés de la flore marine : longue bande verticale de zigzags superposés, surmontée d'une rosace en cercle de points noirs et de trois palmettes en segments de cercles entourés de points noirs ; du motif supérieur retombent symétriquement quatre filets verticaux réunis à la bande verticale par des barres horizontales chargées de zigzags.

Terre blanchâtre, fine et bien cuite. Sur le fond plat et dans l'intérieur traces de cercles réguliers qui attestent l'emploi du tour. Surface polie d'un ton jaune pâle. Peinture en noir peu lustré qui a presque partout tourné en un brun jaunâtre de ton doux. Haut. 0,19. Diam. sans les anses, 0,16.
(Inv. MNB 2033.) Même provenance.
Vue d'ensemble publiée par Furtwaengler et Loeschcke, *Mykenische Vasen*, pl. xi, n° 72.

A 275. Hydrie à trois petites anses verticales et à base effilée. — Le haut de la panse est orné d'une large zone d'imbrications remplies d'angles superposés, qui donnent au décor l'aspect d'un plumage. L'intérieur et l'extérieur du goulot sont peints en noir ; deux cercles fins et un large sur le plat du rebord ; un large cercle et trois fins à la base du goulot. Le centre de la panse est orné de quatre cercles fins entre deux larges ; même motif à la base. Les anses sont peintes en noir et l'attache entourée d'un large cercle noir.

Terre rosée, recouverte d'un engobe ou d'une couche d'argile jaunâtre qui donne un aspect très clair à la poterie (cf. *Catalogue*, p. 187). Peinture en noir peu lustré, tournant au brun jaune vif. Croûte terreuse sur le goulot dont le rebord est effrité. Haut. 0,31.
(Inv. AM 496.) Acquis en 1893 à Constantinople ; probablement de provenance rhodienne.
Publié dans notre pl. 10. Cf. *Catalogue*, p. 159.

A 276. Grand cornet sans anses. — La panse porte d'un côté un énorme poulpe dont les tentacules, au nombre de huit, se ramifient autour de l'animal en lacis et en volutes qui forment au revers un arrangement symétrique. Sur le haut de la panse, large cercle noir et huit filets minces. Sur le bas de la panse, cinq bandes noires semblables alternant avec des groupes de filets. Sur le rebord une zone de languettes noires. Le fond est percé d'un trou pour laisser écouler le liquide.

Pièce façonnée au tour. Argile rouge et fine. Surface polie et jaune clair. Peinture en noir assez lustré, tournant par places au brun jaune vif. Le haut a été brisé en plusieurs morceaux et recollé ; un morceau du rebord manque. Haut. 0,375.
(Inv. MNB 1743.) Trouvé à Camiros de Rhodes. Acquis de l'anc. collect. Parent en 1879.
Vue d'ensemble publiée par Furtwaengler et Lœschcke, *Mykenische Vasen*, pl. xi, n° 71 ; Perrot et Chipiez, *Hist. de l'Art*, VI, p. 919, fig. 478 ; Baumeister, *Denkmäler des kl. Alterthums*, p. 1941, fig. 2061. Cf. *Catalogue*, p. 159.

A 286. Pyxis à deux anses. — Zone centrale : deux chevaux affrontés et dans le champ losanges quadrillés ; un oiseau aux ailes déployées. Ces deux motifs sont disposés dans une métope longue et séparés l'un de l'autre par quatre raies verticales. Le reste de la panse est occupé par six autres métopes de longueur inégale et non symétriques, qui contiennent un quadrillé, des losanges quadrillés, trois sortes de chapiteaux à volutes ioniques superposées, un autre motif en forme de cônes superposés et couronnés de deux volutes ioniques. Sur l'épaule du vase, bande d'ornements en forme de triangles accolés, de dents de loup, de losanges quadrillés. Tout le reste du vase, y compris l'embouchure, les anses et le pied, est recouvert du lustre noir.

Terre rosée, mêlée d'éclats de calcaire. Pas d'engobe. Peinture en noir assez lustré ; une partie de la pièce a tourné au rouge vif. Le vase a beaucoup souffert et n'a subi aucune réparation ; une anse est brisée ; les rebords de l'embouchure et du pied sont effrités. Le couvercle a disparu. Haut. 0,14. Diam. 0,17.
(Inv. fonds Salzmann, Niii 2372.) Trouvé à Camiros ; entré au Musée en 1864.
Publié dans notre pl. 10 (trois côtés de la panse). Cf. *Catalogue*, p. 160.

A 288. Skyphos à deux anses plates et verticales. — De chaque côté une métope est réservée en clair ; elle contient, entre deux motifs végétaux (plantes à pétales symétriques et incurvés), un dessin central composé de trois bandes horizontales superposées et présentant en haut des sortes de godrons, au milieu une grecque, en bas des dents de loup. Sur le rebord de l'embouchure une bande de dents de loup ; sur le bas de la panse des cercles concentriques et une large partie noire. Sur les anses trois métopes séparées par des lignes horizontales et dans chaque métope une double croix. Tout l'intérieur du vase est peint en noir.

Terre rosée, revêtue d'un lustre incolore. Peinture en noir peu lustré, tournant au brun jaunâtre et au rouge. Haut. avec les anses, 0,19.
(Fonds Salzmann, inv. Niii 2370.) Trouvé à Camiros de Rhodes et entré au Musée en 1864.
Publié dans notre pl. 11. Cf. *Catalogue*, p. 160.

A 290. Coupe à deux anses. — De chaque côté du rebord extérieur, un oiseau d'eau à long cou. Chaque sujet est encadré à droite et à gauche par un losange quadrillé entre des raies verticales. Dans le champ, près de l'oiseau, quelques petits ornements en cercle, triangle, très disséminés. Quelques cercles noirs divisent la panse en deux parties. Dans la partie inférieure six grandes arêtes lancéolées rayonnent à partir de la base. L'intérieur tout entier, le dessus des anses et le dessus du pied sont revêtus d'un lustre noir assez brillant.

Terre rosée, mêlée de quelques petits éclats de calcaire. Pas d'engobe. Peinture en noir peu lustré, tournant au brun. Une des anses est recollée. Haut. 0,09. Diam. 0,18.
(Fonds Salzmann, sans n° d'inv.) Même provenance.
Publié dans notre pl. 11. Cf. *Catalogue*, p. 161.

A 298. Coupe à deux anses petites et fines. — De chaque côté, à la hauteur des anses, une bande est réservée en clair et ornée de trois triangles affrontés par les pointes, séparés par plusieurs raies verticales formant métopes. Le reste du vase est peint en noir, sauf une partie réservée sous chaque anse. L'intérieur est noir, sauf une bande réservée sur le rebord et ornée de quatre groupes de raies verticales. Le dessous du pied est creux avec saillie circulaire au centre ; une traînée du noir a coulé sur ce fond.

Terre rosée, bien épurée et très cuite. Peinture en noir peu lustré, laissant transparaître le fond rougeâtre, tournant au jaune dans les ornements. Haut. 0,10. Diam. 0,18.
(Fonds Salzmann, sans n° d'inv.) Même provenance.
Publié dans notre pl. 11. Cf. *Catalogue*, p. 137 et 161.

A 300. Coupe plate, sans anses, sur pied à base large. — Forme de pinax ou d'assiette montée sur un pied court et fort. L'intérieur du pinax est décoré d'une rosace à seize pétales avec cercle central, entourée de trois larges cercles concentriques et de deux cercles fins. Près du rebord une zone divisée en sept métopes par des raies verticales affectant la forme de grands clous ; dans chaque métope une rosace, en forme de croix entourée d'un cercle et de gros points noirs, alterne avec un motif composé de deux enroulements accostés de deux palmettes (une seule fois avec un motif composé de quatre cercles inscrits sur les lignes d'un carré). Sur le rebord trois cercles. Le revers et le pied ne portent pour décoration que six cercles espacés. Le dessous du pied est creux.

Terre rosée, pailletée de mica. Engobe blanchâtre à l'intérieur. Peinture en noir peu lustré, tournant au rouge. Un large morceau du pinax a été recollé. Haut. 0,11. Diam. 0,275.

(Fonds Salzmann, inv. Nᵒ 2363.) Trouvé à Camiros de Rhodes et
entré au Musée en 1864.
Publié dans notre pl. 11. Cf. *Catalogue*, p. 162.

A 301. Coupe de même forme. — Dans l'intérieur, au
centre, une rosace noire à dix-sept pétales, entourée de deux
larges cercles noirs portant chacun deux cercles rouges ; plus
haut une grecque primitive et deux larges cercles noirs portant chacun deux cercles rouges. Près du bord, dans des métopes encadrées par des bâtonnets verticaux ayant la forme
de clous ou de caractères cunéiformes, sont dessinées trois
têtes de cygne ou d'oie alternant avec trois rosaces. Les champs
autour des oiseaux sont semés d'ornements géométriques
(rosaces en cercles entourés de points, croix inscrite dans une
ellipse et cantonnée de petits cercles, triangles, segments de
cercles ; les rosaces, en cercles entourés de gros points noirs,
sont cantonnées de quatre triangles). Sur les revers même
décor que dans A 300.

Même technique et même fabrique que A 300. Le noir tournant au
brun. Retouches de rouge vineux. Le plat, brisé en plusieurs morceaux, a été soigneusement recollé, de façon à dissimuler les
fissures ; un petit morceau du pied est refait. Haut. 0,14. Diam. 0,35.
(Fonds Salzmann, sans nᵒ d'inv.) Même provenance.
Intérieur publié en couleurs par A. de Longpérier, *Musée Napoléon*,
pl. xxxviii (= liv), nᵒ 1.

A 302. Coupe de même forme. — Dans l'intérieur, au
centre, une rosace noire à treize pétales (la suite comme dans
A 301). Près du bord, dans des métopes formées de la même
façon, trois têtes de daim alternent avec trois motifs curvilignes (double enroulement accosté de deux segments de
cercles). Autour des têtes de daim le champ est semé d'ornements, svastikas, croix cantonnée de petits triangles, segments
de cercles, rosaces, etc. Même revers que dans A 301.

Même technique et même fabrique que A 301. Le plat, brisé en deux,
a été recollé, ainsi que le pied détaché. Un petit morceau du rebord
a été refait. Haut. 0,14. Diam. 0,32.
(Fonds Salzmann, inv. Nᵒ 2364.) Même provenance.
Intérieur publié en couleurs par A. de Longpérier, *ibid.*, nᵒ 2.

A 303. Fragment de coupe analogue. — Il reste un
morceau du fond et du pied. Dans l'intérieur une rosace à pétales noirs, blancs (réservés sur l'argile claire) et rouges,
entourée de deux cercles noirs. Au-dessus une zone noire
contenant des losanges en blanc réservé sur le fond d'argile ;
dans chaque losange un fragment de méandre. Le reste manque. Sur le revers et sur le pied cercles noirs.

Même fabrique que A 301. Larg. 0,13.
(Fonds Salzmann, inv. Nᵒ 2365.) Même provenance.
Publié en couleurs par Salzmann, *Nécropole de Camiros*, pl. 29.

A 304. Plat en forme d'assiette (pinax). — Sur le fond
intérieur, un chien courant à droite ; dans le champ, ornements
en forme de svastikas à enroulements, de rosaces ponctuées ;
ligne de terrain formée par une grecque entre quatre raies
horizontales. — Dans le segment inférieur godrons noirs et en
clair réservé sur l'argile. Trois cercles noirs forment encadrement. Large cercle noir à la base du rebord et trois groupes
de raies verticales sur le marli. Le revers ne porte aucune
décoration peinte ; le fond, ayant un large creux au centre,
est orné de cercles incisés. Dans la partie supérieure on lit une
inscription en lettres cursives archaïques **ΑΡΑΝΟ**. Deux
trous de suspension sont forés dans le rebord.

Terre rosée mêlée de très petits éclats de calcaire. Peinture en noir
peu lustré. Le vase a souffert ; une partie des ornements et les
pattes antérieures du chien sont effacées ; le rebord est effrité.
Diam. 0,25.
(Fonds Salzmann, sans nᵒ d'inv.) Même provenance.
Publié dans notre pl. 11. Cf. *Catalogue*, p. 162.

A 305. Plat de même forme. — Sur le fond intérieur, un
bouquetin marchant à gauche. Dans le champ, ornements en
forme de cercles concentriques entourés de grenades ou de
croix, en forme de grands svastikas, de croix cantonnées de
triangles, de rosaces ponctuées, de demi-cercles. Ligne de
terrain en grecque primitive mêlée de points, entre quatre
raies horizontales. — Dans le segment inférieur godrons noirs
et réservés en clair. Encadrement de quatre cercles noirs. Sur
le rebord large cercle noir et cercle plus mince. Revers
comme dans A 304 (sans inscription).

Même technique et même fabrique que A 304. L'épiderme du vase a
souffert ; les ornements du segment inférieur sont en grande partie
effacés ; le rebord est effrité. Diam. 0,30.
(Fonds Salzmann, sans nᵒ d'inv.) Même provenance.
Publié dans notre pl. 11.

A 306. Plat de même forme. — Sur le fond intérieur,
taureau marchant à droite et retournant la tête (queue divisée
en deux tresses). Dans le champ ornements en croix accostées
de points, rosace de points, croix accostée de triangles, croix
inscrite dans un carré, rosace en cercle entourée de points,
segments de rosaces contenant des bâtonnets parallèles en
forme de clous, etc. — Le reste comme dans A 305. Sur le
rebord sept groupes de bâtonnets noirs.

Même technique et même fabrique que A 305. Le noir s'est écaillé
en partie et a tourné au brun jaunâtre. Diam. 0,37.
(Fonds Salzmann, sans nᵒ d'inv.) Même provenance.
Publié en couleurs par Salzmann, *Nécropole de Camiros*, pl. 50 ; A. de
Longpérier, *Musée Napoléon*, pl. iii (= liii), nᵒ 2.

A 307. Plat de même forme. — Sur le fond intérieur,
chimère marchant à droite (tête de lion, tête de chèvre dans
le dos et tête de serpent au bout de la queue, toutes trois
dardant une langue divisée en trois filets). Dans le champ,
ornements en forme de quatre petits losanges accolés, rosace
formée d'enroulements et de demi-cercles. Ligne de terrain
en torsade. — Dans le segment inférieur un poisson (dauphin)
nageant à droite ; au-dessous de lui palmette renversée sortant
d'un calice de lotus accosté de deux enroulements ; dans le
champ, ornements en losanges accolés, crochets suspendus à
la ligne de terrain, croix accostées de points. Près du bord
quatre cercles noirs. Sur le rebord, cercle noir et huit groupes
de bâtonnets noirs verticaux. Revers comme dans A 305.

Même terre. Peinture en noir peu lustré, avec retouches rouges sur
les animaux et quelques ornements. Le noir souvent tourné au
brun rougeâtre a souffert et s'est écaillé. Le plat brisé en trois
morceaux a été recollé. Diam. 0,35.
(Fonds Salzmann, sans nᵒ d'inv.) Même provenance.
Publié en couleurs par Salzmann, *Ibid.*, pl. 49 ; A. de Longpérier,
Musée Napoléon, pl. iii, nᵒ 1 (= liii) ; en vignette par Rayet et Collignon, *Hist. de la Céramique grecq.*, p. 47, fig. 27 ; Duruy, *Hist. des
Grecs*, I, p. 530.

A 308. Plat de même forme. — Sur le fond intérieur,
sphinx marchant à droite. Dans le champ, ornements en forme
de rosace entourée de points, croix cantonnée de quatre angles,
palmette à double enroulement, segments de cercles surmontés
d'une ligne de points noirs, etc. Le reste comme dans A 305
(godrons noirs, réservés en clair, rouges ; le rebord comme
dans A 306).

Même technique que le précédent avec retouches rouges sur l'animal
et certains ornements. L'engobe blanc plus foncé et tourné au gris
sombre. Diam. 0,30.
(Fonds Salzmann, sans nᵒ d'inv.) Même provenance.
Publié en couleurs par Salzmann, *Ibid.*, pl. 54 ; A. de Longpérier,
Ibid., pl. xii (= lii), nᵒ 2.

**A 309. Plat ou pinax à double échancrure sur le
bord.** — Forme d'assiette ou de plat creux. L'intérieur est
orné au centre d'une couronne de dix-sept grenades rangées
autour d'un point central, entourées d'un large cercle mêlé
de carrés réservés en clair et ayant un point au centre. Tout
autour une large zone contient quatre grandes fleurs de lotus
alternant avec quatre boutons fermés. Sous le rebord un cercle
mêlé de carrés réservés en clair et ayant un point au centre.
Sur le rebord plat une large grecque mêlée de carrés contenant

une croix cantonnée de quatre points rouges. Sur les cornes formées par les échancrures, des carrés réservés contenant un gros point noir ou une croix cantonnée de points. Au revers cinq cercles noirs et rouges espacés. Le fond du pied forme une dépression centrale.

> Terre rougeâtre, pailletée de mica, mêlée d'éclats de calcaire blanc. L'engobe blanc, devenu jaunâtre, ne recouvre que l'intérieur. Peinture en noir peu lustré, presque partout tourné au rouge. Retouches rouges sur les grenades, les lotus et quelques détails ci-dessus indiqués. Le vase, fendu par le milieu, a été recollé. Haut. 0,06. Diam. 0,30.
> (Fonds Salzmann, sans n° d'inv.) Même provenance.
> Publié dans notre pl. 12. Cf. *Catalogue*, p. 163.

A 310. Plat de même forme. — Le centre est orné de languettes rouges et noires rayonnant autour d'un point noir central ; tout autour un cercle de dents de loup noires entre quatre cercles. Au-dessus zone de huit palmettes à pétales rouges et noirs alternant avec huit boutons de lotus. Près du rebord, grecque circulaire entre des cercles. Sur le plat du rebord, entre deux cercles, zone de fleurs de lotus alternant avec des boutons. Sur les cornes formées par les échancrures, des carrés réservés en clair et contenant chacun une croix cantonnée de points. Sur le fond, au revers, trois cercles noirs avec une dépression centrale.

> Même technique que A 309. Deux trous de suspension près du rebord. Le vase, fendu par le milieu, a été recollé. Haut. 0,04. Diam. 0,30.
> (Fonds Salzmann, inv. N.iii 2367.) Même provenance.
> Publié par Salzmann, *Nécropole de Camiros*, pl. 52.

A 311. Œnochoé à bec trilobé et anse trifide accostée de deux rondelles saillantes. — Sur l'épaule deux cygnes affrontés de chaque côté d'une palmette (fleur de lotus sur deux enroulements) ; de chaque côté, à droite et à gauche, un sphinx marchant et un cygne. — La panse est divisée en deux zones. 1° Neuf bouquetins paissant, interrompus sous l'anse par un cygne marchant à droite. 2° Neuf daims paissant, interrompus sous l'anse par un cygne marchant à droite. Les champs des zones sont semés d'ornements géométriques, svastikas, rosaces, segments de cercles concentriques, triangles, etc. — En haut de l'épaule, zone de languettes réparties par groupes. Sur la partie antérieure du col deux bandes superposées de carrés contenant des croix cantonnées de points, des fragments de méandre, des damiers en croix ; ces carrés sont encadrés et séparés par des lignes rouges. Ces zones sont séparées par des cercles noirs portant chacun un cercle rouge. Près de la base trois grandes fleurs de lotus épanouies et trois boutons de lotus fermés. Le pied, le bord du bec, la partie postérieure du col en noir. Sur l'anse languettes noires obliques ; sur le bec trois rosaces de cercles et de points blancs, et deux yeux en blanc. Sur les rondelles saillantes croix noire cantonnée d'angles superposés. Le dessous du pied légèrement creux avec deux cercles en noir.

> Terre rosée, pailletée de mica. Engobe blanc recouvrant tout l'extérieur de la pièce. Peinture en noir peu lustré. Retouches rouges sur le corps des animaux et sur les ornements. Emploi du blanc par-dessus le noir pour quelques ornements. Le bec cassé a été recollé en plusieurs morceaux, dont un manque. L'anse brisée est recollée. La peinture a souffert et a en partie disparu sur une notable partie du vase. Haut. avec l'anse, 0,35.
> (Fonds Salzmann, sans n° d'inv.) Même provenance.
> Vue d'ensemble publiée en couleurs par Salzmann, *Nécropole de Camiros*, pl. 37 ; A. de Longpérier, *Musée Napoléon*, pl. xxvii (= lvii); en vignette par Rayet et Collignon, *Hist. de la Céramiq. grecq.*, p. 49, fig. 28.

A 312. Œnochoé de même forme. — Sur l'épaule, même décor que dans A 311. Sur la panse une seule zone de sept bouquetins paissant. Le reste comme dans A 311 (sauf sur le col une torsade, pas d'ornement sur le bec noir, croix cantonnée de triangles noirs sur les rondelles).

> Même technique et même fabrique. Quelques retouches rouges, restaurées sur l'épaule. Haut. 0,31.
> (Fonds Salzmann, inv. N.iii 6344.) Même provenance.

Vue d'ensemble en couleurs publiée par Salzmann, *Nécropole de Camiros*, pl. 32.

A 314. Œnochoé de même forme. — Sur l'épaule, quatre oies becquetant le sol, deux marchant à droite, deux à gauche. Sur la panse quatre bouquetins paissant, marchant à droite. — Dans ces deux zones le champ est rempli d'ornements géométriques, demi-cercles concentriques, croix cantonnées de triangles, dents de loup, rosaces, svastikas. — Sur la partie antérieure du col une torsade. En haut de la panse zone de languettes réparties par groupes. Sur le bas de la panse trois grandes fleurs de lotus épanouies et trois boutons de lotus fermés. — Le bord du col est peint en noir ; l'anse couverte de languettes obliques, les boutons saillants de l'attache au col ornés d'une croix cantonnée de triangles. La partie postérieure du goulot est peinte en noir.

> Même technique et même fabrique que A 311. Peinture tournant au brun rouge. Haut. avec l'anse, 0,35.
> (Fonds Salzmann, inv. N.iii 2346.) Même provenance.
> Publié dans notre pl. 12. Cf. *Catalogue*, p. 163.

A 315. Œnochoé de même forme. — Sur l'épaule marche à droite un cerf frottant sa tête contre terre, entre deux oies affrontées becquetant le sol. Sur la panse marchent à droite quatre bouquetins paissant. Le reste de l'ornementation comme dans A 314.

> Même technique et même fabrique que A 311. La pièce presque tout entière a tourné au brun rouge. Haut. 0,35.
> (Inv. fonds Salzmann, N.iii 2345.) Même provenance.
> Publié dans notre pl. 12. Cf. *Catalogue*, p. 163.

A 316. Œnochoé de même forme. — Sur l'épaule sphinx tourné à gauche, entre deux cerfs paissant affrontés. Sur la panse quatre bouquetins paissant. Le reste de l'ornementation comme dans A 314.

> Même technique et même fabrique que A 311. La peinture noire a tourné par endroits au brun jaunâtre et par endroits au brun rouge. L'anse et le col brisés ont été recollés. Haut. 0,34.
> (Fonds Salzmann, sans n° d'inv.) Même provenance.
> Publié dans notre pl. 12. Cf. *Catalogue*, p. 163.

A 317. Œnochoé de même forme. — Sur l'épaule marchent à droite un bouquetin paissant, une biche tombée sur le genou droit de devant, un bouquetin dans une pose semblable et retournant la tête. — Sur la panse marchent à droite quatre bouquetins paissant. Les champs sont semés des motifs géométriques décrits ci-dessus. — Sur la partie antérieure du col une grecque mêlée de croix inscrites dans un carré et cantonnées de points. Le reste de l'ornementation comme dans A 314.

> Même technique et même fabrique que A 311. Une partie de la pièce a tourné au brun rouge. Haut. 0,35.
> (Fonds Salzmann, inv. N.iii 2348.) Même provenance.
> Publié dans notre pl. 12. Cf. *Catalogue*, p. 163.

A 318. Œnochoé de même forme. — Sur l'épaule un griffon reposant sur les pattes de devant, allongé de gauche à droite, entre deux oies picorant. — Sur la panse marchent à droite trois bouquetins paissant et un quatrième la tête droite. Les champs sont semés des motifs géométriques décrits ci-dessus. — Sur la partie antérieure du col une torsade avec points noirs de centre. Le reste de l'ornementation comme dans A 314.

> Même technique et même fabrique que A 311. Quelques parties du noir ont tourné au brun rouge. Haut. 0,33.
> (Fonds Salzmann, inv. N.iii 2347.) Même provenance.
> Vue d'ensemble publiée en couleurs par Salzmann, *Nécropole de Camiros*, pl. 43 ; A. de Longpérier, *Musée Napoléon*, pl. vii (= lviii).

A 319. Œnochoé de même forme. — Sur la panse une zone de quatre bouquetins paissant. Le champ est semé d'ornements comme ci-dessus. — Sur l'épaule une zone de fleurs de lotus alternant avec des boutons, la tête en bas. Sur le col une grecque mêlée de larges carrés contenant une croix cantonnée de quatre points. Le reste de l'ornementation comme dans A 318.

Même technique et même fabrique. Le noir tourné au rouge brun en beaucoup d'endroits. L'engobe blanc endommagé, la surface très jaunie. Haut. 0,34.
(Fonds Salzmann, inv. N III 2351.) Même provenance.
Publié par Salzmann, Ibid., pl. 44.

A 321. Œnochoé à bec trilobé et à anse trifide. — Sur le devant de l'épaule, dans une métope longue encadrée par quatre bandes de petites raies parallèles, trois cygnes, les ailes déployées, marchent à droite. Le champ est semé de de petites rosaces ponctuées. En dessous une torsade ; sur tout le reste de la panse un large champ d'imbrications avec points noirs et rouges ; à la base bande de languettes. — Au revers, sous l'anse, deux bandes verticales de languettes obliques, d'où rayonnent à droite et à gauche de larges rayures noires obliques, formant comme deux ailes ; elles aboutissent de chaque côté à une large bande verticale remplie par des raies horizontales alternant avec des lignes de points. — Sur le col une large grecque mêlée de carrés, ayant au centre une rosace à quatre feuilles. — Sur le rebord extérieur du bec peint en noir, trois rosaces en cercles et pointillés blancs et deux grands yeux en blanc. Sur le rebord intérieur, peint en noir, deux fleurs et deux boutons de lotus en blanc. Chaque partie de l'anse trifide est rayée de languettes obliques.

Terre rosée. Engobe blanc jaunâtre sur l'extérieur de la pièce. Peinture en noir peu lustré, tournant au brun jaunâtre. Retouches rouges sur les ailes des oiseaux, les imbrications et les rayures obliques du revers. Peinture en blanc pour les ornements du col. L'anse et le col brisés ont été recollés. Haut. avec l'anse, 0,29.
(Inv. MNB 1744.) Trouvé à Camiros, dans l'île de Rhodes, et acquis en 1879 de l'anc. collection Parent.
Publié dans notre pl. 13.

A 326. Amphore à deux anses trifides. — Sur l'épaule, de chaque côté, un sphinx à aile non recourbée, marchant à droite entre deux cygnes affrontés. Le champ est rempli d'ornements géométriques (svastikas, rosaces, triangles, demi-cercles, croix inscrites dans un carré, etc.). — Sur la panse une large bande noire portant deux cercles rouges et des rosaces en cercles blancs entourés de gros points ; en dessous une grecque noire entre deux cercles ; puis une seconde bande noire semblable à la précédente. Sur le bas de la panse un cercle rouge entre deux noirs. Près de la base trois cercles noirs et des arêtes rayonnantes. — Au-dessus du tableau godrons rouges et noirs ; au-dessous un cercle rouge entre deux noirs. Sur le col grande grecque en noir dans une métope réservée en clair (motif de carrés concentriques au centre). Sur le rebord une grecque noire. Cercle noir dans l'embouchure. Hachures noires obliques sur les anses. Le fond légèrement creux.

Terre rosée, épaisse, pailletée de mica. Engobe blanc jauni. Peinture en noir lustré. Retouches rouges sur les animaux. Emploi du blanc pour les ornements. Le col et la panse, brisés en plusieurs morceaux, ont été soigneusement recollés, de façon à dissimuler les fissures. Haut. 0,42.
(Fonds Salzmann, inv. N III 2342.) Trouvé à Camiros de Rhodes et entré au Musée en 1864.
Publié en couleurs par Salzmann, Nécropole de Camiros, pl. 42.

A 327. Amphore à deux anses trifides. — Sur la panse, de chaque côté, trois palmettes noires émergent de larges volutes symétriquement opposées. — Sur l'épaule, de chaque côté, une bande de six feuilles de lierre juxtaposées et portées chacune par une pédoncule ; un point noir à côté de chaque feuille. Sous cette bande une zone de courtes languettes noires entre deux cercles ; au-dessus languettes noires. A la base du col un tore saillant. — Sur le col fragment de grande grecque à lignes se coupant ; au-dessus une bande de points ou de courtes languettes entre deux cercles. Sur le rebord languettes noires. Cercle noir dans l'embouchure. Hachures noires horizontales sur les anses. Cercle noir sur le pied. Le fond légèrement creux.

Même technique que A 326. Peinture monochrome en noir peu lustré, tournant au brun rouge et au jaune clair. Un trou dans la panse. Haut. 0,42.
(Fonds Salzmann, sans n° d'inv.) Même provenance.
Publié par Salzmann, Ibid., pl. 46 et, en couleurs, pl. 47.

A 328. Amphore à deux anses plates trifides. — Sur la panse, de chaque côté, isolé dans le champ, un oiseau d'eau (cygne) marche à droite ; deux petites rosaces ponctuées de chaque côté. Sous chaque anse une large palmette à deux enroulements accostés d'une feuille en fer de lance. — Sur l'épaule, de chaque côté, une bande de grenades réunies par des entrelacs. Sur les anses des raies horizontales superposées. — Sur le col, muni à la base d'un petit tore saillant, d'un côté une large grecque, de l'autre une torsade. Sur le rebord une zone de traits parallèles obliques. — Dans l'embouchure deux larges cercles. Sur la base un large cercle. Le dessous du pied est creux.

Terre rosée. Engobe blanc devenu gris. Peinture en noir peu lustré, tournant au brun rouge. Haut. 0,30.
(Fonds Salzmann, inv. N III 2343.) Même provenance.
Publié dans notre pl. 13. Cf. Catalogue, p. 164.

A 329. Amphore à deux anses trifides. — Sur l'épaule, de chaque côté, un chien courant à droite est près d'atteindre un lièvre qui fuit. — Sur la panse une torsade entre deux bandes composées chacune d'une zone de courtes languettes entre quatre cercles. Près de la base une zone de points entre deux cercles et une zone de croissants juxtaposés. Au-dessus du tableau languettes noires entre deux cercles. — A la base du col léger tore saillant. Sur le col larges imbrications traversées par deux lignes de gros points ; au-dessus une ligne de points entre deux cercles. Sur le rebord languettes placées obliquement. Dans l'embouchure large cercle et deux plus fins. Traits horizontaux sur les anses. Le pied est noir. Le dessous légèrement creux.

Même technique que A 328. Le noir tourné presque entièrement au brun rouge. Haut. 0,33.
(Fonds Salzmann, inv. N III 2349.) Même provenance.
Publié par Salzmann, Ibid., pl. 48.

A 330. Amphore à deux anses plates trifides. — Sur la panse, de chaque côté, isolé dans le champ, un homme à tête de lièvre, court à droite, le bras gauche levé. Pour le reste, même décor que A 328 (sur le col, de chaque côté, une grande grecque).

Même technique et même fabrique que A 328. Le noir presque mal est entièrement tourné au rouge brun. Haut. 0,40.
(Fonds Salzmann, sans n° d'inv.) Même provenance.
Vue d'ensemble publiée en couleurs par A. de Longpérier, Musée Napoléon, pl. IX (= LIX), n° 1.

A 330 (1). Coupe profonde à pied conique et à deux anses horizontales. — Sur la panse, d'un seul côté, un lion rugissant tourné à droite. Deux cercles noirs forment ligne de terrain. — Sur le bas de la panse, à la hauteur des anses, petite barre horizontale coupée de traits verticaux dans une métope encadrée de bâtonnets verticaux. En dessous deux cercles noirs. Le pied en noir avec deux cercles blancs et le dessous creux, non peint. Les anses en noir. — Tout l'intérieur en noir et décoré des motifs suivants : dans le fond, rosace à huit pétales rouges et blancs entourée de deux cercles blancs ; plus haut deux cercles blancs ; près du bord, au dessus de deux cercles blancs, trois fleurs et trois boutons de lotus en rouge et en blanc.

Terre rosée, pailletée de mica. Engobe blanc. Peinture en noir peu lustré, tournant au brun jaunâtre. Retouches de rouge sur le lion. Emploi du rouge et du blanc pour les ornements. De larges écailles de l'engobe et du noir enlevées sur la panse et sur le pied ; fissures dans le rebord un peu ébréché ; le pied est recollé. Haut. 0,14. Diam. 0,14.
(Fonds Salzmann, sans n° d'inv.) Même provenance.
Vue d'ensemble publiée en couleurs par Salzmann, Nécropole de Camiros, pl. 38 ; A. de Longpérier, Musée Napoléon, pl. XII (= LII), n° 1.

A 331. Coupe à deux anses et à pied court. — Le vernis noir recouvre toute la pièce, sauf à la hauteur des anses où est réservée une bande étroite d'argile jaunâtre sur laquelle se détachent des ornements peints en noir, raies verticales et triangles accolés par la pointe, cercles. Les autres ornements ont été incisés dans le noir et rehaussés de tons rouges : dents de loup sur le rebord, palmettes droites et renversées sur la panse, ornement formé de croissants juxtaposés autour du pied. — Le même système se reproduit à l'intérieur : groupes de languettes peintes en noir sur un étroit cercle réservé en clair ; palmettes, fleurs de lotus et entrelacs incisés sur le fond noir, rehaussés de touches rouges.

Terre rosée. Peinture en noir peu lustré ; retouches de rouge vineux ; travail d'incision dans le noir. Le pied est refait. Haut. 0,11. Diam. 0,21.
(Fonds Salzmann, sans n° d'inv.) Même provenance.
Publié en couleurs par Salzmann, *Nécropole de Camiros*, pl. 33. Reproduit sous un autre aspect dans notre pl. 13. Cf. *Catalogue*, p. 165.

A 332. Petite coupe de même forme. — Décor analogue au précédent, sans bande réservée à la partie supérieure. L'intérieur et les revers sont décorés de palmettes incisées et retouchées de rouge, analogues à A 331. Sur le haut des revers, à la hauteur des anses, une torsade incisée et retouchée de rouge. Sur le bord extérieur dents de loup incisées, opposées à des dents de loup peints en rouge. Sur le pied deux cercles noirs.

Même technique et même fabrique que A 331. Haut. 0,065. Diam. 0,11.
(Fonds Salzmann, sans n° d'inv.) Même provenance.
Intérieur publié en couleurs par Salzmann, *Ibid.*, pl. 34.

A 334. Petite amphore à deux anses et à panse allongée. — La panse est couverte d'un semis de petites croix ; près de la base une zone de croissants juxtaposés, entre une zone de bâtonnets obliques et une zone de languettes. Sur l'épaule, une guirlande de feuilles de lierre au-dessus d'une ligne de points noirs entre deux cercles. Sur le goulot, orné à la base d'un tore saillant, une grecque haute. Un cercle noir sur le rebord et sur l'embouchure. Sur les anses languettes horizontales. Le pied est peint en noir et le dessous creux.

Terre rosée. Engobe blanc, devenu jaunâtre. Peinture en noir peu lustré, tournant au jaunâtre. L'épiderme est en plusieurs endroits endommagé et l'engobe effrité. La base s'est un peu déformée avant ou pendant la cuisson. Haut. 0,25.
(Fonds Salzmann, sans n° d'inv.) Même provenance.
Publié dans notre pl. 13. Cf. *Catalogue*, p. 165.

A 335. Pyxis ronde, à couvercle et à deux anses. — Zone supérieure : de chaque côté sont placés deux oiseaux qui se reproduisent à peu près identiques : une chouette avec la tête de face, un oiseau passant. Au-dessus des oiseaux, les mêmes ornements se répètent aussi, une grecque sommaire, une roue à quatre rayons, deux carrés contenant une croix cantonnée de quatre points. — En haut de la panse, bande de points noirs entre deux cercles ; sur les anses feuilles d'eau. La panse est divisée en deux zones par deux cercles dont l'inférieur est hérissé de dents verticales. Le bas de la panse est vide d'ornements. Un cercle noir sur le rebord, dans l'embouchure et sur la base. — Sur le couvercle série de cercles ; sur le sommet du bouton une croix.

Terre rosée, mêlée d'éclats de calcaire. Pas d'engobe. Peinture en noir peu lustré. Une des anses est recollée. Haut. 0,18. Diam. aux anses, 0,11.
(Fonds Salzmann, sans n° d'inv.) Même provenance.
Publié dans notre pl. 13. Cf. *Catalogue*, p. 165.

A 345. Aryballe de terre cuite émaillée, à panse forte et à goulot court sans anse. — Sur l'épaule trois lignes de points noirs entre deux cercles noirs. Sur la panse une zone de métopes contenant un carré bleu avec rosace centrale de points noirs, dans un encadrement de points et de lignes noires verticales. Près de la base deux lignes de points noirs et languettes rayonnantes noires et bleues. Le fond est plat, émaillé, et porte deux triangles en noir. Tout le goulot et l'embouchure émaillés en bleu.

Pièce façonnée à la main. Terre rosée, épaisse, recouverte d'un épais émail blanc. Ornements émaillés en noir brun et en bleu devenu verdâtre. De larges écailles enlevées sur la panse et sur le col. Haut. 0,18.
(Fonds Salzmann, inv. N111 2396.) Même provenance.
Publié en couleurs par Salzmann, *Nécropole de Camiros*, pl. 6 ; A. de Longpérier, *Musée Napoléon*, pl. v (= L', n° 2) ; Perrot et Chipiez, *Hist. de l'Art*, III, pl. vi.

A 346. Aryballe émaillé, de forme analogue. — Le goulot est plus large et plus ouvert. Sur l'épaule deux lignes de points noirs entre deux cercles noirs. Sur la panse un large zigzag bleu, accosté d'angles noirs dans lesquels est inséré un petit triangle bleu. Sur le bas de la panse languettes noires et bleues. Le fond est plat, émaillé, et porte deux triangles noirs. Tout le goulot et l'embouchure émaillés en bleu, peut-être même l'intérieur.

Même technique que A 345. Le col ébréché ; quelques écailles enlevées sur la panse. Haut. 0,15.
(Fonds Salzmann, sans n° d'inv.) Même provenance.
Publié en couleurs par Salzmann, *Ibid.*, pl. 6 ; A. de Longpérier, *Ibid.*, n° 1 ; Perrot et Chipiez, *Ibid.*

A 348. Alabastre de terre cuite émaillée, sans anses, à base effilée et tronquée. — Sur l'épaule zone de grands oves blancs et noirs. Sur la panse deux lignes de points noirs entre deux cercles noirs ; six métopes contenant chacune un carré bleu avec cercle noir central, encadrées dans des traits noirs. Sur le bas de la panse, trois lignes de points noirs et languettes rayonnantes noires et bleues. Le dessous est plat.

Terre rosée, recouverte d'un épais émail blanc. Ornements émaillés en noir et en bleu devenu verdâtre. Le col est effrité.
(Fonds Salzmann, sans n° d'inv.) Même provenance. Haut. 0,22.
Publié en couleurs par Salzmann, *Ibid.*, pl. 7 ; A. de Longpérier, *Ibid.*, pl. xxxix (= LI), n° 1.

A 349. Alabastre de terre cuite émaillée, à base pointue. — Sur l'épaule deux lignes de points noirs entre deux cercles noirs. Sur la panse une zone de métopes contenant un carré bleu avec point central noir, dans un encadrement noir. Sur le bas de la panse languettes rayonnantes, noires et bleues.

Terre rosée, recouverte d'un épais émail blanc. Ornements émaillés en noir et en bleu devenu verdâtre. Le col manque. Haut. 0,16.
(Fonds Salzmann, sans n° d'inv.) Même provenance.
Publié en couleurs par Salzmann, *Ibid.*, pl. 7 ; A. de Longpérier, *Ibid.*, pl. xxxix (= LI), n° 3.

A 350. Alabastre émaillé, de même forme. — La panse est divisée en trois bandes verticales contenant chacune une série d'angles noirs et bleus superposés ; trois bandes bleues verticales alternent avec les précédentes. A la base du col un cercle noir.

Même technique que A 349. L'émail est enlevé sur la plus grande partie des bandes verticales bleues. Haut. 0,18.
(Fonds Salzmann, sans n° d'inv.) Même provenance.
Publié en couleurs par Salzmann, *Ibid.*, pl. 7 ; A. de Longpérier, *Ibid.*, pl. xxxix (= LI), n° 2 ; Rayet et Collignon, *Hist. de la Céramiq. grecq.*, pl. xiv.

A 352. Alabastre émaillé, de même forme. — Sur l'épaule deux lignes de points noirs. Sur la panse entre deux cercles quatre métopes encadrées de traits noirs et contenant chacune un carré bleu ayant à la partie inférieure une encoche où vient s'insérer un petit triangle noir. Près de la base languettes noires et bleues.

Même technique que A 349. La couleur bleue ternie a tourné au verdâtre. Haut. 0,13.
(Fonds Salzmann, sans n° d'inv.) Même provenance.
Publié en couleurs par Salzmann, *Ibid.*, pl. 7 ; A. de Longpérier, *Ibid.*, pl. v (= L), n° 3 ; Perrot et Chipiez, *Ibid.*, pl. vi, n° 2 ; Rayet et Collignon, *Ibid.*

A 355. Petite œnochoé de terre émaillée, à bec trilobé et à anse plate. — Sur la panse est incisée une zone de quatre rosaces à six pétales avec centre jaune.

> Terre blanche, friable, revêtue sur toute la surface d'un émail bleu avec retouches d'émail jaune sur les anses, sur le bec. Incisions assez profondes, retouchées en noir. L'épiderme du vase a souffert et les couleurs sont éteintes par endroits. Haut. 0,07.
> (Fonds Salzmann, sans n° d'inv.) Même provenance.
> Publié en couleurs par Salzmann, *Ibid.*, pl. 5; A. de Longpérier, *Ibid.*, pl. xxix (= xlix), n° 5.

A 359. Petite œnochoé de forme analogue. — Sur la panse sont incisés deux oiseaux volant, ayant l'aspect d'un hiéroglyphe égyptien; l'un d'eux retourne la tête.

> Terre rosée et friable, revêtue sur toute la surface d'un émail bleu, devenu blanc ou verdâtre par endroits, avec quelques vestiges d'un ton jaune. Incisions rapidement tracées et enduites de noir. Haut. 0,07.
> (Fonds Salzmann, sans n° d'inv.) Même provenance.
> Publié en couleurs par Salzmann, *Ibid.*, pl. 5; A. de Longpérier, *Musée Napoléon*, pl. xxix (= xlix), n° 4.

A 361. Alabastre à panse allongée et à deux petites oreillettes. — La panse est divisée en deux zones d'animaux incisées : 1° Deux taureaux affrontés de chaque côté d'un arbrisseau (palmier?), lion accroupi et rugissant devant un arbrisseau en arrière-plan. 2° Lion rugissant et bouquetin affrontés de chaque côté d'un arbrisseau semblable (en arrière-plan de chaque animal un pilier ou support surmonté du disque solaire jaune), taureau marchant à droite les cornes en attaque. Sur le bas de la panse zone de feuilles lancéolées et deux zones de petites cannelures verticales. Toutes les zones sont séparées par un cercle jaune. A la base zone de feuilles rayonnantes.

> Terre blanche et friable. Émail bleu avec retouches jaunes. Surface brunie par places. Haut. 0,11.
> (Fonds Salzmann, inv. N111 2395.) Même provenance.
> Vue d'ensemble publiée en couleurs par Salzmann, *Ibid.*, pl. 5; A. de Longpérier, *Ibid.*, n° 1; Perrot et Chipiez, *Hist. de l'Art*, III, pl. v.

A 362. Alabastre de même forme. — La panse est divisée en deux zones d'animaux incisées : 1° Deux biches affrontées de chaque côté d'un arbrisseau; à droite et à gauche une autre biche passant devant un arbrisseau en arrière-plan. 2° Lion accroupi, tirant la langue, avec une colonnette ionique en arrière-plan, arbrisseau, taureau passant devant un pilastre, autre taureau de même, biche, arbrisseau. Sur le haut de la panse une zone de feuilles lancéolées et deux zones de petites cannelures verticales. A la base zone de feuilles rayonnantes.

> Terre blanche et friable. Émail bleu avec retouches jaunes. Surface noircie et endommagée. Incisions fines retouchées en noir. Haut. 0,105.
> (Fonds Salzmann, sans n° d'inv.) Même provenance.
> Vue d'ensemble publiée en couleurs par Salzmann, *Ibid.*, pl. 5; A. de Longpérier, *Ibid.*, n° 2; Perrot et Chipiez, *Ibid.*

A 363. Petit alabastre à deux anses verticales et à panse lenticulaire. — Sur la panse, d'un côté, est incisée la déesse égyptienne Khou, accroupie, les deux bras tenant les ailes étendues, le disque solaire sur la tête; de l'autre côté, une tête de lion surmontée du disque solaire.

> Même technique. Émail bleu avec retouches d'émail jaune sur la ceinture et les ailes de la déesse, sur les disques solaires, sur la tranche circulaire de la panse et sur les anses. Incisions retouchées en noir. Les anses brisées ont été recollées. L'épiderme du vase a un peu souffert. Haut. 0,07.
> (Fonds Salzmann, inv. N111 2401.) Même provenance.
> Vue d'ensemble publiée en couleurs par Salzmann, *Ibid.*, pl. v; A. de Longpérier, *Ibid.*, n° 3.

A 364. Aryballe de terre émaillée, à panse sphérique, goulot très court et large anse plate. — La panse est divisée en deux zones. Dans la première est incisée une série d'hiéroglyphes égyptiens et au centre deux cartouches royaux donnant le prénom de Psammétique II. Dans la seconde sont incisés des fleurs et des boutons de lotus réunis par des entrelacs. Sur l'épaule godrons incisés. Sur le plat de l'embouchure pétales incisés. A l'attache supérieure de l'anse quatre oves et à l'attache inférieure une palmette renversée, accostée de deux enroulements, sont modelés en léger relief.

> Terre blanche et friable, revêtue sur toute la surface extérieure d'un émail bleu, devenu pâle et un peu vert d'eau. Incisions finement tracées. Tout un morceau du plat du goulot manque. Haut. 0,05.
> (Fonds Salzmann, sans n° d'inv.) Même provenance.
> Vue d'ensemble publiée en couleurs et sous deux faces par A. de Longpérier, *Musée Napoléon*, pl. xxix (= xlix), n°s 6 et 6 A; Salzmann, *Ibid.*, pl. v; Perrot et Chipiez, *Ibid.*, pl. v, n°s 2 et 3.

A 365. Petit flacon de terre cuite émaillée, en forme de statuette d'homme agenouillé, tenant devant lui une jarre à couvercle surmonté d'un crapaud. — Travail phénicien, inspiré par l'imitation d'un type égyptien dénaturé. Tout le personnage et le vase qu'il tient sont revêtus d'un émail jaune; la coiffure en polos du personnage (formant goulot du vase) et le crapaud sont en émail vert; les cheveux retombant dans le dos et sur les épaules, les mouchetures indiquant les dessins du costume dans le dos, la tranche circulaire de la base sont en émail noir brun.

> Terre blanche et friable, recouverte sur toute la surface d'un émail jaune, vert, brun. Le polos formant goulot et le couvercle de la petite jarre sont recollés. Haut. 0,09.
> (Fonds Salzmann, sans n° d'inv.) Même provenance.
> Vue d'ensemble publiée en couleurs par Salzmann, *Ibid.*, pl. 4.
> Cf. Heuzey, *Catalogue des figurines du Louvre*, p. 216-217.

A 366. Petit flacon semblable. — La pièce est revêtue d'un émail blanc au lieu de jaune. Le reste semblable au précédent.

> Même technique et même fabrique. Le polos servant de goulot manque. Haut. 0,075.
> (Fonds Salzmann, sans n° d'inv.) Même provenance.
> Vue d'ensemble publiée en couleurs par Salzmann, *Ibid.*

A 367. Petit vase de terre émaillée, en forme de tête de femme. — Le type égyptien est nettement indiqué, la tête recouverte du klaft retombant sur les épaules. Le haut du crâne est surmonté d'un goulot court avec petite anse plate.

> Même technique. Fin modelé. L'émail est enlevé par endroits, le goulot effrité. Haut. 0,055.
> (Fonds Salzmann, sans n° d'inv.) Même provenance.
> Vue d'ensemble publiée en couleurs par A. de Longpérier, *Ibid.*, n° 7.

A 370. Aryballe de terre émaillée. — Forme analogue à A 364. La panse est divisée en quatre zones de petites cannelures verticales, séparées par des doubles cercles saillants. Le dessous est orné d'une rosace à seize pétales modelée en relief.

> Même technique. Un morceau du plat de l'embouchure manque. Haut. 0,05.
> (Fonds Salzmann, sans n° d'inv.) Même provenance.
> Vue d'ensemble publiée en couleurs par A. de Longpérier, *Ibid.*, n° 8.

A 383. Vase en forme de sirène. — Corps d'oiseau couché de gauche à droite sur les pattes repliées, avec tête de femme, vue de face, au type archaïque; deux tresses de cheveux descendant symétriquement sur chaque épaule, un collier au cou. Au revers les cheveux retombent en nappe striée. Le goulot court forme une sorte de polos sur la tête. Un appendice saillant sur le dos devait former l'anse de suspension; mais le trou est seulement indiqué et non terminé.

> Terre rougeâtre, très tendre. Traces de couleur brun rouge et de blanc. Le bout de l'aile est brisé; un trou dans le revers du corps. Haut. 0,085. Long. 0,11.
> (Fonds Salzmann, sans n° d'inv.). Même provenance.
> Publié par L. Heuzey, *Figurines antiques du Louvre*, pl. 13, fig. 6.

A 385. Vase en forme de buste de femme. — Le corps est coupé au-dessous des seins, les épaules à peine indiquées. Le type de figure est archaïque. Une tunique couvre le haut du corps (bordure en grecque incisée sur fond noir, zigzags obliques au trait noir pour indiquer les plis de l'étoffe). Trois boucles de cheveux retombent symétriquement sur chaque épaule; une nappe de cheveux divisés en mèches dans le dos; boucles d'oreilles en pastillages ornés d'une rosace noire. Un goulot court d'aryballe surmonte la tête et forme une sorte de polos; il est orné sur la tranche et sur le plat de dents de loup incisées sur fond noir. Le dessous du vase est plat et orné de deux palmettes à double volute, reliées par deux segments de cercles à hachures parallèles.

> Terre jaune clair, tendre. Peinture en noir lustré tournant au brun. Travail d'incisions dans les ornements. Le bout du nez est endommagé; le noir lustré est écaillé par places. Haut. 0,115.
> (Fonds Salzmann, sans n° d'inv.) Même provenance.
> Publié par L. Heuzey, *Ibid.*, pl. 13, fig. 4.

A 395. Grande œnochoé à bec trilobé et à anse cordée. — Sur l'épaule des traits verticaux divisent la zone supérieure en une série de métopes, les unes restant en clair, les autres ornées de zigzags verticaux et de petits cercles concentriques. Sur la panse, zone de petits cercles concentriques entre quatre cercles, grand zigzag circulaire sur fond clair, bande de lacis horizontaux superposés. Sur le bas de la panse deux cercles noirs. Sur le col trois zones superposées de bâtonnets verticaux. Près de l'attache inférieure de l'anse, métopes longues contenant une croix en X, cantonnée de petits cercles concentriques. Le dessous est presque plat.

> Terre rosée, mêlée de petits éclats de calcaire blanc. Surface polie. Peinture en noir terne tourné au rouge. Vestiges de retouches d'un rouge rosâtre et de blanc. Peut-être y a-t-il eu en certaines parties un engobe blanc portant la peinture rouge. Haut. 0,40.
> (Fonds Salzmann, sans n° d'inv.) Même provenance.
> Publié par Salzmann, *Ibid.*, pl. 30.

A 396. Fragment de grand pithos. — Morceau détaché de la panse d'une grande jarre, analogue à celles qui ont été trouvées à Cæré, en Étrurie (cf. D 254 et suiv.). On y distingue encore trois zones superposées et estampées en relief : 1° série de métopes dont chacune contient deux grands enroulements en S ; 2° zone composée de taureaux paissant qui alternent avec une palmette à deux volutes ; 3° zone de godrons dont chacune est surmontée d'un crochet. On voit le commencement d'une quatrième zone dont le sujet reste indistinct, ou qui peut-être ne comprenait que des cercles saillants.

> Terre rouge, épaisse. Aucune peinture ni engobe visibles. Estampages en reliefs assez saillants. Haut. 0,18. Larg. 0,18. Épaiss. 0,055.
> (Fonds Salzmann, inv. Niii 2422.) Même provenance.
> Publié par Salzmann, *Ibid.*, pl. 26. Détail reproduit dans notre pl. 13.

A 396 (1). Brûle-parfums (?) en forme de coupe soutenue par quatre caryatides. — L'ouverture centrale est trop éloignée du rebord pour que cet ustensile ait servi de vase à boire. Le pourtour de l'embouchure est orné de trois cercles saillants. Le rebord extérieur présente, sous une baguette saillante, une guirlande feuillue et une zone d'oves qui courent tout autour de la panse, interrompues de distance en distance par quatre masques de femmes en ronde bosse. Un support central, en forme de colonne à chapiteau évasé, orné de tores saillants, s'élargit en base circulaire, avec un rebord saillant sur lequel sont debout quatre femmes dont la tête touche et supporte le dessous de la coupe. Ces quatre caryatides ont la forme d'un *xoanon*, le corps plat et en galette mince, la tête beaucoup plus étudiée, avec les traits et la chevelure en nattes symétriques des statues archaïques du vi° siècle ; chacune d'elles porte ses deux mains aux seins. Le pied est entièrement creux.

> Terre lourde et épaisse, blanche et tendre, analogue à celle du *bucchero* non fumigé. Elle a pris par le poli des teintes ivoirines. Peinture en noir assez lustré sur les cheveux et les yeux des caryatides. Le haut de la pièce a été brisé en plusieurs morceaux et recollé; un petit morceau restauré sur le bord. La tête d'une des caryatides manque. Haut. 0,18.

(Inv. AM 104.) La provenance indiquée est Rhodes, mais le lieu de fabrication peut être ailleurs. Acquis en 1888.
Publié dans notre pl. 13. Cf. *Catalogue*, p. 168.

A 417. Plat en forme d'assiette (pinax). — Un grand motif occupe tout le fond de l'intérieur. Il se compose de quatre larges palmettes en éventail et de quatre petites, reliées par des entrelacs; les pétales des palmettes sont alternativement noires et rouges. Un cercle rouge entre deux noirs forme l'encadrement. Sur le bord extrême un cercle en creux entre un noir et un rouge. Deux trous de suspension sont forés sur ce bord. Au revers le fond du plat est décoré de trois cercles concentriques, dont un rouge, et de deux moulures saillantes circulaires peintes en rouge; le rebord extrême est également rouge.

> Terre jaunâtre et flue, avec de très petits éclats de calcaire blanc. Peinture en noir peu lustré, tournant au brun. Retouches rouges. Travail d'incisions soigné. Diam. 0,26.
> (Fonds Salzmann, inv. Niii 2366.) Trouvé à Camiros de Rhodes et entré au Musée en 1864.
> Publié dans notre pl. 14. Cf. *Catalogue*, p. 169.

A 421. Grand alabastre à panse piriforme et à anse courte. — Toute la panse est occupée par un grand motif floral, composé d'une rosace à pétales noires et rouges, entourée d'un large cercle noir d'où rayonnent quatre énormes fleurs de lotus rouges épanouies. Sur le revers, semis de grosses palmettes noires incisées. Sur le plat de l'embouchure, languettes noires rayonnantes entre deux cercles noirs; points noirs sur le rebord; sur le haut du col languettes noires et deux cercles. Sur le fond languettes rayonnantes entre deux cercles noirs; au centre une dépression entourée d'un cercle noir.

> Terre jaune de Corinthe, mêlée de petits éclats de calcaire. Peinture en noir lustré. Retouches rouges sur la rosace et les fleurs de lotus. Pointillés blancs sur les lotus, le cercle noir du centre et la rosace. Travail d'incisions soigné. La pièce a tourné au brun rougeâtre au revers. Haut. 0,32.
> (Inv., fonds Salzmann, Niii 2354.) Même provenance.
> Publié dans notre pl. 14. Cf. *Catalogue*, p. 170.

A 428. Aryballe en forme de tube circulaire. — Forme de coussinet rond, percé d'une ouverture centrale. Sur la tranche, un cheval, un bouc marchant à gauche, et une grande tête humaine vue de profil, tournée à gauche. Dans le champ les rosaces sont remplacées par de grosses taches de forme allongée, sabrées de quelques incisions parallèles. — Sur le plat de l'embouchure denticules noirs entre quatre cercles concentriques; cercle noir dans l'intérieur du goulot. Sur le rebord extérieur points noirs entre deux cercles. Languettes sur le col; deux raies verticales et cinq horizontales sur le plat de l'anse. Le plat du coussinet est décoré de chaque côté de cercles concentriques avec incisions rayonnant autour de l'ouverture centrale; tout l'intérieur de l'ouverture est peint en noir.

> Même terre. Peinture en noir lustré tournant au brun jaune. Retouches rouges par plaques sur le corps des animaux, sur les taches du champ. Travail d'incisions rapide. La tête est silhouettée au trait noir, sans retouches ni incisions. Haut. 0,10. Diam. 0,08.
> (Fonds Salzmann, sans n° d'inv.) Même provenance.
> Publié dans notre pl. 14. Cf. *Catalogue*, p. 170.

A 429. Aryballe de même forme. — Même ornementation que dans A 428. Sur la tranche un bouc et un lion marchant à gauche, tête de femme de profil tournée à gauche.

> Même technique et même fabrique. Haut. 0,09. Diam. 0,07.
> (Fonds Salzmann, sans n° d'inv.) Même provenance.
> Publié dans notre pl. 14.

A 435. Alabastre à panse piriforme et à anse courte. — Sur la panse huit guerriers marchent à droite ; chacun d'eux porte un casque sans cimier, une lance et un bouclier rond qui masque le corps; le champ est semé de palmettes noires incisées et de points noirs. — Sur le plat de l'embouchure

3

languettes noires rayonnantes entre deux cercles; points noirs sur le rebord; languettes noires en haut du col. Sur le haut de la panse imbrications noires et rouges; sur le bas godrons rouges et noirs. Sur le fond cinq cercles noirs concentriques avec une dépression centrale.

Terre jaune de Corinthe, mêlée d'éclats de calcaire blanc. Peinture en noir lustré tournant au brun. Retouches rouges sur les boucliers, les imbrications, les godrons. Travail d'incisions rapide. Haut. 0,20.
(Fonds Salzmann, sans n° d'inv.) Même provenance.
Publié dans notre pl. 14. Cf. *Catalogue*, p. 170.

A 437. Œnochoé à bec trilobé et à anse trifide. — Sur la panse, dans une zone circulaire réservée sur l'argile, un éphèbe armé d'une lance, à cheval, et suivi d'un oiseau volant, s'avance à gauche entre deux lions rugissant affrontés; derrière eux un cygne marchant à droite, un bouquetin paissant tourné à gauche, une lionne avec la tête de face marchant à droite, un taureau et un lion rugissant affrontés. Dans le champ semis de petits cercles avec un point central, deux ornements en zigzags, une croix noire incisée. — L'intérieur et l'extérieur du col, les anses sont peints en noir. Sur le haut de la panse godrons noirs et rouges et deux cercles rouges sur le noir; sur le bas de la panse large zone noire avec deux cercles rouges: près de la base arêtes noires rayonnantes. Sur le fond du pied trois cercles concentriques.

Même terre. Peinture en noir lustré. Retouches rouges sur les corps des animaux, sur la tunique du cavalier. Travail d'incisions soigné. Le vase a souffert, surtout en haut et au revers où la peinture est en partie effacée. Le rebord du pied est effrité. Haut. avec l'anse, 0,26.
(Fonds Salzmann, inv. N III 2655.) Même provenance.
Publié dans notre pl. 14. Cf. *Catalogue*, p. 170.

A 438. Œnochoé à bec trilobé et à anse plate. — Sur l'épaule du vase, bande ornée au centre d'une palmette à enroulements sur lesquels sont posés deux oiseaux qui se font face; à gauche un sphinx et un lion rugissant tournés à droite; à droite un sphinx et une lionne avec la tête de face, tournés à gauche. Sur la panse, au centre, deux hommes barbus, drapés, tiennent chacun d'une main la hampe d'un trident planté en terre; de chaque côté une lionne regardant de face; derrière, un bouquetin paissant et marchant à gauche, une lionne regardant de face et marchant à droite, un bouquetin paissant et marchant à gauche. Les deux champs sont semés de points et de rosaces noires incisées. — L'embouchure, le col et l'anse sont peints en noir; sur le goulot un tore saillant peint en rouge et des rosaces en pointillé blanc. Entre les deux zones de figures denticules noirs séparant deux cercles rouges. Au bas de la panse un large cercle noir avec deux cercles rouges par dessus. A la base arêtes noires rayonnantes. Le fond est orné d'un cercle incisé.

Même terre. Peinture en noir tournant au brun jaunâtre. Retouches rouges sur les corps des animaux et les manteaux des deux hommes. Retouches blanches en pointillé. Haut. 0,18.
(Fonds Salzmann, inv. N III 2357.) Même provenance.
Publié dans notre pl. 14. Cf. *Catalogue*, p. 170.

A 440. Pyxis sans anses. — Sur la panse deux zones superposées d'animaux passant : 1° cygne entre deux sphinx, bouquetin et taureau, lion et bouc, lionne et biche, lion et taureau, lion et bouquetin, bouc entre deux lions; 2° dix chiens courant, lièvre et chien, oiseau d'eau. Les champs sont remplis de rosaces de points. Sur le fond, en plus grandes dimensions, deux chiens courant et un lièvre, rosaces en points portés par des pistils. — Le bord du vase et le haut de la panse sont couverts de godrons et d'imbrications alternativement rouges et noirs. Près du fond, godrons noirs et large cercle noir avec deux cercles rouges superposés. Au centre du fond, cercle et large point noirs. Un enduit noir a été déposé dans tout l'intérieur. Deux trous sont pratiqués près du rebord pour passer les liens destinés à attacher le couvercle.

Même terre. Peinture en noir lustré. Retouches rouges nombreuses

sur les animaux et les ornements. Travail d'incisions soigné. Le couvercle manque. Les animaux sont en partie effacés sur un côté du vase. Haut. 0,06. Diam. 0,12.
(Fonds Salzmann, sans n° d'inv.) Même provenance.
Publié dans notre pl. 15 (panse et fond). Cf. *Catalogue*, p. 170.

A 441. Œnochoé à bouche ronde et à anse plate trifide, accostée de deux rondelles saillantes. — La panse est divisée en cinq zones. 1° Sirène à tête d'homme barbu devant un cygne aux ailes déployées, sanglier devant lion rugissant la tête tournée. 2° Sanglier devant lionne tête de face, deux boucs affrontés et choquant leurs cornes, sanglier devant lionne tête de face. 3° Bélier devant lionne tête de face (deux fois ce même motif), sanglier marchant à gauche, lion rugissant devant sanglier. 4° Lionne tête de face devant lion rugissant, taureau entre deux lionnes tête de face, sanglier devant bélier. 5° Bouc paissant, deux lionnes affrontées tête de face, bélier courant à droite, deux boucs affrontés. Dans les champs semis de rosaces en points noirs. — Cercles noirs séparant les zones. Près de la base arêtes rayonnantes. Léger tore saillant à la base du col. L'anse, les rondelles saillantes, le col et l'embouchure en noir. Sur chaque rondelle et à l'attache supérieure de l'anse, rosace en points blancs. Sur le fond presque plat deux cercles noirs.

Même terre. Peinture en noir lustré, tournant au brun rouge. Retouches de rouge sur les animaux. Emploi du blanc pour quelques ornements. Travail d'incisions soigné. Haut. 0,33.
(Fonds Salzmann, inv. N III 2359.) Même provenance.
Vue d'ensemble en couleurs publiée par A. de Longpérier, *Musée Napoléon*, pl. XIV (= LXIV); en vignette par Rayet et Collignon, *Hist. de la Céramiq. grecq.*, p. 78, fig. 40.

A 442. Aryballe à panse sphérique, goulot court et large anse plate. — Sur la panse une pieuvre, la tête en haut, étalant symétriquement de chaque côté quatre tentacules. — Sur le plat de l'embouchure languettes entre trois et deux cercles concentriques; zone de points sur le rebord extérieur, sur l'anse deux larges raies verticales. Sur le fond deux cercles et un ornement central composé de six croissants juxtaposés; les derniers tentacules de la pieuvre empiètent sur cet ornement.

Même terre. Peinture en noir en partie effacé. Retouches rouges sur le corps de la pieuvre. Pointillé blanc sur la tête et les tentacules. Haut. 0,075.
(Fonds Salzmann, sans n° d'inv.) Même provenance.
Publié dans notre pl. 15. Cf. *Catalogue*, p. 170.

A 444. Aryballe de même forme. — Sur la panse deux dauphins, plongeant la tête en bas, affrontés. Dans le champ, quatre petites rosaces incisées en croix. — Sur le plat de l'embouchure quatre cercles concentriques; un cercle sur le rebord extérieur; rien sur l'anse. Sur le fond six cercles concentriques, avec un petit bouton saillant comme point central.

Même terre. Peinture en noir lustré tournant au brun rouge ou jaunâtre. Retouches rouges sur le corps des poissons. Travail d'incisions rapide. Haut. 0,07.
(Fonds Salzmann, sans n° d'inv.) Même provenance.
Publié dans notre pl. 15. Cf. *Catalogue*, p. 170.

A 445. Aryballe de même forme. — Sur la panse une grande tête de taureau, vue de face, entre deux aigles retournant la tête; trois rosaces noires incisées dans le champ. — Sur le plat de l'embouchure languettes noires entre quatre cercles concentriques; cercle noir dans l'embouchure. Sur le rebord extérieur zone de points; sur le haut de la panse languettes; sur le fond deux cercles et ornement central composé de sept croissants juxtaposés; sur l'anse deux larges raies verticales.

Terre jaune un peu grise; aspect extérieur bistre. Peinture en noir tournant au brun jaune. Retouches rouges sur les naseaux du taureau, sur les ailes et le cou des aigles. Travail d'incisions rapide. Haut. 0,07.
(Fonds Salzmann, sans n° d'inv.) Même provenance.
Publié dans notre pl. 15. Cf. *Catalogue*, p. 170.

A 449. Aryballe de même forme. — Sur la panse, animal fantastique composé de deux corps d'oiseaux réunis par une tête unique de lionne, vue de face. — Même ornementation que dans A 445, sauf le fond orné d'un cercle noir et d'une rosace à huit pétales réservés en blanc sur le fond d'argile.

> Terre jaune clair. Peinture en noir lustré, tournant au brun jaunâtre. Retouches rouges sur les deux ailes et le bout des queues. Pointillé blanc sur les cous, les ailes et les queues. Travail d'incisions soigné. Un gros éclat enlevé sur la panse. Haut. 0,06.
> (Fonds Salzmann, sans n° d'inv.) Même provenance.
> Publié par Salzmann, *Nécropole de Camiros*, pl. 41, n° 1. Reproduit dans notre pl. 15. Cf. *Catalogue*, p. 170.

A 451. Alabastre à panse piriforme et à anse courte. — Sur la panse, cygne au repos entre deux lions rugissant affrontés, dont les queues s'entrelacent symétriquement au revers. Dans le champ, semis de petites rosaces composées de gros points alternativement rouges et noirs. — Sur le plat de l'embouchure, feuilles alternativement noires et rouges ; points noirs sur le bord extérieur ; languettes rouges et noires sur le haut de la panse. Sur le fond rosace formée de six gros points noirs portés par des pistils autour d'un point central ; trois petits points superposés entre deux pistils paraissent indiquer l'axe, la face du vase.

> Même terre et même technique ; peinture en noir avec retouches rouges ; travail d'incisions soigné. Le vase a été fendu en deux et recollé ; un éclat manque dans le col. Haut. 0,08.
> (Fonds Salzmann, sans n° d'inv.) Même provenance.
> Publié dans notre pl. 15. Cf. *Catalogue*, p. 170.

A 452. Alabastre de même forme. — Sur la panse, poisson la tête en bas entre deux lions rugissant dont les queues s'entrelacent symétriquement au revers. — Même ornementation que dans A 451.

> Même technique et même fabrique que A 451. Haut. 0,085.
> (Fonds Salzmann, sans n° d'inv.) Même provenance.
> Publié dans notre pl. 15. Cf. *Catalogue*, p. 170.

A 454. Aryballe à panse sphérique, goulot court et large anse plate. — Sur la panse une lionne tête de face, marchant à droite, un taureau, la tête basse, marchant à gauche, un cygne au repos tourné à droite. Le champ est semé de points, de rosaces noires incisées et de rosaces à pétales noirs et rouges. — Sur le plat de l'embouchure, languettes rayonnantes entre deux cercles ; points noirs sur le rebord ; languettes noires sur le haut de la panse. Sur le fond languettes rayonnantes entre quatre cercles ; dépression centrale avec un cercle noir. Sur le plat de l'anse large zigzag.

> Terre jaune clair. Peinture en noir lustré. Retouches rouges sur le corps des animaux et sur les pétales des rosaces. Travail d'incisions soigné. Haut. 0,11.
> (Fonds Salzmann, sans n° d'inv.) Même provenance.
> Publié dans notre pl. 15. Cf. *Catalogue*, p. 170.

456. Aryballe de même forme. — Sur la panse un griffon, tourné à gauche, les ailes courbes déployées. Dans le champ trois rosaces incisées. — Sur le plat de l'embouchure languettes rayonnantes ; sur le rebord extérieur zone de points ; sur le haut de la panse courtes languettes ; sur le plat de l'anse trois raies horizontales. Sur le fond, rosace formée de dix petites languettes avec point central en creux.

> Terre jaune clair. Peinture en noir lustré tournant au brun jaune. Retouches rouges sur l'œil, le col et les ailes du griffon. Travail d'incisions soigné. Haut. 0,07.
> (Fonds Salzmann, sans n° d'inv.) Même provenance.
> Publié dans notre pl. 16. Cf. *Catalogue*, p. 170.

A 462. Aryballe de même forme. — Sur la panse une double palmette de lotus entre deux sirènes affrontées. — Même ornementation que dans A 445.

> Même technique et même fabrique que A 449. Haut. 0,06.
> (Fonds Salzmann, sans n° d'inv.) Même provenance.
> Publié dans notre pl. 16. Cf. *Catalogue*, p. 170.

A 463. Aryballe de même forme. — Sur le devant de la panse, tourné à droite, un oiseau aux ailes déployées et à tête de lionne vue de face. Au revers un cygne au repos, tourné à droite. Dans le champ rosaces incisées. — Courtes languettes noires à la base du col. Pointillé noir sur la tranche du rebord. Languettes rayonnantes sur le plat de l'embouchure. Zigzag noir sur l'anse. Le fond plat avec un cercle en léger relief.

> Terre blanche à surface jaunie. Peinture en noir lustré tournant au rouge brun. Retouches rouges sur les têtes, les cols, les ailes et les rosaces. Travail d'incisions assez soigné. Haut. 0,11.
> (Fonds Salzmann, sans n° d'inv.) Même provenance.
> Publié en couleurs par Salzmann, *Nécropole de Camiros*, pl. 41, n° 2.

A 464. Alabastre à panse piriforme et à anse courte. — La partie antérieure de la panse est occupée par un grand masque de Gorgone tirant la langue ; au revers un cygne marchant à gauche ; trois rosaces dans le champ. — Le reste de l'ornementation est semblable à A 465.

> Même technique et même fabrique que A 465. Le rebord de l'embouchure est en grande partie brisé ; quelques éclats détachés ou recollés dans le bas de la panse. Haut. 0,08.
> (Fonds Salzmann, sans n° d'inv.) Même provenance.
> Publié dans notre pl. 16. Cf. *Catalogue*, p. 170.

A 465. Alabastre de même forme. — Sur la panse femme ailée (Nikè ou Éris) courant à droite, le bras gauche tendu. Elle est vêtue d'une courte tunique ; les ailes sont recourbées. Dans le champ un cygne marchant à gauche, les ailes déployées, et quatre rosaces noires incisées. — Sur le plat de l'embouchure feuilles alternativement rouges et noires : zone de points noirs sur le rebord intérieur. Sur le fond rosace à neuf pétales avec point central en creux.

> Terre jaune clair. Peinture en noir lustré tournant au brun jaune. Retouches rouges sur le visage, les ailes et la tunique de la femme, sur l'aile du cygne. Travail d'incisions soigné. Haut. 0,08.
> (Fonds Salzmann, sans n° d'inv.) Même provenance.
> Publié dans notre pl. 16. Cf. *Catalogue*, p. 170.

A 467. Grand aryballe. — Même forme que A 442. Sur la panse un dieu ailé (visage rouge, tunique rouge à bordures noires incisées) court à droite en retournant la tête, le bras gauche étendu. Au revers un cygne aux ailes déployées. Dans le champ semis de rosaces incisées, de fleurons, de points noirs. — Sur l'épaule zone de languettes noires. Sur le rebord zone de points noirs. Sur le plat de l'embouchure languettes rayonnantes. Sur l'anse un large zigzag. Sur le fond presque plat cercles noirs.

> Même technique que le précédent. Peinture en noir avec retouches rouges. Travail d'incisions soigné. Des éclats enlevés sur la panse. Haut. 0,14.
> (Fonds Salzmann, sans n° d'inv.) Même provenance.
> Vue d'ensemble en couleurs publiée par Salzmann, *Nécropole de Camiros*, pl. 40 ; en vignette par Rayet et Collignon, *Hist. de la Céramiq., grecq.*, p. 57, fig. 32.

A 468. Alabastre. — Forme de A 421. Sur la panse une femme ailée (ailes recourbées), le corps de face, serré dans une tunique, la tête de profil tournée à droite, tient de chaque main par le cou un cygne aux ailes déployées (Artémis dite Persique). Dans le champ semis de rosaces, les unes incisées, les autres composées de gros points noirs juxtaposés. — Sur le plat de l'embouchure feuilles noires ; sur le rebord extérieur points noirs ; sur le fond rosace à neuf pétales avec point central en creux.

> Technique et fabrique semblable à A 465. Retouches rouges sur le visage, le cou, la tunique, les ailes de la femme, le col et les ailes des cygnes. Travail d'incisions soigné. Le visage de la femme est endommagé. Haut. 0,075.
> (Fonds Salzmann, sans n° d'inv.) Même provenance.
> Publié dans notre pl. 16. Cf. *Catalogue*, p. 170.

A 470. Aryballe. — Forme de A 442. Sur la panse une grande tête de guerrier casqué, barbu, tourné à gauche ; devant elle un cygne posé. Une seule rosace noire incisée dans le champ. — A la base du col petites languettes noires. Sur le rebord points noirs. Sur le plat de l'embouchure fines languettes rayonnantes entre quatre cercles. Dans l'orifice cercle noir. Sur l'anse deux traits verticaux. Sur le fond ornement en croissants rayonnants entouré de deux cercles.

> Technique semblable aux précédents. Retouches rouges sur le casque, le cimier, les ailes de l'oiseau. Pointillé blanc sur le bord du casque, les ailes de l'oiseau; zigzag blanc sur le cimier. Travail d'incisions soigné. Haut. 0,08.
> (Fonds Salzmann, sans n° d'inv.) Même provenance.
> Publié en couleurs par Salzmann, *Nécropole de Camiros*, pl. 40; en vignette par Heuzey, *Gazette archéologiq.*, 1880, p. 147, fig. A.

A 472. Aryballe. — Même forme. Sur la panse un trépied au-dessous duquel flambe un grand feu allumé; de chaque côté un homme barbu, vêtu d'une tunique courte, met un genou en terre et incline la tête, en avançant, l'un les deux mains, l'autre la main droite. — Même ornementation que dans A 445.

> Même technique et même fabrique que A 449. Peinture en noir lustré tournant au brun jaunâtre. Retouches rouges sur le feu, les tuniques des hommes. Pointillé blanc sur les pieds du réchaud, la ceinture et les bordures de tunique des hommes. Haut. 0,065.
> (Fonds Salzmann, sans n° d'inv.) Même provenance.
> Publié dans notre pl. 16. Cf. *Catalogue*, p. 170.

A 473. Aryballe. — Même forme. Sur la panse, Ajax agenouillé de droite à gauche, les deux coudes posés en terre, s'est enfoncé dans le milieu du corps son épée plantée droite sur le sol (retouches rouges sur le corps avec deux coulées verticales indiquant le sang); à gauche et à droite, Ulysse et Diomède (retouches rouges indiquant des tuniques courtes) se penchent vers le mourant avec des gestes de surprise ou de chagrin. — Sur le plat du goulot fines languettes entre deux cercles. Sur l'anse deux larges raies verticales. Sous le fond ornement en croissants rayonnants entouré de deux cercles.

> Terre blanche à surface jaunie. Peinture en noir lustré, bruni par endroits. Retouches rouges sur les personnages. Travail d'incisions rapide, dessin négligé. Haut. 0,07.
> (Fonds Salzmann, sans n° d'inv.) Même provenance.
> Publié (développement en couleurs) par A. de Longpérier, *Musée Napoléon*, pl. XXXVI (= LXVI), n° 1.

A 474. Œnochoé à large embouchure, faiblement trilobé et à anse bifide. — Dans un tableau réservé sur le flanc droit du vase et encadré de quatre raies noires, un grand sphinx, aux ailes recourbées, marche à droite. Dans le champ, semis de rosaces incisées et, à droite, une fleur de lotus entre deux boutons réunis par des entrelacs. — Tout le rebord extérieur et intérieur du bec, le flanc gauche du vase (sauf deux petites parties triangulaires réservées en rouge), la base (sauf un cercle rouge réservé) et le pied sont peints en noir. Sur l'anse quatre raies noires verticales.

> Terre rosée, mêlée de petits éclats d'éclats de calcaire blanc. Peinture en noir lustré. Retouches rouges sur le visage et le cou, la bandelette ceignant les cheveux, l'aile et la cuisse du sphinx, sur les lotus et les pétales d'une des rosaces. Retouches blanches en pointillé sur le pourtour de l'aile du sphinx, la bandelette des cheveux, les entrelacs de lotus. Travail d'incisions assez soigné. Haut. avec l'anse, 0,32.
> (Fonds Salzmann, inv. N° 2361.) Même provenance.
> Publié dans notre pl. 16.

A 475. Œnochoé de même forme. — Dans un tableau réservé sur le flanc droit une sirène marche à droite (aile recourbée). Dans le champ semis de rosaces incisées. — Le reste conforme à A 474.

> Même technique. Retouches rouges sur le visage, le cou, l'aile; pointillé blanc sur l'aile. Travail d'incisions soigné. Haut. 0,23.
> (Fonds Salzmann, sans n° d'inv.) Même provenance.
> Publié en couleurs par Salzmann, *Nécropole de Camiros*, pl. 36.

A 478. Coupe à figures noires. — Intérieur: Hercule nu, courant à droite, armé d'une massue, saisit de la main gauche la chevelure du centaure Nessus qui galope vers la droite et retourne la tête; son bras droit étendu disparaît derrière le corps d'Hercule. — L'encadrement est fait d'une zone de godrons noirs et rouges entre six cercles noirs; le reste de l'intérieur est peint en noir: un cercle réservé en rouge sur le bord supérieur. — Revers A. La Chimère, la patte droite levée, et Bellérophon à cheval sur Pégase se font vis-à-vis au centre; de chaque côté deux hommes barbus, drapés, tenant une lance, regardent la scène. Entre les pieds de la Chimère et de Pégase deux rochers ou petites éminences; entre les deux hommes de gauche une grosse tache noire oblongue, qui paraît accidentelle. — B. Un homme barbu et drapé court à gauche et retourne la tête avec des gestes de frayeur, regardant un grand chien ou lynx qui, marchant à droite, ouvre une gueule aux dents acérées. Une femme ailée, vêtue d'une tunique courte, accourt à droite derrière l'animal; elle est suivie d'un homme barbu tenant un caducée (Hermès?) qui court en retournant la tête vers deux femmes drapées et voilées.

> Les deux tableaux sont placés dans une zone réservée en clair sur l'argile et divisée en deux parties au moyen d'un ressaut accusé par un cercle noir qui passe même à travers les personnages. Les anses, le bas de la panse, sauf une bande réservée en clair et portant trois cercles noirs, les pieds sont peints en noir. Le dessous du pied est creux et orné de deux cercles noirs.
> Terre rosée. Lustre noir brillant. Retouches rouges par larges taches sur les animaux et les vêtements des personnages, par grosses croix sur le manteau d'un des hommes drapés de B. Retouches blanches en grande partie disparues sur les vêtements de quelques personnages, sur les chairs nues des femmes. Travail d'incisions soigné.
> La coupe a été brisée en plusieurs morceaux et recollée. Un morceau au centre de B est refait, mais les figures n'ont pas subi de restauration importante; en A les deux hommes drapés de droite sont restaurés, l'un dans le bas de la tête et l'épaule gauche, l'autre depuis le milieu du corps jusqu'aux pieds. Haut. 0,14. Diam. 0,24.
> (Inv. MNB 1745.) Trouvé à Camiros, dans l'île de Rhodes, et acquis en 1879 de l'anc. collection Parent.
> Vue d'ensemble avec le sujet B, détail du sujet A et de l'intérieur dans notre pl. 17. Cf. *Catalogue*, p. 171.

A 479. Coupe à figures noires. — Revers A. Un homme barbu, nu, tient par les cornes et par les pattes un petit cerf et l'offre à un éphèbe nu, tenant une lance, qui lui fait vis-à-vis; dans le champ une couronne suspendue. Un homme barbu, nu, tient de la main gauche une poule et l'offre à une femme nue, qui lui fait vis-à-vis, élevant une fleur dans deux doigts de la main droite et tenant de la main gauche une couronne; dans le champ un aryballe suspendu. Un homme barbu, nu, tient de la main gauche un petit cygne aux ailes déployées et l'offre à un éphèbe nu, qui lui fait vis-à-vis, portant une lance et un aryballe suspendu à la main droite, une couronne de la main gauche. — Sous l'anse un homme barbu, nu, le genou droit en terre, tient par les pattes une petite lionne, la tête de face, qu'il présente. — B. Un homme barbu, nu, tient à deux mains un coq et l'offre à un éphèbe nu, qui lui fait vis-à-vis, portant une lance et un aryballe suspendu à la main droite, une couronne de la main gauche; dans le champ une couronne suspendue. Un homme barbu, nu, tient de la main droite une couronne ou collier et de la main gauche fait le geste de parler à une femme nue, qui lui fait vis-à-vis, élevant une fleur dans deux doigts de la main droite et tenant une couronne de la main gauche; dans le champ une couronne suspendue. Un homme barbu, nu, tient de la main droite une couronne ou un collier et de la main gauche un lièvre qu'il offre à un éphèbe nu qui lui fait vis-à-vis, portant une lance de la main droite et une couronne de la main gauche. — Sous l'anse un homme barbu, nu, est assis sur un siège pliant et tient de la main droite une poule qu'il présente.

> Tout ce tableau forme une zone circulaire réservée en rouge sur l'argile. La partie inférieure de la panse est ornée d'une grecque entre six cercles et de godrons noirs et rouges; tore saillant en haut du pied. Le rebord supérieur du vase, tout l'intérieur, les anses, la surface externe et interne du pied sont recouverts du vernis noir.
> Terre rosée. Lustre noir brillant. Retouches rouges sur les ban-

delettes des cheveux, les seins des hommes, les corps des animaux, les petits accessoires; les barbes des hommes sont tantôt incisées, tantôt peintes en rouge. Retouches blanches par-dessus le noir sur les visages et les corps nus des femmes, les corps des animaux, les pieds du siège. Même provenance

Le vase a été brisé en un grand nombre de morceaux et recollé. Il n'y a de restauration sérieuse que dans le torse du premier éphèbe en *A*. Haut. 0,12. Diam. 0,17.
(Inv. MNB 1746.) Même provenance.
Vue d'ensemble du vase avec le sujet *A* dans notre pl. 17; détail du sujet *B* dans notre pl. 18. Cf. *Catalogue*, p. 171.

A 481. Amphore à figures noires. — *A*. Hermès marche à droite; le chien des Enfers Cerbère, à deux têtes, à queue terminée en tête de serpent ouvrant une large gueule, est tiré au bout d'une corde par Hercule qui marche à droite et retourne la tête ; en arrière-plan, derrière Cerbère, Athéna lève la main droite en l'air. — *B*. Un hoplite, masqué par son bouclier, s'affaisse au centre, marchant à droite et retournant la tête, entre deux cavaliers asiatiques qui pointent sur lui leurs lances.

Les deux sujets sont placés dans des tableaux réservés sur l'argile ; le lustre noir couvre tout le reste, sauf le bas de la panse ornée d'arêtes noires rayonnantes. En haut de chaque tableau, bande d'entrelacs et de boutons de lotus, la pointe en bas ; un cercle rouge par-dessus le noir sur le col, deux en bas des tableaux, un près des arêtes et un sur le pied.
Terre rosée. Lustre noir brillant. Retouches blanches sur le visage, le bras droit et les pieds d'Athéna, sur le baudrier d'Hercule; points blancs sur l'himation d'Hermès, sur les dents de la peau de lion d'Hercule, sur le baudrier qui soutient son épée, sur le casque d'Athéna. Retouches rouges sur la coiffure d'Hermès, sa barbe, trois bandes de son himation, sur le cimier, la stéphané et trois bandes de la tunique d'Athéna, sur le collier de Cerbère, les cheveux et la tunique d'Hercule, la crinière du lion. Retouches blanches sur les épisèmes des boucliers des trois combattants, sur le cimier de l'hoplite, sur la poignée d'épée du cavalier de droite. Retouches rouges sur les coiffures des cavaliers et leurs tuniques, sur les crinières des chevaux et la queue du cheval à droite, sur le bord du bouclier et la stéphane du casque de l'hoplite. Travail d'incisions large et rapide. Le vase a été fendu en deux et recollé. Haut. 0,37.
(Inv. MNC 672.) Trouvé dans l'île de Rhodes et acquis en 1884.
Publié dans notre pl. 18 (face et revers). Cf. *Catalogue*, p. 171.

A 482. Œnochoé à bec trilobé. — Dans un tableau réservé en rouge sur la panse, un bélier sort d'une caverne, marchant à droite et portant sous son ventre Ulysse nu qui se retient de la main gauche à la toison de la bête. Polyphème nu, assis et tourné à gauche, l'œil aveugle, étend la main droite pour tâter l'animal au passage; en arrière-plan un arbrisseau feuillu.

À la base du col une bande de denticules noirs; en haut du tableau languettes noires, à droite et à gauche bande verticale de gros points noirs rangés en denticules. Sous la ligne de terrain, sur la base et sur le pied un cercle rouge par-dessus le noir. Tout le reste de la pièce est verni noir, y compris l'intérieur du bec.
Terre rouge. Lustre noir brillant. Retouches rouges sur le col du bélier, les cheveux et la barbe d'Ulysse, les cheveux et la barbe de Polyphème. Retouches blanches sur le rocher formant caverne, sur la corne du bélier. Travail d'incisions rapide. Haut. 0,19.
(Inv. MNB 1748.) Même provenance que A 478.
Publié dans notre pl. 18. Cf. *Catalogue*, p. 172.

A 483. Cratère à figures rouges. — *A*. Une femme drapée se tourne à droite, tenant de la main droite une œnochoé, et tend de la main gauche une phiale à un jeune homme drapé, tenant deux lances, qui marche à droite et retourne la tête. Tourné à gauche, un homme drapé, couronné de lauriers, appuyé sur un sceptre, les regarde. — *B*. Un éphèbe drapé, tourné à gauche, se tient debout entre deux éphèbes drapés qui se font face, appuyés sur des cannes.

Panse renflée avec anses placées haut et un peu relevées. Un ruban ondulé et en dessous une bande de petits oves garnissent le pourtour supérieur. Sous chaque tableau une grecque mêlée de croix. Le lustre noir recouvre la pièce entière, intérieur et extérieur, sauf le pourtour de la base; deux cercles sont réservés en rouge dans l'intérieur.
Terre rosée. Lustre noir très brillant. Traces de l'esquisse. Pas de retouches rouges ; les ornements sont indiqués en parties rouges

réservées. Retouches de blanc rosâtre pour figurer les cordons des crépides de l'éphèbe armé. Un éclat du rebord est enlevé. Haut. 0,34. Diam. 0,36.
(Inv. MNC 704.) Trouvé dans l'île de Rhodes et donné au Musée en 1885 par M. Carteron, consul de France.
Publié dans notre pl. 18. Cf. *Catalogue*, p. 172.

CRÈTE

A 489 (2). Fragment de grand vase de style mycénien. — On distingue encore trois zones et l'attache de l'anse divisée en deux rainures profondes. Les zones sont décorées de motifs floraux mêlés à des ornements géométriques (palmette à trois pétales, larges enroulements contenant des feuillages à hachures obliques, demi-cercles et pointillés noirs suspendus au cercle limitant la zone, etc.).

Terre rosée, épaisse. Engobe blanc devenu gris. Peinture en noir lustré. Haut. 0,15. Larg. 0,21.
(Inv. AM 617). Rapporté de Cnossos, en Crète, par M. Clermont-Ganneau et entré au Musée en 1898.
Publié dans notre pl. 19.

A 489 (3). Fragment analogue. — Il doit appartenir au même vase que le précédent. Morceau de panse décorée de grands motifs végétaux (branche à six feuilles, grande feuille avec volutes à la base).

Technique identique à celle du précédent. Haut. 0,14. Larg. 0,22.
(Inv. AM 618.) Même provenance.
Publié dans notre pl. 19. En couleurs par B. Haussoullier, *Revue arch.* 1880, II, pl. 23.

A 489 (4). Fragment analogue. — Morceau de panse avec motifs géométriques et végétaux stylisés (feuille à double échancrure, demi-cercles concentriques, demi-cercles à hachures parallèles).

Même technique que les précédents. L'engobe blanc est jauni et plus foncé. Haut. 0,13. Larg. 0,13.
(Inv. AM 619.) Même provenance.
Publié dans notre pl. 19.

A 489 (5). Fragment analogue. — Morceau de panse très peu courbe, presque plat. Motifs de style géométrique curviligne (réseau de losanges où sont insérées de petites courbes superposées).

Même technique. L'engobe blanc bien conservé. La peinture noire tournée au brun rougeâtre. Haut. 0,14. Larg. 0,15.
(Inv. AM 620.) Même provenance.
Publié dans notre pl. 19.

A 489 (6). Fragment analogue. — Morceau de panse à courbure plus prononcée. Motifs analogues à ceux du précédent (réseau de losanges où sont insérées des palmettes en éventail).

Même technique. La terre très épaisse ; l'engobe très jauni ; le noir tourné tout à fait au brun jaune. Haut. 0,14. Larg. 0,14.
(Inv. AM 621.) Même provenance.
Publié dans notre pl. 19. En couleurs par B. Haussoullier, *Ibid.*

A 489 (7). Fragment analogue. — Morceau de panse à faible courbure. Motifs végétaux (de larges rosaces à quatre pétales en ailes de papillon).

Même technique. Engobe blanc; le noir tourné par endroits au rouge et au jaune; dessin en partie effacé. Haut. 0,09. Larg. 0,16.
(Inv. AM 622.) Même provenance.
Publié dans notre pl. 19. En couleurs par B. Haussoullier, *Ibid.*

CYCLADES

A 490. Réchaud à cinq pieds, muni de dix petites embrasures latérales. — Le rebord supérieur est orné d'une grande grecque ; l'intérieur de l'embouchure point d'un large cercle noir. Sous la grecque un tore saillant décoré de dents de loup. Chaque pied est divisé en deux métopes superposées, réservées en clair sur le fond noir. Chaque pied est diversement décoré : 1° en haut quatre oiseaux passant à droite, en bas cinq oiseaux passant à droite ; 2° en haut zigzag, en bas traits horizontaux parallèles ; 3° en haut six losanges quadrillés, en bas deux oiseaux affrontés et accostés de deux rosaces en étoiles ; 4° en haut traits horizontaux parallèles, en bas quatre losanges noirs ; 5° en haut six losanges quadrillés, en bas traits horizontaux parallèles. Les baguettes verticales qui séparent les petites embrasures sont décorées de raies horizontales, de zigzags, d'angles superposés, et une fois de deux oiseaux superposés.

> Terre rosée, épaisse, bien épurée et bien cuite. Peinture en noir peu lustré. Haut. o,26. Diam. o,19.
> (Inv. Campana 18). Provenance exacte inconnue. Peut-être fabrique des Cyclades.
> Publié dans notre pl. 19. Cf. *Catalogue*, p. 179.

A 491. Support à trois pieds. — Zone supérieure : douze bouquetins agenouillés. Sur chaque pied et dans deux métopes superposées : un large cercle noir entouré d'arêtes rayonnantes et contenant de petits cercles reliés entre eux par des tangentes ; en dessous un oiseau d'eau, avec une étoile dans le champ. Les intervalles entre les pieds forment des découpures à jour : en haut deux petites baies séparées par une traverse verticale ornée d'un zigzag, dans le bas une ouverture plus large, remplie par deux bâtonnets tordus et croisés en forme de caducée. Deux cercles noirs dans l'embouchure ; deux cercles de points noirs en haut et en bas de la zone supérieure.

> Terre rosée, épaisse, mêlée de quelques éclats de calcaire. Engobe brun rougeâtre. Peinture en noir peu lustré. Haut. o,20. Diam. o,13.
> (Inv. Campana 20.) Provenance inconnue ; peut-être fabrique des Cyclades.
> Publié partiellement en couleurs par Conze, *Sitzungsberichte der Akad. Wien*, 1870, pl. 8. Reproduit sous un autre aspect dans notre pl. 19. Cf. *Catalogue*, p. 179.

ATTIQUE

A 509. Coupe à rebord droit, sans pied, et à deux anses plates horizontales recourbées. — Le décor géométrique est à l'extérieur. Le rebord droit est divisé en une série de métopes séparées par des bandes verticales de traits obliques ou de damiers ; ces métopes qui contiennent quatre svastikas, quatre losanges accostés de triangles quadrillés et une rosace à quatre pétales cantonnée de quatre petits triangles quadrillés. Sur la base, à la hauteur des anses, bande de dents de loup quadrillées, opposées à des petits triangles. Sur le plat des anses six petites métopes contenant chacune une rosace en étoile. Tout l'intérieur noir sauf trois cercles et un petit point central réservés en clair. Sur le fond plat large bande noire.

> Terre rosée, mêlée de petits éclats de calcaire blanc. Surface pâle sans engobe visible. Peinture en noir peu lustré, tournant au brun jaune. Haut. o,07. Diam. o,175.
> (Inv. CA 1.) Trouvé à Athènes et acquis en 1896 de l'ancienne collection Rayet.
> Publié par Rayet et Collignon, *Hist. de la Céramique grecque*, p. 19, fig. 17.

A 511. Grande œnochoé à embouchure ronde et à large anse plate, munie d'un tenon. — La pièce entière est décorée d'ornements géométriques qui la recouvrent comme d'un tissu. Cercle dans l'embouchure et cinq groupes de languettes sur le plat du rebord. — Sur le col, grande grecque entre deux losanges quadrillés accostés de quatre triangles quadrillés ; chaque motif est enfermé dans une métope limitée à droite et à gauche par des raies verticales. En haut et en bas une bande de quadrillés. — Sur l'épaule série de métopes renfermant, l'une une demi-ellipse quadrillée, d'autres un damier de carrés quadrillés et de carrés clairs avec une rosace au milieu, celle du centre un losange accosté de quatre triangles quadrillés. Sur le devant deux mamelons saillants. Sur le milieu de la panse une zone de quadrillés, puis une zone de métopes entre deux bandes de quadrillés ; ces métopes sont analogues aux précédentes (losanges, damiers) ; on y trouve, en outre, le motif des postes circulaires dans un cercle hérissé de denticules, l'oiseau d'eau avec une étoile, une ligne de points et un triangle quadrillé dans le champ. En dessous zone de zigzags verticaux entre deux zones de quadrillés. Cercles concentriques près de la base. — Le plat de l'anse est divisé en métopes par des séries de lignes horizontales : dans chaque métope trois lignes de zigzags horizontaux ; série de languettes sur les côtés de l'anse et sur le tenon qui la relie à la panse.

> Terre rosée, recouverte d'un lustre qui garde à la poterie une teinte rougeâtre claire. Elle est piquée de nombreux éclats de calcaire qui ont fait sauter des éclats de l'épiderme. Peinture en noir peu lustré, tournant au brun rouge et jaunâtre. Le vase a été brisé en plusieurs parties et recollé, avec un morceau restauré sur l'épaule ; un fragment du rebord manque. Haut. avec l'anse, o,44.
> (Inv. MNB 2105.) Trouvé en Attique et acquis en 1880.
> Publié dans notre pl. 20. Cf. *Catalogue*, p. 234.

A 514. Cratère à deux anses verticales trifides, avec couvercle surmonté d'un bouton en forme de petite œnochoé à bec trilobé et à anse plate. — Sur l'épaule, de chaque côté, dans une métope centrale, encadrée par des bandes horizontales et verticales de zigzags, un large méandre (retouché de blanc sur un des côtés). Deux petites métopes placées aux angles contiennent chacune un cheval (bandes verticales de zigzags ou étoiles dans le champ). Sous l'anse droite, dans un espace réservé et vide de tout ornement, une laie entre deux marcassins, tournés à droite ; sous l'anse gauche, disposée de même, un cerf tourné à droite.

> Sur la panse deux cercles blancs entre trois noirs ; zigzag circulaire et deux cercles blancs entre trois noirs ; trois zigzags circulaires superposés et trois cercles noirs ; zigzag circulaire et deux cercles blancs entre trois noirs ; zone de dents de loup et trois cercles blancs entre trois noirs. Près de la base et sur le pied, larges bandes noires séparées par des bandes claires portant des filets noirs et blancs. L'embouchure et tout l'intérieur en noir. Traits parallèles sur les anses, avec zigzags aux attaches. Le dessous est presque plat.
> Sur le couvercle, quatre cercles noirs et une zone de dents de loup, trois cercles et une zone de points noirs, puis une série de bandes noires alternant avec des bandes claires portant des filets noirs et blancs. A la base du bouton, série de tores saillants ; l'œnochoé ornée de larges bandes noires sur la panse, d'un grand méandre sur le col, d'une ligne de points noirs sur le rebord ; l'anse décorée de traits horizontaux.
> Terre rosée, épaisse et tendre. Engobe ou lustre jaunâtre. Peinture en noir peu lustré, tournant au jaune. Retouches de blanc pour les ornements. Le vase a été brisé en plusieurs morceaux, mais les fissures sont dissimulées avec un soin qui rend les réparations presque invisibles et qui ne va pas sans d'habiles restaurations peintes. Le couvercle brisé a été mastiqué en dessous pour soutenir les fragments. Haut. o,57. Diam. aux anses o,35.
> (Inv. N 3065 et LI. 33.) Trouvé au Céramique d'Athènes et rapporté au Musée par Fauvel, consul de France en Grèce, vers 1825.
> Publié par Stackelberg, *Graeber des Hellenen*, pl. 9 ; Brongniart, *Traité des Arts céramiques*, Atlas, pl. 2, n° 14 ; Conze, *Sitzungsberichte der Akad. Wien*, 1870, pl. 9, n° 1.

A 516. Grande amphore à long col et à deux anses verticales, composées chacune d'une arcade double. — Au centre de la panse, dans une métope limitée par des méandres verticaux et semée d'ornements géométriques (zigzags superposés, rosaces en étoiles), est étendu de droite à gauche un mort sur un lit de parade (deux pieds de lit plats, couverture ornée de lignes brisées parallèles, baldaquin à damier au-dessus de la tête). Sous le lit (c'est-à-dire en avant, par défaut de perspective) sont assises trois pleureuses, les mains portées à la tête ; sur les genoux de l'une d'elles est assis un petit enfant ; un autre enfant plus grand, debout, donne la main à une femme debout. A gauche du lit sont debout quatre pleureuses portant les mains à leur tête, une femme étendant la main et un enfant de la famille qui touche le lit d'une main ; à droite du lit, un enfant touchant le lit, une femme étendant la main au-dessus de la tête du mort et deux pleureuses (elles étaient sans doute en même nombre qu'à gauche, mais cette partie est brisée). — Un sujet analogue devait décorer l'autre côté, où l'on ne voit plus que les restes de cinq pleureuses, les mains élevées symétriquement à la tête. — Sur le haut du col une zone de petites biches paissant. Sous chaque arcade de l'anse gauche (le dessous de l'anse droite manque) une rosace, entourée de cercles concentriques et d'un zigzag circulaire, sous laquelle deux oiseaux d'eau picorent.

Tout le reste du vase est couvert d'un décor géométrique qui l'enveloppe comme d'un tissu et dont on peut reconstituer la presque totalité, sauf dans la partie qui avoisine la panse. En voici le détail à partir du haut du col. Sur la tranche du rebord zone de petits losanges juxtaposés ; sur le rebord noir un tore saillant orné de points noirs. Sur le col trois cercles noirs et un méandre ; trois cercles noirs et une zone de petits losanges ; trois cercles et la zone de bouquetins ; trois cercles et un méandre suivis de trois cercles et une zone de losanges (ce motif quatre fois répété). — Sur la panse large cercle noir et deux fins, une zone de dents de loup ; trois cercles et un méandre suivis de trois cercles et une zone de petits losanges (ce motif deux fois répété) ; trois cercles et la grande métope contenant la scène funéraire ; trois cercles et un méandre suivis de trois cercles et une zone de losanges (ce motif quatre fois répété) ; trois cercles et une zone de grandes feuilles isolées ; trois cercles et une zone de losanges ; trois cercles et une zone de points noirs ; trois cercles, et le reste manque.

Terre rosée, épaisse. Engobe ou lustre jaune sur toute la surface extérieure. Peinture monochrome en noir peu lustré, inégalement déposé en taches épaisses ou plus transparentes et plus pâles. Ce vase colossal a été recomposé au moyen d'un grand nombre de fragments antiques qu'on a complétés, pour les soutenir et les réunir, par une forme en plâtre, d'après les indications fournies par des vases analogues et par la courbure des fragments antiques. Haut. 1,59. Diam. à l'embouchure 0,40. Circonférence de la panse 2,58 ; larg. de l'anse 0,46. Haut. du sujet central 0,14.

(Sans n° d'inv.) Trouvé au Dipylon, près du Céramique, à Athènes. Entré au Musée en 1884 ; reconstitué et exposé en 1891.

Publié par E. Pottier, Bulletin des Musées, 1891, p. 437, fig. 21. Voy. la vue d'ensemble de la Salle A dans notre pl. 1 (au centre et en avant).

A 517. Grand cratère sur pied haut et à deux anses verticales, composées chacune d'une arcade double. — Zone supérieure. Au centre, dans une grande métope limitée par des bandes et lignes verticales et semée d'ornements géométriques comme ci-dessus, est étendu de droite à gauche un mort sur un lit de parade (semblable au précédent). Sous le lit quatre pleureuses debout, les mains à la tête. A droite et à gauche du lit, quatre pleureuses symétriquement disposées et superposées dans le champ. Derrière chacun de ces groupes de pleureuses un char à deux chevaux, marchant à droite, conduit par un aurige (casque à aigrette) et monté par un guerrier (casque à aigrette, deux lances, grand bouclier échancré). Sous les chevaux du char de droite un guerrier plus petit et en avant des chevaux deux guerriers tournés à droite (casque à aigrette, épée). Au-dessus de chaque char une bande étroite, prise sur la métope centrale et encadrée de lignes noires, contient une file de petites pleureuses debout (onze à droite, dans la bande qui est complète, et deux à gauche dans la bande qui est incomplète). Au-dessus du baldaquin du lit, au centre, autre file de huit petites pleureuses assises sur de escabeaux. — Sous l'anse droite un grand navire à éperon, marchant à gauche, avec proue et poupe relevées. Sur le pont sont assis quatre rameurs qui nagent, tenant chacun un aviron à deux mains ; l'entrepont est indiqué en dessous. Quatre poissons nageant à gauche indiquent la mer en dessous du bateau ; quatre oiseaux d'eau marchent à droite au-dessus du bateau ; le champ est semé d'ornements géométriques (rosaces en étoiles et triangles affrontés par les pointes). — Zone inférieure. On y voit les restes de trois chars semblables aux précédents.

Détail du décor géométrique à partir du haut. Zone de points noirs sur la tranche du rebord. Large méandre sur le col et zone de points noirs sur le tore saillant en dessous. Sur la panse, cercle noir

et zone de petits losanges juxtaposés ; trois cercles noirs et la grande zone de personnages avec scène funéraire ; trois cercles noirs et zone de petits losanges ; trois cercles et la zone inférieure de personnages. Le reste manque.

Même technique que A 516. Tout le côté droit de la pièce a tourné au rouge. Reconstitution au moyen d'une forme de plâtre et d'un pied en bois tourné qui soutiennent les parties antiques subsistantes. Haut. 1,66. Diam. à l'embouchure 0,87. Larg. de l'anse 0,43. Haut. de la zone supérieure 0,27.

Sans n° d'inv.) Même provenance.

Détails de la scène funéraire et du bateau, publiés par Rayet et Collignon, Histoire de la Céramique grecque, fig. 19 et 20 ; détail du bateau publié en couleurs par Cartault, Monuments publiés par l'Association pour l'encouragement des études grecques, 1882-84, pl. 4, fig. 1. Vue d'ensemble du vase reconstitué, publiée par E. Pottier, Bulletin des Musées, 1891, p. 437, fig. 21. Voy. la vue d'ensemble de la Salle A dans notre pl. 1 (au centre et en arrière).

A 519. Fragment de grand cratère. — Zone supérieure. A. Deux ornements en forme de roues dentelées à quatre jantes, un losange quadrillé et des petites croix dans le champ. Au-dessous sont étendus deux cadavres d'hommes percés de part en part par des lances. Quatre cadavres gisent superposés. Un archer coiffé d'un casque à aigrette tire de l'arc, un guerrier vêtu d'une tunique courte et carrée brandit une épée de la main droite et saisit de la gauche par son casque un ennemi qui tient une longue épée. Un archer casqué tire de l'arc ; une de ses flèches a traversé la tête d'un guerrier vêtu d'une tunique carrée qui tombe en arrière, tenant de la main gauche deux courts javelots. Un archer casqué tire de l'arc. Un guerrier à tunique carrée lève de la main droite une épée et saisit de la gauche par son casque un guerrier renversé en avant, le corps couvert par un grand bouclier à double échancrure, tenant un javelot d'une main et portant l'autre à son épée pendue à sa ceinture ; il a le cou et la jambe traversés par des javelots. Sur toute sa longueur, le champ est garni d'ornements en petites croix, étoiles, triangles réunis par le sommet, zigzags, etc. — Zone inférieure. B. Les personnages sont de dimensions plus grandes. Deux guerriers face à face portent la main à leur épée. Trois guerriers se suivent et marchent à droite, portant le casque à aigrette, le grand bouclier à double échancrure, l'épée et le poignard au côté, deux lances dans la main. A leurs pieds, dans chaque intervalle, un oiseau d'eau à long col becquète la terre. Tout le champ est garni d'ornements géométriques, croix, étoiles, losanges quadrillés, etc.

Le rebord supérieur du fragment, formant l'embouchure du cratère, est décoré d'une grande grecque au centre, d'une bande de petits losanges contigus en haut et en bas. C'est le débris d'un vase funéraire colossal, analogue à A 517.

Terre rosée, épaisse. Engobe rougeâtre à l'intérieur, mêlée de larges coups de pinceau noirs. Aspect plus jaune et plus clair à l'extérieur. Peinture en noir peu lustré, tournant facilement au jaunâtre. Pièce composée de cinq morceaux recollés. L'épiderme a souffert et beaucoup de personnages sont en partie effacés.. Haut. 0,39. Larg. 0,70.

(Sans numéro d'inv.) Même provenance.

Publié dans notre pl. 20. Cf. Catalogue, p. 237.

A 523. Fragment de grand cratère. — Zone supérieure. Dans une grande métope à peu près vide d'ornements (deux losanges à damiers accostés de petits triangles, une rosace en étoile) un long bateau en forme de chaloupe à éperon tournée à droite ; il contient treize rameurs tenant chacun une rame verticalement placée ; à l'avant et à l'arrière deux petites balustrades ; la poupe et la proue se relèvent au-dessus de l'eau par deux courbes prononcées. Au-dessus du bateau sont placés dans le champ, l'un en face de l'autre, deux guerriers beaucoup plus grands (casque à aigrette, grand bouclier à double échancrure, deux lances). — Zone inférieure. On distingue les restes d'un char conduit par un aurige et monté par un guerrier. Dans le champ, rosace en étoile, bandes horizontales de zigzags.

Entre les deux zones, une bande de petits losanges juxtaposés entre six cercles. Au-dessus de la zone supérieure, un zigzag circulaire entre quatre cercles. Sur le rebord supérieur large grecque. C'est le débris d'un vase analogue à A 517.

Même technique que A 519. Pièce composée de huit fragments recollés. Haut. 0,46. Larg. 0,58.
(Sans n° d'inv.). Même provenance.
Détail du bateau publié par Cartault, *Monuments grecs publiés par l'Association pour l'encouragement des études grecques*, 1882-84, p. 44, fig. 1.

A 526. Fragment de vase analogue. — Il reste un morceau de la zone supérieure avec quatre sabots de cheval (représentation de chars). Dans la zone inférieure deux guerriers marchent à droite (deux lances, grands boucliers échancrés), à la rencontre d'un navire ponté dont il reste l'avant à éperon, la proue recourbée et un morceau de voile quadrillée. Dans le champ, des ornements géométriques et un grand oiseau d'eau qui indique la mer.

Au-dessous de cette zone, dents de loup entre six cercles et large zone noire. Les deux zones sont séparées par des losanges juxtaposés entre six cercles.
Même technique que A 519. Pièce composée de deux fragments recollés. Haut. 0,34. Larg. 0,27.
(Sans n° d'inv.) Même provenance.
Publié par Hirschfeld, *Monumenti dell' Instituto*, IX, pl. 40, n° 4 (avec un fragment de plus qui n'est pas au Louvre). Détail publié par Cartault, *Ibid.*, p. 57, fig. 4 ; C. Torr, *Ancient Ships*, pl. 3, n° 13.

A 528. Fragment de vase analogue. — Il ne reste plus qu'un morceau de zone où l'on voit l'avant d'un navire à éperon sur lequel s'est élancé à l'abordage un guerrier armé d'une épée (suivi d'un compagnon dont on ne voit que le bras et la lance) ; il a déjà le cou percé d'une flèche et deux guerriers, défendant le navire, l'un avec une lance, l'autre avec son are, s'apprêtent à repousser les assaillants. Dans le champ, des ornements géométriques ; en bas les jambes d'un cadavre tombé à la mer.

Même technique que A 519. Pièce composée de trois fragments recollés. Haut. 0,18. Larg. 0,18.
(Sans n° d'inv.) Même provenance.
Détail du navire publié par Cartault, *Ibid.*, p. 47, fig. 2.

A 530. Fragment de vase analogue. — Dans la zone supérieure, partie d'un bateau dont on ne voit pas les extrémités. Sur le pont deux rameurs et un pilote qui, la main gauche au gouvernail, fait un signe de la main droite pour la manœuvre. Dans l'entrepont trois rameurs. — Zone inférieure : restes de quatre guerriers marchant à droite (casque à aigrette, grand bouclier). Dans les champs, des ornements géométriques : entre les deux zones trois cercles.

Même technique que A 519. Pièce composée de deux fragments recollés. Haut. 0,21. Larg. 0,25.
(Sans n° d'inv.) Même provenance.
Détail du bateau (sauf le morceau recollé à gauche), publié par Cartault, *Ibid.*, pl. 4, n° 3 (en couleurs) ; C. Torr, *Ancient Ships*, pl. 3, n° 14.

A 531. Fragment de vase analogue. — Zone supérieure : restes de trois guerriers (lances et grands boucliers à double échancrure) marchant à droite. — Zone inférieure : restes d'un long bateau à poupe relevée ; sur le pont sont étendus trois grands cadavres ; le pilote tient le gouvernail. En dessous, dans l'entrepont, sont assis huit rameurs qui nagent, tenant chacun un aviron à deux mains. A droite, en dehors du bateau, un homme tombe le corps en avant, traversé par un javelot. Dans les champs, des ornements géométriques.

Même technique que A 519. Pièce composée de deux fragments recollés. Haut. 0,28. Larg. 0,23.
(Sans n° d'inv.) Même provenance.
Détail du bateau (sans le petit fragment recollé à gauche), publié par Cartault, *Ibid.*, p. 51, fig. 3.

A 532. Fragment de vase analogue. — Zone inférieure où l'on voit une partie de bateau dont les extrémités ont disparu. Sur le pont deux rameurs ; dans l'entrepont trois

rameurs, tous nageant avec un aviron tenu à deux mains. Dans le champ quelques ornements géométriques ; en bas une zone de dents de loup quadrillées entre six cercles.

Même technique que A 519. Haut. 0,19. Larg. 0,15.
(Sans n° d'inv.) Même provenance.
Détail du bateau publié en couleurs par Cartault, *Ibid.*, pl. 4, n° 2.

A 541. Fragment de grand cratère. — Pour la forme d'ensemble cf. A 517. La zone principale contient une scène funéraire : au centre on voyait le mort (en partie disparu) étendu de droite à gauche sur un lit recouvert d'une draperie à damier noir et blanc ; le bord du lit est orné de zigzags parallèles. Sous le lit, par perspective conventionnelle, mais en réalité devant le lit sont assises sur des tabourets cinq pleureuses portant symétriquement les deux mains au sommet de leur tête. A gauche du lit funéraire deux grandes pleureuses et une troisième plus petite sont debout, faisant le même geste. Derrière elles était un char dont il ne reste plus que les trois chevaux. Sous les chevaux (en réalité à côté d'eux) un personnage debout, les bras baissés. Une zone inférieure devait contenir des chars et des guerriers : il ne reste plus que le haut de deux chevaux. Les champs des deux zones sont remplis d'ornements géométriques, angles et zigzags superposés, rosaces, losanges, points, angles affrontés par la pointe, etc. Un morceau du rebord supérieur orné d'une grande grecque subsiste encore ; en dessous un rebord saillant orné de gros points. Au-dessus de la zone principale une grecque entre six cercles : au-dessous, une série de losanges juxtaposés entre six cercles. Le reste manque.

Même technique que dans A 519, mais il n'y a pas d'engobe intérieur. Pièce composée de quatre fragments recollés. Les personnages ont tourné au rouge. Haut. 0,40. Larg. 0,50.
(Sans numéro d'inv.) Même provenance.
Publié dans notre pl. 20. Cf. *Catalogue*, p. 287.

A 547. Fragment de grand vase funéraire. — Il y avait à droite une scène d'exposition du mort sur son lit. On voit encore les jambes de deux pleureuses debout et, en dessous, deux autres pleureuses assises, les deux mains portées aux cheveux. A gauche sont placés deux grands trépieds à trois supports droits et plats, portant le bassin rond (lébès) qui servait à contenir l'eau chaude pour laver le corps, ou bien qui représentent les prix destinés aux vainqueurs dans les jeux célébrés en l'honneur du défunt. Les champs sont remplis de zigzags et d'angles superposés ; points noirs autour des lébès.

Même technique que dans A 541. Le morceau se compose de deux fragments recollés. La peinture noire a tourné au brun par places. Haut. 0,11. Larg. 0,20.
(Sans n° d'inv.) Même provenance.
Publié dans notre pl. 20.

A 560. Fragment analogue. — Épisode de bataille. Un guerrier, marchant à gauche et tournant le haut du corps à droite, fléchit sur ses jambes en retirant avec la main droite une flèche qui lui a traversé le corps de part en part à la hauteur de la ceinture. Dans le champ une rosace en feuille allongée, entourée de points.

Même technique que A 547. La peinture noire a tourné au brun rouge par places. La tête du personnage manque. Haut. du fragment, 0,10.
(Sans n° d'inv.) Même provenance.
Publié dans notre pl. 20.

BÉOTIE

A 563. Pyxis ronde, avec couvercle à bouton conique. — Sur la panse une zone réservée en clair où sont tracés des carrés formant des denticules blancs opposés les uns aux autres ; le reste de la zone est rempli par un quadrillé noir ; deux cercles noirs au-dessus et au-dessous de cette zone. Le reste noir. Le dessous du pied légèrement creux. Sur le couvercle série de cercles larges ou fins qui montent jusque sur le bouton.

> Terre rosée, bien épurée et bien cuite, mêlée de quelques petits grains de calcaire blanc. Surface blanche, jaunie, résultant d'un engobe ou d'un polissage. Peinture monochrome en noir peu lustré qui a presque tout entier tourné au rouge et au jaunâtre. Quatre trous sont percés près du rebord de la pyxis, qui correspondent à quatre trous percés dans le couvercle, de façon à passer des liens qui assuraient la fermeture. Haut. 0,22.
>
> (Inv. CA 53.) Trouvé à Thèbes, en Béotie, et acquis en 1887.
> Publié par E. Pottier, *Gazette archéologique*, 1888, pl. 26, n° 1. Cf. *Catalogue*, p. 242.

A 566. Petite hydrie. — Sur l'épaule du vase zone de dix-neuf oiseaux d'eau passant. Le reste est occupé par des ornements géométriques : dans l'embouchure trois cercles noirs, sur le rebord cercle de points, sur le col grandes dents de loup quadrillées et accostées de petites losanges, sur la panse zone de dents de loup quadrillées et cercles descendant jusqu'à la base ; points noirs sur le rebord supérieur et sur les anses.

> Terre rosée, mêlée d'éclats de calcaire blanc. Pas d'engobe. Peinture en noir peu lustré, tournant au brun rougeâtre. Plusieurs morceaux du col recollés et restaurés. Haut. 0,15.
>
> (Inv. CA 56.) Même provenance.
> Publié dans notre pl. 21. Cf. *Catalogue*, p. 243.

A 567. Grande pyxis ronde, avec couvercle orné de quatre petits chevaux formant bouton. — La panse est divisée en treize métopes séparées par des traits verticaux unis à des ornements en zigzags superposés et hachures obliques. Dans deux de ces métopes un bouquetin tourné à droite ; près de lui, dans le champ, une rosace en cercle noir entouré de petits points et des angles superposés. Dans trois métopes un large damier en noir et blanc réservé. Dans deux métopes un grand svastika cantonné de petits angles superposés. Dans trois métopes une rosace à quatre feuilles lancéolées, accostée de quatre triangles quadrillés. Dans trois métopes un losange inscrit dans un carré quadrillé et contenant au centre un petit motif en damier. Sur le bas de la panse une zone de petits losanges juxtaposés entre six cercles. Sur le fond, au revers, motif central en étoile entourée de trois cercles, zone de petites feuilles lancéolées entourée de trois cercles ; zone de gros points noirs reliés entre eux par des traits obliques et accostés de petits points, entourée de trois cercles ; zone de grandes feuilles isolées entourée de trois cercles ; zigzag circulaire entouré de trois cercles, large cercle noir et zone de points sur le rebord. — Sur le couvercle, près du rebord une zone de traits obliques ; au-dessus zone de grandes feuilles isolées, bordées en haut et en bas par des dents de loup en hachures. Les petits chevaux, modelés en ronde bosse, de style archaïque, sont posés de front et ont la croupe et le col peints en noir, le poitrail orné de traits horizontaux et d'une ligne de points noirs, la crinière indiquée par des hachures obliques. En avant et en arrière de leurs pieds, sur le dessus du couvercle qui est percé d'un trou central, est peinte une bande de grandes dents de loup noires. Près du rebord sont percés quatre trous symétriques qui correspondent à quatre trous forés dans un rebord saillant à l'intérieur de la pyxis, de façon à passer des liens qui assuraient la fermeture.

> Terre rosée, mêlée de petits éclats de calcaire blanc. Pas d'engobe. Peinture monochrome en noir peu lustré tournant au brun jaune ou rougeâtre. Quelques éclats enlevés sur la panse, le couvercle fendu en deux et recollé, les petits chevaux brisés et recollés, sauf une tête et trois queues qui manquent. La peinture noire a souffert par endroits, mais l'ensemble est bien conservé. Haut. 0,24. Diam. à l'embouchure 0,30.
>
> (Inv. CA 47.) Même provenance.
> Publié par E. Pottier, *Ibid.*, pl. 26, n° 5. Cf. *Catalogue*, p. 243.

A 568. Grande œnochoé à bouche trilobée et à anse plate décorée d'un serpent en relief. — Sur chaque côté du col, dans deux métopes disposées symétriquement, est représenté le même sujet : deux hommes nus luttant à coups de poing. Dans le champ d'une métope, rosaces en points réunies par des lignes verticales de points. Dans le champ de l'autre métope, zigzags verticaux. Sous le bec peint en noir un petit espace réservé en clair et orné de denticules alternant, comme pour imiter une lèvre ou une bouche. Entre les deux métopes une large bande de zigzags horizontaux. — Sur l'épaule, au centre, continuation de la même bande de zigzags horizontaux ; de chaque côté, à droite et à gauche, deux oiseaux d'eau tournés vers le motif central et placés chacun dans une métope formée de lignes verticales accostées de triangles remplis de hachures. — Sur la panse un lacis ondulé entre six cercles, une zone de vingt et un groupes de cercles concentriques disposés verticalement, un zigzag circulaire entre six cercles, une bande de triangles affrontés par les pointes alternant avec des groupes de traits verticaux. Près de la base une série de huit cercles et une large bande noire. Le fond est presque plat. — Le plat de l'anse est décoré de groupes de bâtonnets horizontaux et de petits angles superposés. Le serpent, modelé en relief, grimpe le long de l'anse et pose sa tête près de l'orifice ; son corps est orné de longues raies noires qui suivent les sinuosités du corps.

> Même technique que A 565. Le vase, brisé en un grand nombre de fragments, a été recollé et les parties manquantes bouchées avec du ciment. Les têtes des lutteurs manquent dans une des métopes. Haut. 0,51.
>
> (Inv. CA 46.) Même provenance.
> Publié par E. Pottier, *Ibid.* pl. 25. Cf. *Catalogue*, p. 243.

571. Coupe sans pied, à une anse horizontale, une poignée plate et quatre petits tenons saillants. — L'intérieur ne présente que deux larges cercles et un fond peint en noir ; sur le rebord languettes noires ; sur la poignée plate un ornement accosté de deux volutes ; sur l'anse traits parallèles verticaux ; sur les tenons traits parallèles horizontaux (sur un seul une croix noire). — La décoration est réservée aux revers : au centre, sur le fond, une rosace formée de sept A autour d'un cercle ; au-dessus denticules noirs entre deux cercles, un cercle rouge, denticules noirs entre deux cercles, un zigzag circulaire entre un cercle noir et un rouge ; une bande noire semée de grosses rosaces en taches rouges entourées de points blancs. Près du bord, entre deux cercles rouges, une large zone de cinq oiseaux volant à droite, chacun renfermé dans une métope limitée par des traits verticaux et des zigzags noirs. Contre le rebord, des groupes d'ornements composés de zigzags simples, de deux zigzags superposés, de zigzag superposé à des bâtonnets verticaux, etc.

> Terre rosée, mêlée de quelques petits grains de calcaire blanc. Engobe blanc sur le fond et les revers seulement. Peinture en noir peu lustré. Retouches rouges sur les ailes des oiseaux. Emploi du rouge et du blanc pour les ornements. Le vase a été brisé en plusieurs morceaux recollés sans restauration. Le ton noir a souffert par endroits. Haut. 0,11. Diam. avec les anses 0,30.
>
> (Inv. CA 50.) Même provenance.
> Publié par E. Pottier, *Ibid.*, pl. 26, n° 3. Cf. *Catalogue*, p. 243.

A 572. Coupe à pied haut et à quatre petites anses horizontales. — Zone principale : quatre oiseaux volant, la tête renversée, et près de leur tête un ornement en croix (il est remplacé une fois par une rosace à six pétales) : chaque motif est séparé du voisin par une bande verticale ornée de zigzags. — Des ornements nombreux couvrent le reste du vase : larges feuilles sur le rebord supérieur, oves, zigzags et languettes en haut de la panse ; bandes de zigzags, languettes et pointillés sous la zone principale ; longs zigzags verticaux et cercles sur le pied ; larges feuilles sur la base. Dans l'intérieur de la coupe et dans l'intérieur du pied, cercles noirs.

> Terre rosée, mêlée d'éclats de calcaire blanc. Engobe blanc, recouvrant toute la surface extérieure, mis par larges traînées dans l'intérieur. Peinture en noir peu lustré, tournant au brun. Nombreux morceaux recollés, avec quelques légères restaurations dans le haut de la coupe. Haut. 0,18. Diam. 0,24.
>
> (Inv. CA 51.) Même provenance.
> Publié dans notre pl. 21. Cf. *Catalogue*, p. 244.

A 573. Coupe à pied haut et à deux petites anses horizontales. — Sur la panse une grande zone comprenant comme motif central un large svastika entre deux rosaces à huit pétales noirs et réservés en blanc. Le même motif est répété de l'autre côté avec un svastika en hachures obliques. Sous chaque anse une palmette à double volute remplie d'un pointillé noir. Dans les champs quelques rosaces en points noirs. Sur le bas de la panse six cercles noirs. Au-dessus de la zone une bande noire semée de petits carrés réservés en blanc. Sur les anses hachures obliques. Sur le rebord et dans l'intérieur cercles noirs. — Sur le haut du pied, bandé noire semée de carrés réservés en blanc. Le reste du fût est percé de petites fentes verticales formant deux rangs de lucarnes superposées. Sur chaque métope séparant ces lucarnes trois zigzags noirs verticaux. Entre les deux rangées de lucarnes une bande noire semée de carrés réservés en blanc. Sur le bas du pied, sept cercles noirs. Sur le plat de la base zone de dents de loup ; sur la tranche languettes noires. Tout l'intérieur du pied est creux.

> Même technique que A 572. L'engobe blanc a disparu en grande partie. Le ton noir tourné au rouge parfois ou effacé. Plusieurs morceaux recollés, sans restaurations importantes. Haut. 0,275.
> (Inv. CA 48.) Même provenance.
> Publié par E. Pottier, *Ibid.* pl. 26, n° 2. Cf. *Catalogue*, p. 244.

A 574. Petite hydrie à deux anses rondes horizontales et une anse plate verticale. — Sur le bas du col une bande de sept oiseaux d'eau, tournés à droite, dans une métope limitée par des raies verticales noires et bordée en haut et en bas par des dents de loup. Au-dessus de la bande dix cercles, et au-dessous trois cercles noirs. — Sur l'épaule, au centre, mamelon saillant sur lequel est peint un svastika à six branches coudées entre deux serpents en forme de lacis ondulant et hérissés de points noirs ; dans le champ, des triangles noirs affrontés par les pointes ; à droite et à gauche, dans les angles, un mamelon saillant sur lequel est peinte une étoile entourée de demi-cercles. — Sur la panse, entre six cercles, un zigzag horizontal ; quatre mamelons saillants limitent le zigzag et portent une étoile entourée d'un cercle ; entre les mamelons une petite bande de losanges juxtaposés. En dessous, à la hauteur des anses, un lacis ondulé, six cercles noirs, une zone de feuilles ovales isolées. Sur le bas de la panse dix-sept cercles noirs. Le dessous est légèrement creux. Sur le rebord zone de points noirs ; sur l'anse verticale traits horizontaux superposé ; les anses rondes en noir.

> Terre rosée, mêlée de petits éclats de calcaire blanc. Surface plus pâle, par engobe ou par polissage. Peinture en noir peu lustré. Le vase a été brisé en plusieurs morceaux recollés sans restauration. Haut. 0,29.
> (Inv. CA 55.) Même provenance.
> Publié par E. Pottier, *Ibid.*, pl. 26, n° 4. Cf. *Catalogue*, p. 244.

A 575. Hydrie de même forme, à sujet funéraire. — *A.* Sur la panse une scène à personnages qui se prolonge jusque sous les anses. Au centre, sur un lit à quatre pieds, la tête soutenue par un coussin, est étendu le corps d'une femme vêtue. Sur le pied du lit est assise une femme drapée, plus petite, représentant une des filles de la morte, qui de la main droite s'arrache les cheveux et de la gauche prend la morte par le bras, comme pour la secouer en lui parlant. Derrière le chevet, une grande femme drapée, portant la main gauche à ses cheveux, tient de la droite un éventail de forme carrée qu'elle agite au-dessus de la morte ; derrière elle, une pleureuse drapée, les deux mains sur la tête. Sur le lit ou plutôt en avant (avec l'effet de perspective conventionnelle), cinq petits personnages qui représentent les enfants en bas âge. A gauche, quatre grandes pleureuses drapées, les deux mains sur la tête. Au-dessus de cette scène, une autre série de personnages qui paraissent mêlés aux précédents d'une façon assez incohérente, mais qui en réalité font partie du même ensemble. Il aurait suffi de les placer dans une zone distincte, comme dans les peintures du Dipylon, pour donner à la scène toute la clarté désirable. C'est le groupe des hommes qui, au nombre de trois et en armes, se préparent à accompagner le corps ; chacun d'eux fait d'une main portée à la tête le geste rituel de lamentation ; à gauche une femme drapée fait le même geste ; entre les guerriers, deux personnages plus petits représentent des enfants ou de jeunes valets d'armes. Le champ tout entier est semé d'ornements géométriques, zigzags superposés, petits cercles, losanges quadrillés. — *B.* Deux chevaux affrontés de chaque côté d'un grand ornement en fer à cheval avec bandes quadrillées qui pourrait peut-être représenter la stèle du tombeau. Pourtant il n'est pas certain que le sujet *B* soit en rapport avec *A*. Derrière le cheval de gauche trois oiseaux d'eau ; sous le cheval de droite un oiseau. Mêmes ornements géométriques dans le champ. — Cercle noir dans l'embouchure du vase ; groupes de languettes sur le rebord. Sur la partie antérieure du col, dans une grande métope encadrée à droite et à gauche par une large arête verticale, entre quatre raies verticales, se superposent une bande d'oiseaux d'eau, une grecque, une bande de losanges cantonnés de points, une grecque. Sur l'épaule serpente un large lacis, hérissé de courtes languettes ; un mamelon saillant sur le devant. Au-dessus du sujet *B*, large grecque. Au-dessus des anses un lacis hérissé de languettes : sur les anses, raies verticales entre deux raies horizontales. Près de la base sept cercles concentriques ; sur le pied damier noir et blanc.

> Terre rosée, mêlée d'éclats de calcaire blanc. Peinture en noir peu lustré tournant au brun rouge. Le vase a été brisé en nombreux fragments et recollé. L'anse verticale manque par derrière. De larges morceaux ont été refaits sur le col et dans la panse ; mais les peintures n'ont subi aucune restauration. Haut. 0,45.
> (Inv. CA 639.) Même provenance.
> Vue d'ensemble du vase avec le sujet *B*, détail du sujet *A* dans notre pl. 21. Cf. *Catalogue*, p. 245.

SALLE B

VASES DE MYRINA

B 561. Amphore à deux anses rondes et verticales. —
Sur l'épaule une zone peinte. *A.* Dans une métope encadrée
de deux grecques verticales, buste d'homme tourné à droite,
élevant les deux mains en l'air, la paume en dehors (cheveux
et haut de tunique en noir, barbiche noire recourbée, pas de
moustache, la tête au trait noir sur fond d'argile clair avec un
œil de face énorme). Le champ est semé d'ornements géométriques de style rhodien, svastikas, angles superposés, grande
rosace, petits carrés juxtaposés, etc. — *B.* Dans une métope
semblable, fleur de lotus renversée entre deux grands boutons, la pointe en bas. Dans le champ ornements plus rares,
croix inscrites dans un carré, losange formé de petits carrés,
bandes à hachures. — Sur la panse une grecque entre deux
larges bandes noires. Sur le bas de la panse cinq cercles. Sur
les anses languettes entre deux bandes noires. A la base du
goulot, grecque. Sur le col une bande noire et une zone de
lacis en 8 (ornementation incomplète, le haut étant brisé). Le
pied en noir; le dessous légèrement creux.

> Terre rougeâtre, pailletée de mica, analogue à celle des vases rho-
> diens. Engobe blanc. Peinture en noir peu lustré, presque partout
> tourné au rouge, surtout en *A.* Le haut du vase a beaucoup souf-
> fert; la plus grande partie du col manque, le reste en nombreux
> morceaux recollés; une des anses est brisée; trois trous dans la
> panse et un dans le fond. Haut. 0,35.
> (Inv. Myr. 576.) Trouvé à Myrina, en Éolide, dans un tombeau de la
> nécropole (fouilles de l'École française d'Athènes); entré au Musée
> en 1885.
> Vue d'ensemble et détails de *B* en couleurs, de *B* en vignette, publiés
> par O. Rayet dans le *Bulletin de Correspondance hellénique*, VIII,
> 1884, p. 509-514, pl. 7, et dans l'ouvrage de Pottier et Reinach, *la Nécro-
> pole de Myrina*, p. 499-504, pl. 51. Cf. *Catalogue des terres cuites et
> autres antiquités de Myrina*, n° 561.

**B 569. Coupe plate munie de quatre petites saillies
à la place des anses, sur pied cylindrique à base
large.** — Imitation des coupes rhodiennes (cf. A 300
et suiv.). Dans l'intérieur, au centre, une rosace à onze pétales
rouges entourée d'un cercle rouge entre deux noirs. Près du
bord, un cercle rouge entre deux noirs et un autre cercle noir.
Sur le rebord plat, entre deux cercles noirs, une zone de gros
points rouges ou noirs, encadrés entre des groupes de bâtonnets noirs verticaux. Sur le revers, en allant du bord à la base,
on trouve un cercle rouge entre deux noirs, une zone de points
rouges et noirs disposée comme ci-dessus, un cercle rouge
entre deux noirs, une zone d'arêtes rayonnantes contenant
chacune un losange ou un triangle rouges. Sur le pied cinq
cercles alternativement noirs et rouges. Le dessous est creux.

> Terre rouge foncée, pailletée de mica. Engobe blanc couvrant tout
> l'intérieur, les revers et le pied. La peinture tout entière a été faite
> en noir, comme il résulte des vestiges noirs nombreux qui restent
> encore dans les parties devenues rouges. Mais par suite d'une
> préparation ou de l'emploi de deux noirs différents, une portion
> des ornements est devenue régulièrement rouge à la cuisson. L'effet
> obtenu en deux tons différents est trop systématique et trop régulier
> pour que l'on puisse attribuer cet effet à un phénomène de dé-
> composition accidentelle du rouge.
> Le vase a été brisé en plusieurs morceaux, recollé, et les parties

manquantes (quelques petits morceaux à l'intérieur et aux revers,
une grande partie du pied) refaites en plâtre teinté, mais sans
aucun repeint. Haut. 0,115. Diam. 0 28.
(Inv. Myr. 535.) Même provenance.
Vue d'ensemble de l'intérieur, publiée par Pottier et Reinach, *Nécropole de Myrina*, p. 233, fig. 36. Cf. *Catalogue de Myrina*, n° 569.

**B 576. Alabastre sans anse, à panse allongée, goulot
mince et embouchure plate très large.** — La panse
est décorée d'un quadrillé noir, ponctué de points blancs. En
dessous une zone noire portant des palmettes, des fleurs et
une rosace blanches. En dessus une zone noire portant des
languettes blanches. Près de la base un cercle noir, un cercle
blanc et une zone noire couvrant le fond. Sur le rebord plat
un cercle noir. Aucun décor sur l'embouchure; dans l'orifice un
cercle noir.

> Terre rosée. Lustre noir brillant, en partie tourné au rouge. Emploi
> du blanc. L'embouchure en plusieurs morceaux recollés. Haut. 0,18.
> (Inv. Myr. 235.) Même provenance.
> Vue d'ensemble publiée *Ibid.*, p. 231, fig. 35. Cf. *Catalogue de Myrina*,
> n° 576.

**B 590. Grande pyxis à quatre anses verticales et à
couvercle surmonté d'un haut bouton divisé en tores
saillants.** — Des ornements formant des guirlandes ou des
cercles étaient peints sur la panse en rose et en bleu. De
même le couvercle portait sur le rebord des ornements roses
et bleus. Vestiges des mêmes couleurs sur le plat du couvercle et sur le pied. Entre chaque intervalle laissé par les
anses sont gravés à la pointe, en cursive irrégulière, un ou
deux mots qui forment l'ensemble suivant : Θερίνου πόημα,
'Ρεχέπτας δ[ῶρο]ν Νύση. Cette inscription donne donc le nom
de celui qui a fabriqué le vase (Thérinos), de celle qui l'a ap-
porté en don (Recepta) et de celle qui l'a reçu (Nysè).

> Terre rougeâtre à surface blanche et pâle, pailletée de mica. La
> peinture en couleurs ocreuses, non cuites et friables, a presque
> entièrement disparu. Ces couleurs étaient posées sur un engobe
> blanc dont il reste aussi des vestiges. Le pied brisé a été recollé
> Haut. 0,42.
> (Inv. Myr. 575.) Même provenance.
> Vue d'ensemble publiée *Ibid.*, p. 230, fig. 34; cf. *Catalogue de Myrina*,
> n° 590.

B 593. Vase en forme d'amande. — Le haut est un col
d'alabastre muni de deux petites anses verticales, le tout
peint en noir. La panse, conservant le ton d'argile clair, imite
l'écorce de l'amande picotée de petits trous.

> Terre rosée. Lustre noir brillant. Haut. 0,10.
> (Inv. Myr. 227.) Même provenance.
> Vue d'ensemble publiée *Ibid.*, p. 229, fig. 31.

**B 596. Vase en forme de coquillage à double valve
fermée.** — Le haut comme le précédent. La panse imite
les stries du coquillage, divisé en bandes noires et blanches
horizontales.

> Terre rosée. Beau lustre noir brillant. Emploi du blanc. Haut. 0,08.
> (Inv. Myr. 322.) Même provenance.
> Vue d'ensemble publiée *Ibid.*, p. 229, fig. 33.

SALLE C

POTERIE ÉTRUSQUE, DITE *BUCCHERO*

C 5. Amphore à deux anses plates. — La panse, de chaque côté, est ornée de trois mamelons et de deux angles formés de baguettes saillantes. Cercle incisé à la base du col et à la hauteur des anses. La base de chaque anse est forée d'un trou qui permettait de suspendre l'amphore. Le fond du pied est plat.

> Poterie façonnée à la main. Terre rougeâtre, épaisse et mal épurée, dite de *bucchero rosso*. Quelques flambées superficielles ont noirci la panse par endroits. Un large morceau du goulot est restauré. Haut. 0,27.
> (Inv. N 1784 ; Durand 1469.) Provenance exacte inconnue; sans doute l'Étrurie.
> Publié dans notre pl. 22.

C 6. Petite amphore à deux anses plates et à mamelons saillants. — La panse, ornée de stries obliques, présente de chaque côté quatre mamelons saillants, symétriquement disposés. Le fond est plat.

> Poterie façonnée à la main. Terre de *bucchero nero*. Une des anses est endommagée et recollée. Haut. 0,14.
> (Inv. Campana 2927.) Provenance exacte inconnue, sans doute l'Étrurie.
> Publié dans notre pl. 22.

C 7. Petite amphore à anses plates et à côtes saillantes. — A la base du col, de chaque côté, on a incisé une bande de dents de loup, en double ligne ponctuée au moyen d'une roulette dentelée; ornement analogue sur le plat de l'anse, en haut.

> Poterie façonnée à la main. Terre de *bucchero nero*, épaisse et mal épurée. Fumigation incomplète ; aspect extérieur brun. Haut. 0,14.
> (Inv. N 1803 ; Durand 1219.) Provenance exacte inconnue, sans doute l'Étrurie.
> Publié dans notre pl. 22.

C 10. Pyxis à couvercle et à pied rond. — Sur le haut du couvercle un quadrupède (lion ou lionne probablement), en ronde bosse, sert de bouton ; un double cercle estampé est imprimé sur le haut de chacune de ses jambes, la crinière marquée par un travail d'incisions ponctuées. Sous ses pieds une sorte d'encadrement est formé par deux longues bandes verticales de doubles cercles estampés en creux et deux petites bandes horizontales ; de chaque côté un oiseau d'eau estampé avec les ailes incisées. Sur le rebord du couvercle, deux zones de petits cercles estampés. — Sur la panse, de chaque côté, une bande de dix oiseaux d'eau estampés, les ailes incisées; en dessous une zone de doubles cercles estampés. Les deux oreillettes pleines formant anses sont forées chacune de deux trous pour suspendre le vase.

> Poterie façonnée à la main. Terre de *bucchero* épaisse, mal fumigée, à surface d'un brun rougeâtre. Les oreilles du quadrupède, la cuisse gauche de derrière, le haut de la queue, le bas de la patte droite de derrière sont refaits. Haut. 0,28.
> (Inv. Campana 3123.) Sans provenance connue, sans doute l'Étrurie.
> Publié dans notre pl. 22.

C 12. Couvercle d'un grand vase, muni d'un bouton à quatre arcades. — Le vase manquant devait être un grand cratère, comme le Musée en possède des spécimens (cf. D 149 et suiv.). Ce couvercle est orné de cannelures formant des espèces de godrons tout autour de la pente. Les arcades du bouton portent elles-mêmes des stries dessinant des angles superposés. Sur le sommet du bouton quatre saillies coudées qui ressemblent à des becs d'oiseaux ; au centre est dessinée une croix. Dans les intervalles qui séparent les arcades, deux angles superposés. L'intérieur ne porte aucune décoration.

> Terre blanche de *bucchero* mal fumigé. Aspect extérieur brun. Décor par façonnage dans l'argile molle. Aucune peinture. Haut. 0,18. Diam. 0,29.
> (Inv. Campana 3197.) Provenance exacte inconnue. Sans doute l'Étrurie.
> Publié dans notre pl. 22.

C 13. Vase cylindrique à deux oreillettes, avec cercles saillants. — Forme de situle, imitée du métal. La panse est divisée en zones étroites par six cercles saillants. Un rebord saillant au-dessus de l'embouchure indique la place d'un couvercle qui manque. Les deux appendices, formant anses, sont forés de deux trous de suspension. La base est creuse en dessous.

> Terre rougeâtre de *bucchero rosso*. Fumigation superficielle ; aspect brun lustré. Une des oreillettes est cassée. Haut. 0,22. Diam. 0,15.
> (Inv. Campana 3090.) Sans provenance exacte, sans doute l'Étrurie.
> Publié dans notre pl. 22.

C 14 (1). Skyphos à anses divisées en deux baguettes. — Une série de cinq stries circulaires décore la panse. Un tore saillant à la hauteur des anses avec une bossette saillante sur chaque côté. L'anse arrondie en haut bifurque en deux baguettes verticales dont chacune vient se souder à la base à $0^m,02$ de l'autre. Le fond du pied est plat.

> Terre rougeâtre de *bucchero rosso*, assez bien épurée, fumigée superficiellement, à l'intérieur et à l'extérieur. Aspect extérieur brun. Haut. avec les anses, 0,17. Diam. 0,14.
> (Ancien fonds, sans numéro d'inv.) Provenance inconnue, sans doute l'Étrurie.
> Publié dans notre pl. 22.

C 16. Amphore à deux anses plates et à panse sphérique divisée en côtes. — La panse est divisée en vingt-trois côtes qui révèlent l'imitation céramique d'un fruit, d'un cucurbitacé. Les anses sont ornées de dents de loup incisées. La base est creuse en dessous.

> Terre de *bucchero rosso*. Fumigation superficielle ; aspect brun lustré. Un morceau du goulot et deux de la base sont restaurés. Haut. 0,20.
> (Ancien fonds, sans numéro d'inv.) Pas de provenance connue, sans doute l'Étrurie.
> Publié dans notre pl. 23.

C 21. Petit cyathos à une anse et à côtes saillantes. — L'anse est rattachée à la panse par un petit tenon ; elle est creusée d'un large sillon qui s'évase près de l'attache supérieure. Le fond est plat et onze côtes saillantes rayonnent tout autour, formant des saillies correspondantes dans l'intérieur même du vase.

> Poterie façonnée à la main. Terre de *bucchero nero*, imparfaitement fumigée, avec des tons bruns. Le rebord et quelques côtes sont un peu effrités. Haut. avec l'anse, 0,09. Diam. 0,07.
> (Inv. Campana 3473.) Sans provenance exacte, sans doute l'Étrurie.
> Publié dans notre pl. 23.

C 24. Coupe sans anses et à pied court. — Sous le rebord une saillie dentelée, à vingt-deux pointes, fait le tour de la panse. Le pied est creux en dessous.

Terre rougeâtre de *bucchero rosso*, mais la pièce paraît façonnée au tour. Fumigation superficielle; aspect brun. Quelques éclats enlevés et quelques dents épointées. Haut. 0,08. Diam. 0,14.
(Inv. Campana 2267.) Provenance exacte inconnue, sans doute l'Étrurie.
Publié dans notre pl. 23.

C 25. Coupe sans anses, à côtes saillantes. — Décor analogue a C 21. Le rebord extérieur porte deux cercles incisés; le dessous de la panse est formé de vingt-trois côtes saillantes qui ne se répètent pas dans l'intérieur. Le pied large et court est creux en dessous.

Terre de *bucchero nero*, imparfaitement fumigée. Haut. 0,12. Diam. 0,15.
(Inv. Campana 2271.) Sans provenance exacte, sans doute l'Étrurie.
Publié dans notre pl. 23.

C 41. Petite amphore à anses plates et à panse sphérique. — Sur la panse, de chaque côté, est incisé un double enroulement horizontal, surmonté d'une arête feuillue; le reste de la panse est occupé par de grandes dents de loup dessinées par de quadruples incisions. Sur les anses quatre traits verticaux. Le fond du pied est plat. Sur le col, d'un seul côté, on a tracé en fines incisions quatre ornements ou caractères, placés après la cuisson :

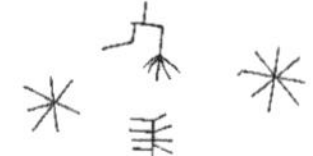

Terre de *bucchero nero* imparfaitement fumigée, avec des tons bruns. Lustre brillant sur la surface. Le vase a été brisé en plusieurs fragments et recollé. Plusieurs morceaux manquent encore dans le fond. Haut. 0,12.
(Inv. Campana 104.) Sans provenance exacte, sans doute l'Étrurie.
Publié dans notre pl. 23.

C 44. Coupe sans anses et à haut rebord. — Sur la panse court une zone incisée de palmettes à trois ou quatre pétales, droites et renversées, les dernières surmontées d'une fleur de lotus à double volute. Un cercle incisé à la base du rebord. Deux trous sont forés dans le haut du rebord. Le pied large et fort est creux en dessous.

Terre rougeâtre de *bucchero rosso*, avec quelques flambées superficielles. Aspect extérieur brun el lustré. Le rebord est un peu effrité; la surface du pied endommagée. Haut. 0,13. Diam. 0,13.
(Inv. N III 2539.) Trouvé en Étrurie et donné au Musée par l'empereur Napoléon III.
Publié dans notre pl. 23.

C 54. Petite coupe sans anses, sur pied haut. — Aucun décor. Sur la panse, gravée en lettres irrégulières et la tête en bas sur le vase, une inscription qui paraît être de l'osque, d'après l'avis de M. Michel Bréal.

Terre dure et bien cuite de *bucchero* fumigé et recouverte sur toute la surface intérieur et extérieur d'une couche mince d'argile rougeâtre. Surface irrégulièrement rougeâtre. Le bord est effrité. Haut. 0,09.
(Inv. Campana 3414.) Trouvé sans doute en Étrurie et entré au Musée en 1863.
Forme analogue à C 44, avec un rebord moins haut et à ourlet arrondi.

C 65. Œnochoé à bec trilobé et à anse trifide. — Trois cercles incisés à la base du col; sur la panse une zone de dents de loup incisées, quatre bosses saillantes entourées de trois cercles incisés, quatre ornements incisés en forme de croissants rayonnants. Trois raies horizontales incisées sur l'at-

tache inférieure de l'anse qui se soude à la panse par une partie plus large.

Poterie façonnée à la main. Terre de *bucchero* épaisse, grise et mal fumigée, avec des traînées brun jaunâtre. Haut. avec l'anse, 0,25.
(Inv. N 1820; Durand 408.) Sans provenance connue.
Publié dans notre pl. 23. En vignette dans le *Traité des Arts céramiq.* de Brongniart, *Atlas*, pl. 21, fig. 11 A et B.

C 66. Petit cratère sans anses, à pied court. — La panse est ornée d'une large grecque dessinée par de quintuples incisions. En haut et en bas une zone de denticules incisés entre deux rangées de cercles. Le bas de la panse est nu. La base est creuse en dessous.

Poterie façonnée à la main. Terre de *bucchero nero* épaisse et mal épurée, mais assez bien fumigée et lustrée. Le rebord est effrité. Haut. 0,19.
(Inv. MNB 2016.) Trouvé à Chiusi, en Étrurie, et donné au Musée par F. Lenormant, en 1880.
Publié dans notre pl. 24; en vignette par F. Lenormant, *Gazette archéologiq.*, 1880, p. 3.

C 67. Vase en forme de barque allongée (acatos). — Le fond plat avec un rebord en bourrelet elliptique donne de la stabilité à cet ustensile dont on se servait pour faire des libations. De chaque côté, la proue et la poupe se terminent en un canal incliné qui forme déversoir. Aucun décor dans l'intérieur. A l'extérieur, de chaque côté, une bande de quadrillés incisés à la roulette dentelée et près de la base une bande de traits obliques faits de la même façon. Sur le fond est tracée, en faible incision, une étoile à cinq pointes.

Terre de *bucchero* incomplètement fumigée, avec noir un peu bruni. Haut. 0,06. Long. 0,41.
(Inv. Campana 3082.) Pas de provenance connue.
Vue d'ensemble publiée par E. Saglio, *Dictionnaire des Antiquités grecques et romaines*, p. 15, fig. 31.

C 86. Œnochoé à triple goulot, anse divisée à la base en trois baguettes et panse sphérique à côtes. — L'imitation des gourdes fabriquées avec des matériaux tirés du règne végétal est sensible ici, comme à Chypre (A 42). Le sommet de la panse est percé de cinq trous entourés d'un cercle de points incisés, pour aérer la cavité intérieure et faciliter l'écoulement du liquide par les goulots étroits. La panse est divisée en quarante-quatre côtes et chaque goulot en une dizaine de cannelures. Le haut du goulot est orné d'une zone de quatre palmettes incisées, accostées de demi-cercles concentriques et de deux svastikas; sous le bec une guirlande de feuillages incisés. Le fond de la base est plat.

Poterie façonnée à la main. Terre de *bucchero nero*, bien travaillée. Enduit noir assez lustré, qui garde un aspect brun en plusieurs endroits. Les ornements incisés du goulot ont été remplis d'une couleur rouge vermillon en partie disparue. Toute la partie supérieure de l'anse, depuis la triple fourche, et un morceau de la base sont restaurés. Haut. avec l'anse, 0,36.
(Inv. Campana 3160.) Pas de provenance connue, sans doute l'Étrurie.
Publié dans notre pl. 24.

C 349. Coupe sans anses, sur pied largement évasé à la base. — La panse est ornée d'une zone de six palmettes, en éventail développé, incisées à la roulette dentelée, de quatre cercles incisés et d'une zone inférieure de douze palmettes en éventail fermé et couché. La base de la panse est hérissée de denticules saillants. Un tore saillant en haut du pied qui est creux en dessous.

Terre de *bucchero nero* bien fumigée. Enduit noir peu lustré. Deux morceaux de la base manquent. Haut. 0,15. Diam. 0,15.
(Inv. Campana 2783.) Pas de provenance connue, sans doute l'Étrurie.
Publié dans notre pl. 24.

C 357. Grande coupe à hautes anses verticales. — Chaque côté de la panse est orné d'une rangée de neuf palmettes en éventail couché, incisées à la roulette dentelée, et en dessous d'une rangée de six palmettes en éventail développé, incisées de même. A la base de la panse un cercle saillant dentelé. Sur le plat intérieur de chaque anse, près du point d'attache au rebord, deux rangées superposées de palmettes en éventail fermé, faites d'incisions ponctuées. Les anses sont reliées à la panse par des petits tenons. Le dessous du pied est creux.

> Terre de *bucchero nero*, bien fumigée. Enduit noir lustré. Le pied, détaché, a été recollé. Belle pièce de dimensions peu ordinaires. Haut. avec les anses 0,375 à gauche et 0,385 à droite (affaissement produit pendant la cuisson). Diam. 0,31.
> (Fonds Campana, sans numéro.) Pas de provenance connue, sans doute l'Étrurie.
> Publié dans notre pl. 24; en vignette dans l'*Hist. des Romains* de Duruy, I, p. 235.

C 500. Grande coupe à une anse plate et à deux boutons saillants sur le rebord. — Sur le plat du rebord un zigzag incisé. Sur le haut et sur le bas de la panse un zigzag incisé et quelques cercles saillants ; au centre un cercle incisé. Sur le pied un large anneau saillant au centre et, sur la base, un zigzag incisé. Sur le plat de l'anse, entre les deux boutons saillants, un triangle incisé dans un encadrement de lignes incisées. L'anse est rattachée à la panse par un court tenon. Le dessous du pied est creux.

> Terre de *bucchero nero* bien fumigée. Enduit noir lustré. L'anse et le pied brisés ont été recollés. Un morceau du rebord est restauré. Haut. avec l'anse, 0,28. Diam. 0,22.
> (Inv. Campana 3145.) Pas de provenance connue, sans doute l'Étrurie.
> Publié dans notre pl. 24.

C 502. Haut cylindre creux. — La pièce est complète et n'est pas un goulot détaché de quelque grand vase. Elle est percée sur la panse de plusieurs petits trous, irrégulièrement disposés. La destination pratique de cet ustensile ne m'est pas connue. La panse est divisée en trois zones par quatre cercles saillants dentelés. Dans chaque zone une série de palmettes en éventail, soit fermé, soit développé, exécutées à la roulette dentelée. Le haut et le bas de la panse portent une série de cercles fins incisés.

> Terre de *bucchero nero* bien fumigée. Enduit noir lustré à l'extérieur. Haut. 0,30. Diam. 0,21.
> (Inv. Campana 3125.) Pas de provenance connue, sans doute l'Étrurie.
> Publié dans notre pl. 24.

C 546. Cratère ovoïde à deux anses et à couvercle. — De chaque côté de la panse, dans une sorte de métope limitée en haut par une bande d'arêtes estampées en creux, en bas par une triple rangée d'arêtes semblables et une bande de petits zigzags, est estampé en creux un quadrupède tourné à droite, à la crinière droite, au corps extraordinairement allongé et maigre (un cheval probablement), entre les pattes duquel sont incisés deux ou trois autres petits quadrupèdes analogues qui représentent sans doute les petits de l'animal. — En haut de la panse deux cercles dentelés ; au-dessus de chaque anse une bande de petits zigzags entre deux bandes d'arêtes en creux. Tout le reste du vase est occupé par des cannelures qui vont en montant vers le bas de la panse. — Le couvercle décoré de cercles incisés, avec un gros bouton pareillement orné et percé de sept trous, dans la cavité duquel sonne un morceau d'argile ou une pierre qu'on y a insérée à dessein, n'appartient peut-être pas à ce vase.

> Terre de *bucchero* fumigé. Enduit noir un peu lustré. Travail soigné, quoique barbare de style. Haut. sans le couvercle, 0,36.
> (Inv. Campana 3060.) Trouvé à Clusium (Chiusi), en Étrurie.
> Publié dans notre pl. 24.

C 551. Amphore à deux anses plates et à panse sphérique. — Sur la panse, de chaque côté, est incisé un oiseau marchant à droite, la tête retournée, perché sur un double enroulement horizontal : son plumage est indiqué par un picotis de points incisés. A droite et à gauche de l'oiseau deux rosaces faites de points incisés ; sous l'enroulement une roue à quatorze rais entourée d'un cercle de points. — Le reste de la panse est occupé par de grandes dents de loup dessinées au moyen de huit incisions parallèles. Entre les dents une rosace ponctuée. Sur les anses six traits verticaux obliques. Le fond du pied est plat.

> Terre de *bucchero nero*, bien travaillée. La fumigation de la terre est complétée par un enduit noir un peu lustré, appliqué au pinceau, comme on peut le voir dans l'embouchure qui a été incomplètement revêtue de l'enduit. Le dessous du pied est aussi sans enduit. Travail d'incisions soigné. Quelques éclats sont détachés de la panse. Haut. 0,27.
> (Inv. Campana 3093.) Trouvé à Véies, en Étrurie.
> Publié dans notre pl. 25. En vignette dans l'*Hist. des Romains* de Duruy, I, p. 235.

C 552. Amphore à quatre anses plates. — Sur la panse, entre deux cercles saillants dentelés, est incisée une zone d'animaux marchant à droite, un cygne aux ailes déployées, un sanglier, un cerf paissant, un lion(?), une lionne la tête de face ; dans le champ des petites croix et des rosaces incisées, composées d'un cercle avec une croix centrale. — Sur le bas de la panse un cercle saillant dentelé et deux cercles incisés. Sur le col quatre cercles saillants dentelés et un cercle incisé. Sur le plat de chaque anse, dont les bords sont dentelés, des croix incisées en forme d'X et deux petits crochets dans une métope. Le fond de la base plate et large est creux.

> Terre de *bucchero nero*, bien fumigée. Enduit noir lustré. Travail d'incisions peu net et assez gauche. Haut. 0,37.
> (Inv. Campana 600.) Pas de provenance connue, sans doute l'Étrurie.
> Publié dans notre pl. 25.

C 556. Vase à anse plate, en forme de gourde aplatie, munie d'un récipient à filtre et d'un goulot vertical à bec trilobé. — On introduisait le liquide dans l'intérieur par une ouverture en fer à cheval munie d'un filtre percé de quatre-vingt-huit trous et l'on versait par le bec trilobé, en inclinant le vase tenu par l'anse. — Sur le dessus de la panse est incisée, de chaque côté, une lionne ou panthère à peau tachetée, la tête de face ; entre les deux, trois raies incisées réunissent le goulot et le récipient à filtre. En dessous sont incisées deux zones de personnages : 1° allant à gauche, un éphèbe cavalier, un cerf, un sphinx à ailes recourbées, une panthère tachetée à tête de face, un lion avec une aile courbe sur le dos, tirant la langue, deux taureaux affrontés et un sphinx accroupi, tourné à droite ; 2° allant à droite, deux chiens courant, un oiseau aux ailes déployées, un griffon avec une aile recourbée, une lionne retournant la tête. — En haut du goulot trois cercles saillants ; deux pointes saillantes à droite et à gauche de l'attache supérieure de l'anse. Le dessous du pied est légèrement creux.

> Terre de *bucchero nero* bien fumigée. Enduit noir lustré. Travail d'incisions assez soigné. Haut. avec l'anse, 0,28.
> (Inv. Campana 3057.) Pas de provenance connue, sans doute l'Étrurie.
> Publié dans notre pl. 25.

C 558. Œnochoé à anse trifide et à bec trilobé. — Sur l'épaule sont incisés, allant à gauche, un griffon avec une aile courbe dressée et une aile ordinaire abaissée, un cheval au corps démesurément allongé, un serpent au corps couvert d'écailles, avec une langue fourchue sortant de sa bouche. Sur la panse sont incisés, allant à gauche, un cheval analogue au précédent, un griffon tirant la langue, avec une aile courbe dressée, un cerf paissant, un bouquetin. — Cette dernière zone est encadrée entre deux cercles saillants denticulés. Près de la base arêtes rayonnantes en triple incision. A la base du col un tore saillant ; deux cercles incisés sous le rebord. L'anse s'attache à la panse par une partie plus large. Le dessous de la base est légèrement creux.

> Terre de *bucchero nero* bien fumigée. Lustre noir brillant à l'extérieur et dans l'embouchure. Travail d'incisions assez soigné. Haut. avec l'anse, 0,28.
> (Inv. Campana 3130.) Sans provenance connue, sans doute l'Étrurie.
> Publié dans notre pl. 25.

C 561. Petit cratère sans anses, sur un pied court. — Sur la panse, une zone incisée : un chasseur barbu, vêtu d'une tunique courte quadrillée et ponctuée, tourné à gauche, agenouillé, tient des deux mains une hachette dont il s'apprête sans doute à décharger un coup sur la tête d'un cerf paissant qui lui fait vis-à-vis ; derrière le cerf et devant lui, en arrière-plan, un arbrisseau feuillu, derrière lequel le chasseur est censé s'être placé en embuscade. Derrière le chasseur, un cerf, la patte droite de devant levée, est mordu au cou par un fauve grimpé sur son dos. Une palmette forme le centre de ce côté du vase. A droite de la palmette un lion marchant à droite, la langue tirée ; un oiseau d'eau à long bec est posé sur son dos. — En haut de cette composition une zone incisée de dents de loup rayées, alternant avec de plus petites ; en bas un cercle saillant. Près de la base, des arêtes rayonnantes incisées. Le dessous du pied est creux. Dans l'embouchure quelques cercles en saillie.

> Terre de *bucchero nero* bien fumigée. Enduit noir lustré. Travail d'incisions assez soigné. Haut. 0,25. Diam. 0,17.
> (Inv. Campana 3088.) Pas de provenance connue, sans doute l'Étrurie.
> Publié dans notre pl. 25.

C 563. Œnochoé à bec trilobé, muni de deux boutons saillants sur le rebord, et à anse trifide. — La panse est décorée d'une zone incisée ; cavalier à pied, marchant à gauche en arrière-plan et conduisant un cheval par la bride, le fouet en main, grande tête de Gorgone barbue, de face, tirant la langue, lionne marchant à gauche, la tête de face et dévorant un petit quadrupède dont l'arrière-train sort encore de sa gueule, sphinx à ailes recourbées et à queue terminée en tête de serpent dardant sa langue, biche levant la tête, lion dévorant un homme dont les jambes et le ventre sortent encore de sa gueule, griffon à aile recourbée et à queue en tête de serpent. Cette zone est comprise entre deux cercles saillants, incisés de traits obliques qui leur donnent l'aspect de liens. — Sur l'épaule un cercle semblable sépare deux zones de traits obliques tracés dans l'argile molle. Près de la base, zone de traits incisés verticaux. Le dessous est légèrement creux. Les trois parties de l'anse trifide sont aussi hachées de traits obliques qui imitent la corde ou la vannerie. Dans l'intérieur de l'embouchure, au-dessous de l'attache de l'anse, rangée de palmettes en éventail par incisions ponctuées.

> Terre de *bucchero nero*, bien fumigée. Lustre noir brillant. Travail d'incisions assez soigné. Le bord du bec est un peu effrité, un des boutons saillants endommagé. Haut. 0,26.
> (Inv. Campana 3121.) Provenance exacte inconnue, sans doute l'Étrurie.
> Publié (face et revers) dans notre pl. 25.

C 566. Amphore à deux anses plates et ornées de reliefs. — Sur la panse, entre deux zones de godrons incisés et deux cercles saillants dentelés, est incisée une zone d'animaux allant à gauche, un cerf paissant, un lion la langue tirée, un cerf paissant, une lionne la tête de face. — Sur le col huit palmettes en éventail couché, tracées à la roulette dentelée. Près de la base trois cercles et des arêtes rayonnantes incisées. Le fond du pied est légèrement creux. — Sur le plat de chaque anse sont estampés en relief, dans deux métopes superposées, deux griffons marchant à gauche.

> Terre de *bucchero nero*, bien travaillée et fumigée. Engobe noir lustré. Travail d'incisions assez soigné. Haut. 0,32.
> (Inv. Campana 599). Pas de provenance connue, sans doute l'Étrurie.
> Publié dans notre pl. 26.

C 567. Amphore à anses plates recourbées. — Sur la panse, entre deux cercles saillants et dentelés, sont incisés d'un côté deux panthères affrontées, réunies sous une seule tête commune regardant de face, de l'autre deux lions affrontés. — En haut et en bas de la panse une zone de godrons incisés. Sur chaque anse sont superposés trois ou quatre ornements saillants estampés, qui paraissent imiter des caractères d'écriture (?).

> Terre de *bucchero*. Lustre noir. Travail d'incisions et d'estampages assez soigné. Haut. 0,33.
> (Inv. Campana 592.) Sans provenance connue, sans doute l'Étrurie.
> Publié dans notre pl. 26.

C 589. Petite coupe sans anses. — Le haut de la panse est orné d'une bande de personnages estampés au cylindre roulant. Le motif complet, répété quatre fois sur le pourtour, comprend, allant à droite, un homme assis sur un siège, une chimère, un cavalier, un homme marchant et tenant de la main droite un rhyton ou kéras (vase à boire), de la main gauche un bâton ou une arme. Le reste de la panse est décoré de huit cercles saillants. Le dessous du pied est creux.

> Terre de *bucchero nero* bien fumigée. Enduit noir peu lustré. Travail d'estampage sommaire, sans aucune incision. Un morceau du rebord et un large morceau de la zone estampée sont brisés. Haut. 0,09. Diam. 0,10.
> (Inv. Campana 3167.) Pas de provenance connue, sans doute l'Étrurie.
> Publié dans notre pl. 26.

C 590. Petit pithos sans anses, sur pied rond. — Sur l'épaule une zone estampée a été placée à l'envers par inadvertance de l'ouvrier ; les animaux ont la tête en bas. Le décor se compose du motif suivant, répété d'une façon continue : griffon ailé marchant, devant lui plante en volute sortant du sol, bouquetin paissant, cerf paissant, sanglier paissant, tous tournés à droite. Cette zone est placée sur un large tore un peu saillant. La panse est occupée par une grande zone de cannelures verticales. Dans l'embouchure plusieurs cercles incisés. Le dessous du pied est creux.

> Terre lourde de *bucchero nero*, bien enduite de noir un peu lustré, mais incomplètement fumigée. Estampages en reliefs peu saillants. Le pied est en partie brisé ; un trou dans la panse. Haut. 0,38.
> (Inv. Campana 2588.) Trouvé à Caeré, en Étrurie, et entré au Musée en 1863.
> Publié par J. Martha, *l'Art étrusque*, p. 459, fig. 298 (vue d'ensemble).

C 612. Amphore à deux anses plates recourbées et ornées de reliefs. — La panse ne porte pour décoration que deux tores saillants. Sur le plat de chaque anse est estampée au cylindre une bande de trois animaux en relief, encadrés par un lacis : deux lions marchant à la file et une lionne tête de face ; devant elle une rosace (?) dans le champ.

> Terre de *bucchero nero* bien fumigée. Enduit noir brillant. Estampages en reliefs saillants.
> (Inv. Campana 601.) Même provenance. Haut. 0,33.
> Vue d'ensemble publiée par J. Martha, *l'Art étrusque*, p. 464, fig. 301, en haut.

C 627. Coupe à pied haut et sans anses. — Forme de calice. Le rebord saillant placé dans l'embouchure indique la place d'un couvercle qui manque. La panse est ornée, en relief, de quatre petites métopes carrées, alternant avec quatre grosses rosaces à dix-huit pétales. Dans deux métopes un buste de femme aux tresses de cheveux pendantes, les mains jointes sur les seins ; dans les deux autres une tête de guerrier casqué vu de profil droit. — En haut deux cercles saillants et ponctués de petits trous qui leur donnent une apparence de cordelettes serrées autour du vase ; en bas trois cercles du même genre et une rangée de denticules. — La colonnette centrale du pied est ornée en haut et en bas de deux cercles imitant une cordelette, au centre de trois figures de femmes drapées, munies d'ailes recourbées, vues de face, joignant les mains sur leur poitrine et formant caryatides. Sur la base même quatre bustes de femmes aux tresses de cheveux pendantes. Le dessous du pied est creux.

> Terre de *bucchero nero* bien fumigée. Enduit noir lustré. Le pied est brisé et recollé ; deux fragments manquent, dont un buste de femme en relief. Haut. 0,185. Diam. 0,14.
> (Inv. Campana, 3092.) Sans provenance connue, sans doute l'Étrurie.
> Publié dans notre pl. 26.

C 635. Œnochoé à bec trilobé et à anse plate, ornée de deux boutons saillants. — Sur l'épaule, en reliefs estampés, une zone de six chiens courant dont chacun saisit un lièvre renversé sur le dos. Sur la panse, une zone estampée de trois têtes de lions rugissant et de quatre têtes de chevaux. — Entre les deux zones un tore plat muni de six têtes de clous saillants et de postes incisées. Sur le col, deux zones de zigzags entre des cercles saillants. Près de la base et sur le pied des cercles saillants. — Sur le bouton de l'anse une tête estampée de Gorgone tirant la langue. Sur le plat de l'anse est modelé, couché, les pattes en haut et suspendues à une sorte de corde, un quadrupède (chien?) dont les pattes de derrière se confondent avec le bas de l'anse. Le dessous du pied est creux.

> Terre de *bucchero nero* bien fumigée. Enduit noir lustré. Travail rapide d'incisions sur les reliefs estampés. Un des boutons de l'anse est brisé. Haut. avec l'anse, 0,35.
> (Inv. Campana 3150.) Pas de provenance connue, sans doute l'Étrurie.
> Publié dans notre pl. 26.

C 639. Œnochoé à bec trilobé et à anse ronde. — La panse est décorée de groupes estampés en relief. Deux personnages drapés sont couchés, tournés à gauche, sur un lit de banquet à pieds découpés ; l'un porte la main droite à sa tête, l'autre avance la main droite comme s'il parlait et tient de la main gauche une coupe. Devant eux, à gauche, un joueur de flûte drapé leur fait vis-à-vis. Devant le lit est posée une petite table quadrangulaire sur laquelle est posée une coupe entre deux plats ; sous la table est couché un chien, tourné à droite. Ce même groupe est répété quatre fois. Aucune ligne de terrain ne limite le champ en dessous. — Au-dessus une zone d'ornements saillants qui ont la forme de deux gros points réunis par une languette. Sur le col deux cercles saillants. L'attache supérieure de l'anse se termine en tête de veau ou de génisse, modelée en relief au-dessus de l'embouchure, entre deux boutons saillants. Le dessous du pied est légèrement creux.

> Terre de *bucchero nero* bien fumigée. Bel engobe noir lustré. Exécution soignée. Un morceau du bec a été recollé. Haut. 0,29.
> (Inv. Campana 3118.) Trouvé à Clusium (Chiusi), en Étrurie, et entré au Musée en 1863.
> Publié dans notre pl. 26. Exemplaire identique dans les *Monumenti inediti* de Micali, pl. 32, n° 3.

C 640. Œnochoé à bec trilobé et à anse plate surmontée de deux boutons saillants. — La panse est décorée du même motif répété sept fois et estampé en relief : homme barbu aux longs cheveux pendants, vu du profil gauche, tenant une lance de la main gauche et avançant la main droite ; le personnage est coupé aux cuisses. — Sur l'épaule une zone de godrons en relief entre deux zones de godrons incisés ; ces zones sont séparées par des cercles en relief. Zone de larges godrons à la base. — Le plat de l'anse est encadré d'une rainure profonde. Chaque bouton saillant porte une tête de cheval en relief estampé. Deux yeux sont incisés à droite et à gauche du bec. Le dessous de la base est légèrement creux et percé d'un trou rond qui peut être antique.

> La terre, très lourde, brune et friable, a été mal fumigée. C'est l'enduit noir lustré qui, étendu sur toute la surface extérieure et dans l'embouchure, donne à la pièce l'aspect ordinaire du *bucchero nero* (cf. C 643). Haut. 0,60.
> (Inv. Campana 3162.) Même provenance.
> Publié dans notre pl. 26 ; en vignette dans la *Céramique grecque* de Rayet et Collignon, p. 343, fig. 129.

C 641. Œnochoé à bec trilobé et à anse plate. — Sur la panse deux motifs, estampés en relief, alternent, répétés quatre fois chacun : un cavalier casqué (?), tenant une lance de la main gauche, tourné à droite ; en face de lui, tourné à gauche, un personnage à tête d'âne ou de bœuf dont on ne voit que le buste, levant la main gauche en l'air et appliquant la main droite sur sa poitrine (représentation apparentée ou dérivée de celle du Minotaure?) ; près de lui, à gauche, un oiseau volant.

Cette zone centrale est limitée en haut et en bas par un zigzag incisé entre deux cercles saillants. — L'épaule est décorée de larges godrons saillants. A la base du col deux cercles saillants et trois au centre. — Sur le plat de l'anse sont estampés en relief deux personnages se faisant vis-à-vis : à gauche un homme tenant de la main droite baissée une arme (?), à droite une femme, le voile sur la tête, levant la main droite et saisissant la main droite de l'homme (dérivé d'une représentation archaïque de Ménélas et Hélène?). Au-dessus d'eux, dans une métope, est estampé un sphinx aux ailes recourbées, tourné à droite, la tête de face. — L'attache supérieure de l'anse est surmontée d'une charnière saillante, imitant le métal ; au-dessous, dans l'intérieur de l'embouchure, est estampé un buste de femme ou d'éphèbe, tourné à droite, muni d'ailes recourbées, tenant de la main gauche une lance. L'attache inférieure de l'anse porte deux boutons saillants.

> Terre de *bucchero nero* bien fumigée. Enduit noir lustré. Le vase est recollé en un grand nombre de morceaux et beaucoup de parties sont restaurées. La plus grande partie du bec et la base entière sont refaites. Les estampages des reliefs sont maladroitement exécutés, sans netteté. Haut. 0,34.
> (Inv. Campana 3164.) Même provenance.
> Publié dans notre pl. 27.

C 642. Œnochoé à une anse plate et à couvercle. — Le devant du goulot est orné en relief d'un grand masque imberbe entre deux enroulements qui figurent des nattes de la chevelure ; les sourcils sont picotés de points incisés. Sur le rebord du goulot une série de petites métopes incisées, contenant des croix en X et des zigzags verticaux ; sous le masque un cercle incisé en zigzag. — Sur la panse deux zones séparées par des cercles saillants et par une zone de métopes incisées, pareilles aux précédentes. Dans la zone supérieure, en reliefs estampés, quatre lionnes couchées, la tête de face, alternent avec trois ornements en forme de pétales surmontés d'un croissant. Dans la zone inférieure quatre lionnes couchées la tête de face. Sur l'anse plate est modelé, couché, les pattes en haut, un animal (chien?) dont l'arrière-train se confond avec le bas de l'anse. Le rebord saillant en haut du goulot indique la place d'un couvercle. Le dessous du pied est creux.

> Terre de *bucchero nero*, bien fumigée. Enduit noir lustré. Travail rapide d'incisions sur les reliefs estampés. L'anse détachée a été recollée. Le couvercle qui vient de la collection Campana, avec un oiseau servant de bouton, bien qu'il s'adapte comme dimensions, n'a pas le même enduit noir et ne paraît pas être le couvercle véritable ; c'est pourquoi on l'a supprimé dans la planche. Haut. sans le couvercle, 0,31.
> (Inv. Campana 3035.) Pas de provenance connue, sans doute l'Étrurie.
> Publié dans notre pl. 27. En vignette dans l'*Hist. des Romains* de Duruy, I, p. 342.

C 643. Amphore à deux anses trifides et à rebord orné de masques, avec un couvercle surmonté d'un oiseau. — Sur la panse, le même relief, représentant un cavalier barbu, tenant les rênes de la main gauche et une arme de la main droite, est répété sept fois. Sur le pourtour du rebord quatre masques de femmes, aux cheveux symétriquement pendants, sont posés verticalement. — Trois cercles saillants sur le centre et deux à la base du col. Sur l'épaule, double rangée de godrons saillants. Quatre cercles saillants en haut et trois en bas de la zone principale sur la panse. Le dessous du pied est légèrement creux. — Le couvercle porte trois protomes de sphinx (la tête et l'aile recourbée sans le corps) estampés en relief ; trois oves saillants à la base du bouton ; des denticules incisés sur le rebord, des traits parallèles obliques tracés en pointillé sur le bouton.

> Le couvercle est en terre de *bucchero nero* bien fumigée. Il est possible qu'il n'appartienne pas au vase qui est en terre brune, friable, lourde, mal fumigée. C'est l'enduit noir lustré qui donne à cette partie l'aspect de *bucchero nero*. Le vase a été brisé en plusieurs morceaux et recollé de façon à dissimuler toutes les cassures ; aussi peut-il y avoir d'assez nombreuses parties restaurées, tant comme décor plastique que comme enduit noir. Haut. 0,59.

(Inv. Campana 3153 et 3154.) Trouvé à Clusium (Chiusi), en Étrurie,
et entré au Musée en 1863.
Publié dans notre pl. 27.

C 649. Coupe à une anse (cyathos), à panse ornée de masques. — Cinq masques imberbes, à courts cheveux pendants de chaque côté, font le tour de la panse en ronde bosse très saillante ; le travail au repoussé est visible à l'intérieur de la coupe. — Le plat intérieur de l'anse, découpé en feuille à cinq pointes, porte deux sujets superposés et estampés avec un relief beaucoup plus faible : en haut un masque de Gorgone aux cheveux courts pendants, tirant la langue ; en dessous une femme ailée vue de face, ayant des ailes recourbées, drapée et pressant les deux mains jointes sur sa poitrine. Le revers de l'anse est muni d'une saillie mince centrale, en lame de couteau. Le dessous du pied est creux.

Terre mince de *bucchero nero*, bien fumigée. Engobe noir lustré. Le vase, brisé en plusieurs morceaux, a été recollé. Haut. avec l'anse, 0,23. Diam. 0,15.
(Fonds Campana, sans numéro d'inv.) Pas de provenance connue, sans doute l'Étrurie.
Publié dans notre pl. 27.

C 650. Grand cyathos, à une anse haute et droite, orné de masques féminins. — Le pourtour de la panse est décoré de cinq têtes de femmes, se détachant en ronde bosse ; les cheveux sont indiqués par des zigzags incisés et huit traits crochus rayonnant autour de la tête. Le rebord, décoré d'un zigzag circulaire entre deux cercles, porte cinq pointes saillantes et deux appliques en forme de crochets qui attestent l'imitation céramique d'un objet de métal. — Le plat intérieur de l'anse est orné de deux masques féminins superposés et dominés par une pointe saillante ; mêmes traits incisés enroulés autour des masques qui sont séparés par deux métopes incisées, contenant des croix en X cantonnées de crochets. Un zigzag entre deux traits incisés forme encadrement tout autour de cette partie de l'anse. Le plat extérieur, divisé par une saillie mince en lame de couteau, porte une décoration incisée analogue, en métopes contenant des croix ; la métope inférieure contient quatre tiges feuillues verticales ayant des enroulements à la base. Les anses sont reliées à la panse par des petits tenons. Le dessous du pied est légèrement creux.

Terre de *bucchero nero*, bien fumigée. Enduit noir brillant. L'anse brisée a été recollée et restaurée aux attaches. Le bouton supérieur de l'anse et un bouton saillant du rebord sont brisés. Un morceau de la base est restauré. Le rebord est ébréché. Belle pièce de dimensions peu communes. Haut. avec l'anse 0,40. Diam. 0,28.
(Inv. Campana 3165.) Pas de provenance connue, sans doute l'Étrurie.
Publié dans notre pl. 27.

C 651. Grand réchaud à braise (brasero), muni de deux anses rondes et orné de masques en relief. — Ustensile imité du métal. Il a la forme d'une caisse quadrangulaire, portée par six petits pieds en griffes de lion, ouverte en avant par une sorte de brèche semi-circulaire. De chaque côté de cette ouverture un masque d'homme imberbe, coiffé de deux volutes. Aux quatre angles, en acrotères, un masque de femme aux longues tresses pendantes ; sur les deux petits côtés et sur le fond une palmette en antéfixe. Entre les pieds, saillies cylindriques indiquant la place des rivets de métal.

Terre de *bucchero nero*, bien fumigée. Enduit noir peu lustré. Recollé en plusieurs morceaux. Haut. 0,28. Larg. 0,55.
(Fonds Campana, sans n° d'inv.) Trouvé à Clusium (Chiusi), en Étrurie, et entré au Musée en 1863.
Vue d'ensemble publiée par J. Martha, *l'Art étrusque*, p. 477, fig. 322.

C 657. Coupe sans anses, portée par deux caryatides et deux supports plats, avec un piton central en dessous. — L'aspect général est celui d'un petit réchaud à quatre pieds, le piton central à petits tores saillants représentant la place du feu, de la *cera* qui servait à échauffer le liquide. La coupe elle-même est munie d'un omphalos saillant à l'intérieur et entouré de godrons saillants qui rayonnent. Sur la panse extérieure une zone de neuf petites palmettes en éventail ouvert, incisées à la roulette ; en dessous trois cercles incisés ; petits denticules sur le rebord inférieur. — Les deux caryatides sont modelées en *xoanon*, le corps plat, les deux bras pendants, le cou très long, les yeux indiqués par deux boulettes saillantes, la bouche par un trou, les cheveux pendants incisés. Sur le bas du corps on a incisé, pour figurer une étoffe, ici une palmette couchée et une bande quadrillée, là une seule bande quadrillée. Les deux supports plats portent le même motif estampé en relief : deux lions et une lionne la tête de face, allant à droite. Le dessous de la base est creux et percé de quatre ouvertures triangulaires.

Terre de *bucchero nero*, bien fumigée. Enduit noir peu lustré. Un morceau du rebord manque. Haut. 0,19. Diam. 0,17.
(Inv. Campana 3028.) Pas de provenance connue, sans doute l'Étrurie.
Publié dans notre pl. 27.

C 659. Vase analogue. — Même décor plastique que dans C 664, sauf que les deux caryatides n'ont pas d'ailes. Sur la panse extérieure est incisé un décor semblable à celui de C 657. — L'intérieur de la coupe n'a ni omphalos ni godrons ; mais le dessous est décoré de godrons saillants et rayonnants.

Même technique que C. 664 et même remarque pour les deux supports plats, le piton central et toute la base qui sont refaits. Haut. 0,16. Diam. 0,16.
(Inv. Campana 3043.) Trouvé à Caeré (Cervetri), en Étrurie.
Publié dans notre pl. 27.

C 664. Vase analogue. — Deux des supports sont formés par deux figures de femmes drapées, munies d'ailes qui retombent du dessous des bras jusque sur le sol, les deux mains élevées soutenant sur leur tête l'attache supérieure du support qui touche au rebord inférieur de la coupe. Les deux autres supports ont la forme de bandes plates dans lesquelles on a estampé et découpé à l'emporte-pièce deux bandes superposées de trois métopes : les deux métopes du centre contiennent un ornement en palmette, les quatre autres un griffon (ou un chien ?), la patte droite levée, allant à gauche. — Sur la panse de la coupe sont incisés quatre oiseaux volant à droite, alternant avec trois ornements qui figurent géométriquement une tête et un long col d'oiseau, tourné à droite.

Même technique que C 657. Enduit noir lustré. La coupe a été brisée en plusieurs morceaux et recollée. Les deux supports plats avec métopes découpées sont tout entiers refaits et apparemment surmoulés sur un autre original de la collection Campana. Haut. 0,19. Diam. 0,17.
(Inv. Campana 3047.) Pas de provenance connue, sans doute l'Étrurie.
Publié dans notre pl. 28.

C 667. Vase analogue. — Deux des supports sont formés par deux figures de personnages drapés et portant un manteau, les pieds réunis, tenant de chaque main une mèche pendante de leur chevelure plutôt qu'un instrument. Les deux autres supports ont la forme d'une bande plate dans laquelle on a découpé ou estampé à l'emporte-pièce une grande figure de sphinx, aux ailes recourbées, tourné à droite et la tête vue de face. — Sur la panse de la coupe il n'y a que trois cercles incisés.

Même technique que C 657. Le haut du piton central touche le fond de la coupe. Haut. 0,185. Diam. 0,16.
(Inv. Campana, 3038). Trouvé à Caeré (Cervetri), en Étrurie.
Publié dans notre pl. 28. Cf. Brongniart, *Traité des Arts Céramiq.*, pl. 20, n° 1 de l'*Atlas*.

C 709. Cyathos à anse bifide, à couvercle et à panse en forme de tête humaine. — Sur le devant de la panse on a modelé, par un procédé qui rappelle les vases d'Hissarlik, deux gros yeux saillants surmontés d'une énorme paire de sourcils, un nez, une bouche, un menton et deux oreilles. Le couvercle porte une zone estampée en relief de quatre oiseaux passant, sommairement figurés ; le bouton est formé par un oiseau modelé en ronde bosse.

Terre de *bucchero nero* bien fumigée. Enduit noir lustré. Aucun travail d'incisions. Le couvercle est endommagé, le bouton détaché et rajusté par une attache métallique. Il n'est d'ailleurs pas du tout certain que ce couvercle appartienne au vase; le lustre en est moins noir. Haut. 0,10. Diam. 0,095.
(Inv. Campana 3169.) Pas de provenance connue, sans doute l'Étrurie.
Publié dans notre pl. 28.

C 710. Cyathos à une anse, orné sur la panse d'une tête de taureau en relief. — La tête de taureau est sommairement modelée, sans indication d'aucun détail intérieur. Il faut comparer les vases chypriotes où la tête d'animal sert de déversoir (A 181). A la base du col trois cercles fins en saillie.

Terre de *bucchero nero* bien fumigée. Enduit noir terne. Un trou dans la panse; le rebord est ébréché. Haut. 0,11. Diam. 0,09.
(Inv. Campana 2250.) Sans provenance connue, sans doute l'Étrurie.
Publié dans notre pl. 28.

C 713. Grand réchaud composé d'un support en forme de deux troncs de cône opposés, réunis par une sphère entourée de petites colonnettes, et d'un pithos orné de têtes d'animaux en relief. — L'imitation d'un ustensile de métal est évidente. Dans la vasque supérieure le petit pithos représente le chaudron de métal; on allumait sous le cône inférieur du feu qu'avivaient les courants d'air passant par les fentes oblongues et étoilées ménagées dans cette partie du support, et le reste faisait office de cheminée pour amener la chaleur jusque sous le chaudron. Dans le pithos, orné sur la panse de demi-cercles en saillie et de quatre boutons formant poignées, les deux têtes de béliers représentent les anses par lesquelles on prenait le vase; les deux têtes de lions, la gueule ouverte, communiquant par un trou avec la cavité intérieure, représentent les becs par où se déversait le liquide.

Terre rougeâtre épaisse, analogue à celle des grands plats et jarres de Caeré, non fumigée et enduite de noir sur toute la surface extérieure, de façon à lui donner l'aspect du *bucchero nero*. Du reste la pièce a subi de nombreux repeints modernes et il est difficile de dire quel en était exactement l'aspect primitif. Haut. du support 0,69. Haut. du pithos 0,38. Haut. totale l'un dans l'autre 0,97.
(Inv. Campana 2982.) Trouvé à Caeré, en Étrurie.
Vue d'ensemble publiée par J. Martha, *l'Art étrusque*, p. 464, fig. 301, à gauche.

C 714. Grand support servant de réchaud. — Ustensile analogue au précédent. Il est plus haut; les deux troncs de cône opposés sont réunis par deux sphères striées et entourées de tenons à deux cornes; ouvertures étoilées dans la partie inférieure qui est ornée de stries, ainsi que la vasque supérieure. Le pithos du haut manque.

Même technique. Les repeints sont moins nombreux. Haut. 1,02.
(Fonds Campana, sans n° d'inv.) Même provenance.
Vue d'ensemble publiée par J. Martha, *l'Art étrusque*, p. 464, fig. 301, à droite.

C 715. Grand cratère à quatre poignées ou déversoirs en têtes de griffons. — Même imitation des formes métalliques. Chaque tête de griffon, creuse et la gueule ouverte, communique avec la cavité intérieure, de sorte qu'elle peut servir de bec en même temps que de poignée. Le chaudron ne porte aucune décoration.

Même technique que les deux précédents. Les têtes de griffons sont recollées. Le couvercle qu'on a placé par dessus ne doit pas appartenir à cette pièce; il est en terre de *bucchero nero* bien fumigée, à surface lustrée et orné d'incisions, de palmettes en éventail qui en

font un objet de tout autre style. Haut. sans le couvercle 0,59.
(Inv. Campana 3071.) Même provenance.
Vue d'ensemble publiée par J. Martha, *l'Art étrusque*, p. 464, fig. 301, au centre.

C 718. Vase à bec d'œnochoé, en forme de poisson et décoré sur le devant d'un masque barbu. — Le corps du poisson, dont les trois nageoires dressées forment un pied qui assure l'équilibre, est cerclé de larges lamelles qui imitent une armature de métal garnie par devant d'une couronne de onze pointes. Le masque barbu est coiffé d'un bonnet conique avec deux pointes inférieures qui se relèvent de chaque côté; les sourcils et la barbe sont incisés. — A la base du goulot trois cercles saillants. Le bec trilobé est muni de deux boutons saillants en forme d'oreillettes; chacun d'eux porte, estampée, une tête de Gorgone tirant la langue. Sur l'anse plate est modelée en relief une figure mal conservée de femme (?) debout, vue de face, les deux mains à la ceinture (?).

Terre de *bucchero nero* bien fumigée. Enduit noir lustré. Quelques parties restaurées, les nageoires refaites. Haut. 0,28. Long. 0,35.
(Inv. Campana 3140.) Sans provenance exacte, sans doute l'Étrurie.
Publié dans notre pl. 28.

C 719. Vase en forme de jambe, ornée d'un masque d'homme barbu. — Le vase tout entier est modelé en forme de jambe fléchie, le genou reposant en terre sur deux pointes qui assurent l'équilibre, le haut de la cuisse formant le goulot. Par une combinaison baroque dont l'art étrusque offre de fréquents exemples, le haut de cette jambe est orné en relief, sur le devant, d'un grand masque d'homme barbu; les sourcils, les prunelles, la barbe sont incisés. Deux grandes oreilles et deux enroulements saillants, partant des cheveux, complètent à droite et à gauche la physionomie hybride du personnage; deux autres enroulements partent de la barbe et descendent jusque vers le genou de la jambe. — Près de l'embouchure une zone de godrons incisés; en dessous, deux cercles de zigzags incisés entre deux cercles saillants. Des zigzags incisés ornent encore la jambe près du genou et près de la cheville.

Terre de *bucchero nero* bien fumigée. Enduit noir lustré. Le vase, brisé en nombreux fragments, a été recollé et restauré. Tout le pied jusqu'à la cheville est refait. Un morceau du rebord manque. Haut. 0,24.
(Inv. Campana 3111.) Pas de provenance connue, sans doute l'Étrurie.
Publié dans notre pl. 28.

C 722. Vase cinéraire ou canope à deux anses verticales, avec couvercle en forme de tête d'homme barbu. — Le vase, destiné à contenir les cendres du mort, ne porte aucune décoration; le fond est plat. La tête qui représente le défunt est entièrement creuse et munie d'un trou d'évent au sommet. Le modelé sommaire, mais vigoureux et franc, reproduit les traits de la sculpture archaïque grecque du vi[e] et du commencement du ve siècle. Les yeux incisés en amande présentent une dépression centrale qui fait la pupille; la barbe est incisée, les cheveux massés en bouclettes saillantes sur le front très bas; les oreilles plates sans détail intérieur. Par derrière la chevelure courte retombe en boucles sur le cou.

La terre, brune et friable, a été mal fumigée et c'est l'enduit noir lustré qui, étendu sur toute la surface, donne à la pièce l'aspect ordinaire du *bucchero nero*. Haut. 0,48.
(Inv. Campana 3136 et 3137.) Sans provenance connue, sans doute l'Étrurie.
Publié dans notre pl. 28.

SALLE D

VASES ARCHAÏQUES D'ITALIE

D 1. Vase à étrier et à bec vertical. — L'épaule est décorée de courbes concentriques formant des lacis à hachures parallèles. Dans l'intérieur de quelques-unes de ces courbes ont été insérés des losanges, des dents de loup. Sur le reste de la panse des cercles fins et des bandes larges. Sur le sommet du piton central des cercles concentriques. Les anses sont peintes en noir, sauf un petit triangle réservé en haut. Cercles aux attaches du piton central et du goulot. Le dessous de la base est presque plat avec un cercle incisé. Produit de céramique mycénienne (cf. *Égypte 1*, A 88, A 89).

> Terre jaunâtre, bien cuite. Engobe clair. Peinture en noir lustré, presque partout tourné au rouge brun. La panse fendue a été recollée ; un morceau manque. Les rebords du goulot, du piton central et de la base sont effrités. Haut. 0,12.
> (Inv. MNC 321.) Trouvé à San Cosimo, près d'Oria (Terre d'Otrante) et rapporté par F. Lenormant en 1882.
> Publié dans notre pl. 29.

D 5. Œnochoé à anse mince et ronde, à long bec dressé verticalement. — Le bec et l'épaule sont ornés de demi-cercles concentriques. La panse porte sept bandes noires verticales suspendues à un cercle. Cercle autour de l'attache de l'anse. Le dessous de la base est plat. Un angle a été tracé en incisions profondes dans l'argile encore molle sur le devant du goulot. (Cf. les produits de Santorin, A 262, A 263.)

> Terre blanchâtre. Engobe blanc devenu gris. Peinture en noir mat, tournant au rouge brun. Le haut du bec est effrité. Haut. 0,26.
> (Inv. N 3111 et LP 293.) Sans provenance connue ; entré au Musée sous le règne de Louis-Philippe.
> Publié dans notre pl. 29.

D 18. Amphore à deux anses plates et coudées. — L'épaule porte, d'un côté, un groupe de bâtonnets verticaux et deux groupes de demi-cercles concentriques ; de l'autre côté, trois groupes de demi-cercles concentriques. Sur le plat du rebord six groupes de bâtonnets verticaux traversés par un cercle. Dans l'intérieur de l'embouchure une large bande noire. Sur le bas de la panse, large bande et cercles. Les anses sont barbouillées de noir. Le dessous de la base est presque plat.

> Terre rougeâtre, pailletée de mica. Peinture en noir, souvent tourné au brun rougeâtre un peu lustré. Les ornements de l'épaule paraissent faits d'un noir différent, mat. Haut. 0,28.
> (Inv. Campana 3054.) Trouvé à Caeré, en Étrurie, et entré au Musée en 1863.
> Publié dans notre pl. 29.

D 20. Cratère à deux anses verticales, à large embouchure évasée et à oreillettes en tête d'animal. — La panse est ornée de cinq cercles noirs et de deux rouges. Chaque oreillette a la forme d'une tête de chat ou de félin, aux oreilles droites, au nez relevé ; toute la tête peinte en rouge ; les yeux réservés en clair avec deux cercles noirs concentriques pour indiquer la prunelle ; à la hauteur de la bouche absente une large bande noire entre deux bandes claires réservées. Un demi-cercle rouge et un demi-cercle noir forment collier autour de l'attache de cette oreillette à la panse ; à droite et à gauche, un lacis ondulé entre six traits noirs fins dans une métope réservée en clair. — Sur chaque anse un demi-cercle noir hérissé de denticules ; sous chaque anse trois traits verticaux noirs. Près de la base, quatre grands A (dont un a la forme archaïque Λ) sont rangés circulairement. Dans le

large col formant embouchure, un cercle rouge et un cercle noir ; au-dessus, quatre larges demi-cercles noirs, surmontés chacun de trois demi-cercles fins. Le dessous de la base est plat.

> Terre rosée. Engobe blanc sali. Peinture en noir mat et en rouge vineux. Une large partie du rebord est brisée. Haut. 0,18. Diam. 0,22.
> (Inv. N 3108 et LL 443.) Provenance exacte inconnue ; entré au Musée sous le règne de Louis XVIII.
> Publié dans notre pl. 29.

D 23. Vase à trois pieds humains, à anse plate surmontée d'un écusson et à déversoir latéral muni d'un filtre. — On a imité sommairement la forme humaine en coudant le bas de chaque pied et en traçant sur la partie plate cinq incisions qui représentent les doigts. Chaque pied porte quatre raies noires verticales et des petits bâtonnets horizontaux sur les côtés. — Sur la panse une bande étroite et longue porte une croix noire et des lignes pointillées entre six carrés alternativement rouges et noirs : en dessous, des cercles noirs traversés par trois groupes de bâtonnets verticaux et un cercle rouge. Sous la panse, entre les pieds, une croix noire à six pointes au centre d'un cercle noir. — Sur le col une métope longue contient un zigzag rouge entre des bâtonnets et des bandes verticales, tantôt noires, tantôt rouges. Sur le plat de l'anse un cadre rectangulaire noir avec deux bandes horizontales noires au centre. Sur l'écusson qui surmonte l'anse, des carrés inscrits l'un dans l'autre, ou juxtaposés alternativement rouges et noirs ; au-dessus une petite grecque rouge. L'écusson est percé de trois trous de suspension. Le pourtour de l'embouchure porte un large cercle rouge. Le déversoir avec son filtre à cinq trous est peint en rouge.

> Terre jaunâtre. Pas d'engobe visible. Peinture en noir mat et en rouge vermillon. Un des pieds a le bout endommagé. Haut. avec l'anse 0,19.
> (Inv. N 111 2631.) Provenance inconnue.
> Publié dans notre pl. 29.

D 30. Petite œnochoé à bouche ronde et à anse plate munie de deux boutons et de deux cornes saillantes. — La panse est divisée en trois bandes par des cercles noirs. Dans la bande supérieure ornements géométriques en bâtonnets verticaux, noirs et rouges, métope centrale avec bande de hachures verticales entre des raies rouges, carrés juxtaposés, etc. Dans la bande centrale, petites métopes contenant des cercles concentriques, des bâtonnets horizontaux, des damiers de carrés blancs ou pointillés, un ornement central composé de losanges pointillés juxtaposés. Dans la bande inférieure, métopes plus grandes contenant, au centre, dans un cadre de traits rouges et noirs, un damier de carrés blancs et pointillés, sur les côtés des petits cercles concentriques et des arêtes rayonnantes. Sur le fond un losange noir dont chaque côté est formé par une double ligne incurvée. — Sur le rebord des petits denticules noirs. Sur le plat de l'embouchure deux cercles noirs. Sur l'anse, dans la partie formant écusson, un motif central en damier à carrés blancs et pointillés entre des raies noires et rouges. Sur chaque bouton saillant des cercles noirs concentriques. Le haut des cornes est peint en noir et la pointe en rouge. Le revers plat de l'anse porte des raies verticales coupées au centre par quatre raies horizontales. Le dessous de la base est plat.

> Terre blanche. Pas d'engobe visible. Peinture en noir mat et en rouge vermillon. Fine exécution en traits déliés. Haut. 0,11.
> (Inv. Nııı 363a.) Provenance inconnue.
> Publié dans notre pl. 29.

D 32. Coffret cinéraire, monté sur quatre pieds, en forme de petite maison avec toit à double pente. — Ce récipient participe à la fois de la structure du coffret par ses faces pleines, décorées géométriquement de damiers noirs et blancs entre deux bandes de dents de loup noires ou de losanges noirs cantonnés de triangles rouges, et de l'architecture monumentale par le toit orné sur le rebord de denticules formant tuiles faîtières, aux quatre angles de têtes d'oiseaux et, sur le tranchant du toit, de têtes de béliers et d'oiseaux. Les deux pentes plates portent un large zigzag peint en rouge et en noir. Au centre d'une des pentes, un petit carré percé d'un trou s'enlève et forme couvercle par où l'on pouvait introduire les cendres du mort dans la cavité intérieure. Chaque pied est orné de raies noires horizontales et foré de deux trous en haut. Le dessous ne porte aucun décor.

> Terre rosée. Pas d'engobe. Peinture en noir mat et en rouge vineux. Deux têtes d'oiseaux sur le toit, une corne de chacun des béliers sont brisées. Un des oiseaux du sommet est recollé. Haut. 0,27. Larg. 0,37.
> (Inv. MNB 473.) Trouvé dans l'Italie méridionale et entré au Musée en 1872.
> Publié dans notre pl. 29.

D 33. Grande amphore à base effilée, à anses verticales, plates en dessous et arrondies en dessus. — La panse en noir, sauf une zone centrale réservée en clair et portant des cercles noirs. Sur le col, de chaque côté, deux cercles concentriques disposés verticalement entre quatre zigzags verticaux. Le dessus des anses et le rebord en noir. Le dessous du pied creux avec partie centrale bombée. Sur l'épaule est gravée en grandes lettres archaïques l'inscription grecque Μύρμηχος (s. e. εἴμι).

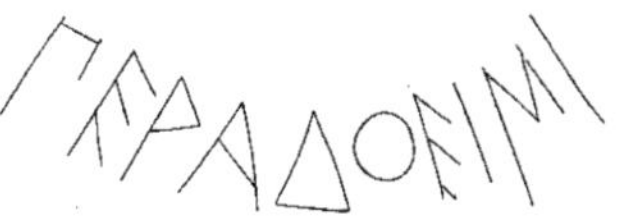

> Terre rosée à surface jaune brun. Peinture en noir peu lustré tournant au brun. Un trou dans le fond du vase; peinture effacée par endroits. Haut. 0,74.
> (Inv. Campana 2429.) Trouvé à Cacré, en Étrurie, et entré au Musée en 1863.
> Pour la forme et le décor cf. D 39 dans notre pl. 30.

D 34. Grande amphore de même forme. — L'épaule plus trapue, le col plus large. Même décor. Sur l'épaule est gravée en grandes lettres archaïques l'inscription grecque Περάδο(ν) εἴμι.

> (Inv. Campana 2432.) Même technique et même provenance. Haut. 0,69.
> Pour la forme et le décor, cf. D 39 dans notre pl. 30.

D 35. Grande amphore de même forme. — Le col un peu plus long que dans les précédentes, l'anse plus coudée. En bas de l'épaule une étroite zone réservée en clair. Sur le reste de la panse devenue rouge une série de cercles noirs descen-

dant jusqu'à la base. Sur l'épaule est gravée en lettres plus petites et plus serrées que dans les précédentes l'inscription étrusque *Lasar Larth* (lecture de M. Michel Bréal).

> (Inv. Campana 2449.) Même technique et même provenance. Haut. 0,67.
> Pour la forme et le décor, cf. D 39 dans notre pl. 30.

D 39. Grande amphore à deux anses rondes verticales. — Toute la panse est décorée de larges bandes noires alternant avec des cercles plus fins qui couvrent toute la surface d'une sorte de réseau brun. Sur le col, de chaque côté, deux cercles concentriques disposés verticalement entre quatre grands zigzags noirs. Les anses sont barbouillées de noir. Le rebord extérieur de l'embouchure est peint en noir. Le dessous du pied est creux.

> Terre jaunâtre, fine. Peinture en noir peu lustré, tournant au brun. Quelques marques sont tracées sur la panse en grandes incisions (une croix, deux triangles accolés par la pointe). La surface a souffert sur un des côtés. Un large éclat du rebord est enlevé. Le fond est percé d'un trou. Haut. 0,60.
> (Fonds Campana, sans n° d'inv.) Même provenance.
> Publié dans notre pl. 30.

D 40. Grande amphore à deux anses plates verticales et à base effilée. — Sur l'épaule, de chaque côté, un enroulement en forme de grand S couché. Sur la panse trois cercles; près de la base deux cercles. A la base du col un cercle; le rebord supérieur est peint en noir. Sur le plat de l'anse une large raie verticale; aux attaches de l'anse un cercle; de l'attache inférieure pend, comme un long ruban, une bande verticale qui passe à travers les cercles de la panse. La base est peinte en noir. Le dessous est légèrement creux.

> Terre jaunâtre, mêlée d'éclats de calcaire. Peinture en noir mat qui a tourné en partie au rouge et au brun. Haut. 0,60.
> (Inv. Campana 2390.) Même provenance.
> Publié dans notre pl. 30.

D 48. Grande amphore à deux anses plates. — Sur l'épaule, de chaque côté, dans une zone réservée en clair, deux enroulements en forme de 8 couché. Le reste de la panse et le pied, le col et l'intérieur de l'embouchure sont couverts de larges cercles noirs, laissant entre eux de faibles intervalles réservés en clair. Par-dessus le noir on a peint, de distance en distance, des cercles rouges, un dans l'embouchure, deux sur le col, cinq sur la panse, deux sur le pied. Les anses sont peintes en noir. Le dessous du pied est creux.

> Terre jaunâtre. Engobe blanc sale, picoté de points noirs. Peinture en noir, presque partout tourné au brun jaunâtre et friable, s'écaillant facilement. Retouches d'un rouge vineux. La panse a subi une forte dépression, avant ou pendant la cuisson. Haut. 0,43.
> (Inv. Campana 288.) Même provenance.
> Publié dans notre pl. 30.

D 54. Grande amphore à deux anses verticales et concaves, à base effilée sur un pied large. — Sur l'épaule une zone de dents de loup quadrillées, la pointe en bas, entre deux zones de postes sommairement indiquées. — Sur la panse une série de cercles et une zone de grandes dents de loup, hachées de traits parallèles; dans chaque intervalle un gros point rond. Près de la base, deux larges bandes. Sur le pied une zone de dents de loup à hachures; dans chaque intervalle une rosace en étoile; en dessous une zone de postes. — Sur le col, une zone de dents de loup à hachures parallèles entre quatre cercles. Près du rebord une zone de postes. Sur le plat du rebord cinq groupes de bâtonnets et un large cercle dans l'embouchure. Sur la concavité des anses, deux triangles accolés par les pointes entre deux groupes de bâtonnets horizontaux. Sous chaque attache d'anse, deux petites dents de loup à hachures parallèles. Le dessous du pied est creux et orné d'un large cercle peint.

> Terre blanche. Pas d'engobe visible. Peinture en noir terne, tournant au rouge vif. Le rebord du pied est ébréché. Un morceau du rebord du col manque. Haut. 0,54.
> (Inv. Campana 1070.) Même provenance.
> Publié dans notre pl. 30.

D 56. Amphore de même forme. — Sur l'épaule, de chaque côté, deux poissons, au corps tacheté de points, nagent à droite; rosaces en points dans le champ et sous les anses (on remarque une seule fois un ornement en losange très allongé avec des points dans le milieu). — Sur la panse série de cercles et une large bande noire; en dessous ondule le corps tacheté de points blancs d'un serpent dont la tête et la queue se réunissent en un point commun, l'une au-dessous de l'autre. Près de la base une série de cercles et une large bande noire. Sur le pied une zone de postes indiqués sommairement entre quatre cercles. Le rebord du pied est peint en noir. Large cercle noir sur le dessous qui est creux. — Sur le col une zone d'arêtes rayonnantes au-dessous d'une zone de points; un cercle à la base et deux en haut du col. Sur le plat du rebord six groupes de raies parallèles et un large cercle dans l'embouchure. Sur la concavité des anses, deux groupes de triangles accolés par les pointes, séparés par des bâtonnets horizontaux.

> Terre blanche et tendre. Pas d'engobe visible. Peinture en noir terne devenu presque partout rouge vermillon. On a repeint en rouge moderne certaines parties, en particulier les arêtes du col et le contour des corps de quelques poissons. Haut. 0,41.
> (Inv. Campana 286.) Même provenance.
> Publié dans notre pl. 30.

D 57. Grande amphore à petites anses plates, à panse très allongée sur un pied court et large. — La panse est décorée d'une zone de trois grands poissons au corps pointillé, nageant à droite. Au-dessus et au-dessous deux zones de dents de loup séparées par des cercles. A la base du col une zone de points entre des cercles. Sur le col, de chaque côté, une double bande d'arêtes rayonnantes, les unes la pointe en l'air, les autres renversées. Près du rebord série de cercles. Sur le plat des anses un zigzag vertical ; à l'attache inférieure une dent de loup. Sur le pied série de cercles. Le dessous est creux et peint d'un large cercle.

> Terre blanchâtre et tendre. Pas d'engobe visible. Peinture en noir terne, tournant au brun. La surface a beaucoup souffert d'un encroûtement terreux qui recouvre en grande partie la peinture. Haut. 0,52.
> (Inv. Campana 2.) Même provenance.
> Publié dans notre pl. 30.

D 58. Œnochoé à bec trilobé et à anse plate décorée d'un serpent en relief. — La panse est ornée d'une série de cercles concentriques avec deux larges bandes noires près de la base. Sur l'épaule une double bande d'arêtes rayonnantes, la pointe en bas. Sur le col une bande du même ornement entre quatre cercles. Le rebord est peint en noir. Le serpent, dont le corps sinueux, piqueté de points noirs, fait tout le tour de l'épaule, monte le long de l'anse et pose sa tête aplatie sur le rebord supérieur, comme s'il allait boire dans le vase. Le plat de l'anse porte quelques ornements, des demi-cercles divisés au centre par un bâtonnet vertical. Traces de peinture dans l'embouchure.

> Terre jaunâtre, pailletée de mica. Pas d'engobe visible. Peinture en noir terne tournant au brun. La surface du vase a souffert et une grande partie des ornements sont effacés. Haut. 0,22.
> (Fonds Campana, sans n° d'inv.) Même provenance.
> Publié dans notre pl. 31.

D 62. Œnochoé à bec trilobé et à anse plate. — La panse est ornée au centre de deux lacis noirs pointillés de blanc qui, en se coupant l'un l'autre, forment des ellipses au centre

desquelles est inscrit un petit cercle noir avec point central; en haut et en bas une rangée de petits cercles semblables. Le double lacis arrivé sous l'anse se termine par deux feuilles lancéolées symétriquement disposées. En dessous, des groupes de petits zigzags verticaux entre six cercles. Près de la base, arêtes rayonnantes. — Sur l'épaule trois cercles surmontés d'une zone de triangles quadrillés. A la base du col, arêtes rayonnantes, la pointe en bas. Sur le col une bande de bâtonnets verticaux, interrompus par quatre triangles affrontés; au centre de cette bande une métope contenant trois losanges quadrillés juxtaposés. En haut et en bas de la bande, série de cercles. Le rebord est peint en noir. Sur le plat de l'anse trois groupes de bâtonnets horizontaux. Le dessous de la base est presque plat avec traces de cercles incisés.

> Terre jaune et tendre. Pas d'engobe visible. Peinture en noir peu lustré tournant au brun, avec retouches de blanc en pointillé. L'épiderme du vase a souffert et le noir est souvent rongé. Le rebord du bec est refait en deux endroits. Haut. 0,30.
> (Fonds Campana, sans n° d'inv.) Même provenance.
> Publié dans notre pl. 31.

D 70. Œnochoé à bec trilobé et à anse plate. — Le col est orné d'une bande de bâtonnets droits, interrompus par trois ornements en forme de triangles accolés par les pointes. Sur le reste du col et sur le haut de la panse une série de cercles fins couvrent la surface. Sur le bas de la panse une large bande noire où est incisée l'inscription étrusque : *Mi Qutum Karkanas* (lecture de M. Michel Bréal).

Près de la base deux cercles. Sur le fond du pied, légèrement creux, deux cercles incisés. Sur le plat de l'anse trois groupes superposés de bâtonnets horizontaux.

> Terre jaunâtre. Pas d'engobe visible. Peinture en noir peu lustré, presque partout tourné au jaune ou rougeâtre. Haut. 0,23.
> (Fonds Campana, sans n° d'inv.) Même provenance.
> Publié dans notre pl. 31.

D 71. Œnochoé de même forme. — Même fabrique que le précédent et même décor peint. Sur la panse la même inscription étrusque, gravée en lettres un peu plus petites.

> (Inv. Campana 15.) Même provenance. Haut. 0,22
> Cf. le dessin de D 70 dans la pl. 31.

D 73. Œnochoé à bec trilobé et à anse plate. — La panse est ornée au centre de quatre oiseaux volant à droite et alternant avec quatre groupes de zigzags superposés; cette zone est comprise entre six cercles. A la base arêtes rayonnantes. Sur l'épaule arêtes rayonnantes, la pointe en bas. — Sur le col une bande de quatre triangles affrontés alternant avec cinq groupes de bâtonnets verticaux; en haut et en bas de cette bande série de cercles. Le rebord est peint en noir. Sur le plat de l'anse quatre groupes de bâtonnets horizontaux. Le dessous de la base est presque plat, avec traces de cercles incisés.

> Terre jaune et tendre, légèrement rosée. Engobe blanc bien visible. Peinture en noir assez lustré, tournant au rouge ou au brun. La panse fendue a été recollée. Haut. 0,32.
> (Inv. N 3060 et MN 17.) Trouvé en Italie, sans provenance plus exacte connue.
> Publié dans notre pl. 31.

D 75. Œnochoé à bec trilobé et à anse plate. — Sur l'épaule quatre poissons nagent à droite ; dans le champ des gros points ou des petits cercles avec et sans point central. — Sur la panse un lacis ondulé, tacheté de points blancs, serpente à travers des motifs variés, dents de loup quadrillées, droites ou renversées, croix formée de quatre triangles réunis par les pointes, petits carrés juxtaposés et accostés de triangles, petit triangle inscrit dans un grand et accosté de triangles quadrillés, fruit rond surmonté de trois pédoncules terminés chacun par un losange, etc. Sur le bas de la panse, série de cercles et de larges bandes. Le dessous de la base est légèrement creux. — Sur le col, entre six cercles, une bande d'ornements en feuilles elliptiques, séparées par des croissants adossés; dans les intervalles libres, des rosaces en points. Le rebord et l'embouchure sont peints en noir. Sur le plat de l'anse pendent trois filets ondulés.

> Terre rosée. Engobe blanc. Peinture en noir très peu lustré, tournant au rouge mat. Une partie du bec est brisée. Haut. 0,27.
> (Inv. Campana 531.) Trouvé à Caeré, en Étrurie, et entré au Musée en 1863.
> Publié dans notre pl. 31.

D 76. Œnochoé à anse plate et à bec trilobé. — Sur la panse une zone de six poissons nageant à droite. Le champ est semé de petits zigzags isolés et de rosaces en taches rondes entourées de points. Au-dessus et au-dessous deux zones de zigzags verticaux disposés par groupes. Près de la base arêtes rayonnantes. — Sur l'épaule dents de loup, la pointe en bas, faisant vis-à-vis à des dents de loup à hachures quadrillées. Sur le goulot une zone de postes sommairement indiquées et une zone de quadrillés mêlés de points; ces deux zones sont séparées par des cercles. Sur le plat de l'anse série d'angles superposés verticalement entre deux groupes de bâtonnets horizontaux. Le dessous de la base est presque plat.

> Terre blanche et tendre. Pas d'engobe visible. Peinture en noir terne, souvent tourné au rouge brun. La surface a souffert d'un encroûtement terreux qui recouvre en partie les ornements. Haut. 0,36.
> (Fonds Campana, sans n° d'inv.) Même provenance.
> Publié dans notre pl. 31.

D 81. Œnochoé à bec trilobé et à anse trifide avec deux boutons saillants. — Sur l'épaule quatre métopes contenant des zigzags autour d'un ornement en S couché, entre huit raies verticales noires. — Sur la panse une large bande noire entre quatre cercles. Près de la base une zone de treize croissants juxtaposés; dans l'intérieur de chaque croissant trois zigzags superposés; en dessous un large cercle, ainsi que sur le pied. — Le goulot est peint en noir avec deux tons saillants en haut et en bas. Chaque bouton saillant est orné d'une croix inscrite dans un cercle. Le dessous du pied est creux.

> Terre jaunâtre, épaisse, pailletée de mica. Pas d'engobe. Peinture en noir mat, presque entièrement tourné au brun rougeâtre. Haut. 0,39.
> (Inv. N 3048; Durand 1428.) Sans provenance exacte connue; entré au Musée en 1825.
> Publié dans notre pl. 31.

D 87. Petit pithos à deux anses. — Sur l'épaule, de chaque côté, deux oiseaux au corps démesurément allongé et déformé, allant à droite. Sur le reste de la panse une série de cercles fins et de bandes plus larges. Près de l'embouchure une zone de points entre quatre cercles. Sur le rebord cinq groupe de bâtonnets verticaux. Le dessous du rebord et les anses sont peints en noir. Le dessous du pied est plat.

> Terre blanche. Pas d'engobe. Peinture en noir partout tourné un rouge vermillon non lustré. La panse a été brisée et un grand nombre de morceaux recollés. Il pouvait y avoir un couvercle qui manque. Haut. 0,28.
> (Fonds Campana, sans n° d'inv.) Trouvé à Caeré, en Étrurie, et entré au Musée en 1863.
> Publié dans notre pl. 31.

D 92. Grande coupe sans anses, sur pied haut à base large. — Sur la panse une zone d'oiseaux au corps démesurément allongé et déformé. Le reste est occupé par une série de cercles fins et de bandes larges qui descendent jusque sur la base. Sur le plat du rebord des dents de loup à hachures parallèles. Dans l'intérieur de la coupe trois larges cercles et un point central au fond. Le dessous du pied est creux et peint d'un large cercle.

> Terre blanche et tendre. Pas d'engobe visible. Peinture en noir

terne, partout tourné au rouge vif. La surface est salie et grise. Haut. 0,26.
(Fonds Campana, sans n° d'inv.) Même provenance.
Publié dans notre pl. 32.

D 95. Skyphos à deux anses plates, verticales et hautes. — La forme est analogue à celle de poteries trouvées à Rhodes (cf. A 288). Sur l'épaule, de chaque côté, une métope longue, réservée en clair, contient deux rangées superposées de losanges quadrillés couchés entre quatre raies noires verticales et quatre horizontales. Au-dessus une rangée de points noirs entre deux raies horizontales; sous le rebord, une longue bande noire. Sur le bas de la panse un double lacis circulaire forme guirlande tout autour du vase. Près de la base quatre cercles noirs. — Dans l'embouchure, treize groupes de trois traits verticaux et au-dessus un large cercle noir. Sur le plat des anses trois raies verticales noires, dans une métope longue encadrée par de larges bandes noires. Un large trou de suspension est foré à la partie inférieure de chaque anse. Sous chaque anse trois angles superposés. Le dessous du pied est creux.

> Terre jaunâtre, sans engobe. Peinture en noir mat, tournant au brun rougeâtre. L'épiderme du vase a souffert. Haut. avec les anses, 0,21.
> (Inv. N 3129 et LL 444.) Sans provenance exacte connue; entré au Musée sous le règne de Louis XVIII.
> Publié dans notre pl. 32.

D 96. Coupe sans anses et sans pied, à pointes saillantes. — L'intérieur ne porte qu'un cercle noir avec un gros point central; le reste est peint en noir. Tout le décor est sur le revers. Deux cercles sous le rebord. Chaque dent saillante est ornée en dessus et en dessous d'une dent de loup hachée de traits parallèles; même ornement dans chaque intervalle libre entre les dents saillantes. Près de la base une zone de dents de loup rayonnantes entre six cercles; deux cercles plus larges autour de la base qui est légèrement creuse en dessous et peinte d'un large cercle.

> Terre jaunâtre. Pas d'engobe visible. Peinture en noir terne tournant au brun et au rouge. Deux trous de suspension sont forés sous le rebord supérieur. Haut. 0,06. Diam. 0,16.
> (Inv. Campana 2468.) Trouvé à Caeré, en Étrurie, et entré au Musée en 1863.
> Publié dans notre pl. 32.

D 114. Vase en tube circulaire, creux au milieu, avec anse plate et goulot vertical à bec trilobé. — La panse forme une sorte de bourrelet rond. Sur ce bourrelet trois métopes séparées par des bâtonnets verticaux; dans deux métopes un oiseau d'eau au corps quadrillé, tourné à droite; dans celle du centre un ornement en forme de demi-cercle haché de traits parallèles. Sur le plat de l'anse, hachures obliques et bâtonnets horizontaux. Sur le goulot un cercle entre des lacis. Sur le dessous du bourrelet série de cercles.

> Terre blanche et tendre. Pas d'engobe visible. Peinture en noir terne, presque partout tourné au rouge. Haut. 0,10. Larg. 0,14.
> (Inv. Campana 354.) Même provenance.
> Publié dans notre pl. 32.

D 125. Amphore à deux anses plates par-dessous et convexes par-dessus. — L'épaule est décorée de chaque côté d'un sujet, peint et incisé. — A. Deux grands oiseaux d'eau aux ailes déployées (cygnes ?) affrontés; entre eux un oiseau semblable plus petit et au repos, tourné à droite; le col et les ailes sont retouchés de rouge; les détails des têtes et quelques contours d'ailes incisés. Dans le champ, des rosaces en forme de grosses taches traversées d'une croix incisée ou peinte en rouge, et une rosace en points. — B. Même sujet; dans le champ il n'y a que des rosaces incisées en croix. — En dessous une bande noire et par-dessus deux cercles en rouge vineux et un cercle en rouge plus pâle; puis une zone réservée en clair avec un cercle noir. Sur le bas de la panse une large zone d'imbrications incisées et tachetées de points en rouge vineux alternant avec des points en rouge plus pâle. Près de la base, entre deux cercles noirs, une bande noire

avec trois cercles en rouges différents comme précédemment.
Sur la base et sur le pied peints en noir, de larges godrons
incisés avec des retouches alternantes de rouge vineux. Le
col, l'embouchure et les anses sont peints en noir. Sur le
goulot, de chaque côté, trois rosaces ponctuées en rouge pâle.
Le dessous du pied est creux avec une saillie centrale.

> Terre jaunâtre et tendre, pailletée de mica. Pas d'engobe visible.
> Peinture en noir presque partout tourné au brun orangé peu lustré
> et retouches en deux tons de rouge, l'un vineux, l'autre plus rose
> et probablement décomposé. Travail d'incisions rare dans les ani-
> maux, plus fréquent dans les ornements. Un trou dans la panse ;
> une fente dans le pied ; la peinture, du côté *B*, a beaucoup souf-
> fert. Haut. 0,41.
> (Inv. Campana 2513.) Même provenance.
> Publié dans notre pl. 32.

**D 128. Amphore à deux anses plates et à panse en
tronc de cône.** — Sur la panse, quatre cercles noirs laissant
entre eux de faibles intervalles clairs. Toute la base est peinte
en noir. A la base du col et sur le rebord un cercle noir. Dans
l'embouchure un large cercle noir et une série de cercles saillants. Sur le plat d'une des anses trois languettes horizontales
superposées. Le dessous de la base est plat et porte quelques
cercles incisés.

> Terre blanche. Engobe jaunâtre. Peinture en noir tourné au rouge
> vif dans l'embouchure, au brun jaunâtre et au brun rouge sur la
> panse. Haut. 0,37.
> (Inv. Campana 2522.) Même provenance.
> Publié dans notre pl. 32.

D 134. Lécythe à panse sphérique, sans anses. — La
panse est ornée de quatre cercles noirs. Près de la base, dont
le dessous est légèrement creux, une inscription qui parait
être de l'osque, peinte en grandes lettres noires (noir lustré
tourné au brun jaune), *rula*, sans doute une couleur rouge
servant de fard ou un condiment pour épicer les mets et
donner du bouquet au vin (d'après l'explication due à l'obligeance de M. Michel Bréal).

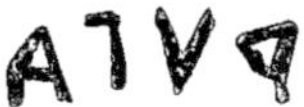

> Terre jaune. Pas d'engobe. Peinture en noir peu lustré, tournant au
> brun. Haut. 0,10.
> (Inv. Campana 3496.) Même provenance.
> Publié dans notre pl. 32.

D 135. Lécythe de même forme. — Même fabrique et
même décor que le précédent. Près de la base inscription
qui parait être de l'osque, peinte de la même façon, *cypr[in]um*,
peut-être un onguent ou de l'huile venant de Chypre (d'après
l'explication que veut bien me communiquer M. Michel Bréal).

> (Inv. Campana, 2661.) Même technique et même provenance. Haut. 0,11.
> Cf. le dessin de D 134 dans notre pl. 32.

**D 136. Bouchon ou goulot de vase en forme de tête de
griffon.** — C'est un simple bec trilobé d'œnochoé qu'on a eu
la fantaisie de varier en repliant la partie supérieure en forme
de couvercle plat qui vient s'appuyer sur le déversoir et donne
au tout l'aspect d'un bec d'oiseau de proie. Deux cornes
recourbées en avant, plantées sur le sommet, complètent la
transformation.

> Terre jaunâtre et tendre. Engobe jaune. Peinture en rouge brun qui
> s'en va par écailles et parait moderne, ou au moins refaite en
> grande partie. Haut. 0,14.
> (Inv. Campana 296.) Même provenance.
> Publié dans notre pl. 33.

D 143. Pithos à deux anses verticales. — L'arcade de
chaque anse est divisée en deux par un tenon vertical. Sur
l'épaule, de chaque côté, deux poissons blancs, nageant à
droite. Sur la panse, une zone de sept oiseaux d'eau, en blanc,
aux corps très allongés et déformés, allant à droite. Les zones
sont séparées par des cercles larges et fins ; le bas de la panse
occupé par une série de cercles. Le dessous de la base est plat.

> Terre rougeâtre. Engobe d'un rouge plus vif, un peu lustré. Peinture
> en blanc, en grande partie endommagée. Le rebord supérieur
> devait être coiffé d'un couvercle qui manque. Haut. 0,51.
> (Fonds Campana, sans n° d'inv.) Même provenance.
> Publié dans notre pl. 33.

**D 144. Grand pithos à deux anses horizontales et à
quatre petites poignées verticales.** — La panse est décorée
de grands animaux peints en blanc sur le fond d'argile rougeâtre. — *A.* Cerf marchant à droite, la tête levée ; entre ses
jambes trois poissons ; autre cerf ou biche paissant, marchant
à droite ; entre ses jambes trois poissons. — *B.* Même sujet,
moins bien conservé. — Sur le bas de la panse une zone de
huit poissons nageant à droite, entre des cercles concentriques.
Sur l'épaule quatre poissons nageant à droite (un entre chaque
oreillette verticale). Le dessous de la base est plat.

> Terre rouge, mêlée de graviers. Engobe d'un rouge plus vif, en
> partie disparu. Peinture en blanc, devenu noirâtre et souvent
> effacé. La peinture a beaucoup souffert et ne laisse que des traces
> en maints endroits. La surface présente des taches noirâtres, un
> peu lustrées, qui ne paraissent pas être une peinture ni un engobe
> placé à dessein. Le rebord supérieur devait être coiffé d'un cou-
> vercle avec bouton à arcades ; mais ce couvercle manque. La base
> est effritée. Haut. 0,83.
> (Inv. Campana 11.) Même provenance.
> Publié dans notre pl. 33.

**D 148. Grand cratère sur trois pieds, avec deux
anses courtes et horizontales.** — La panse est décorée, de
chaque côté, de sujets peints en blanc sur le fond d'argile rouge.
— *A.* Cheval marchant à gauche ; sur son dos sont perchés
deux oiseaux d'eau tournés à droite ; entre ses jambes, sur le
sol, quatre oiseaux semblables allant à droite ; un sphinx ou
griffon (tête mal silhouettée par le réparateur), allant à gauche,
la patte droite levée au-dessus d'un oiseau d'eau semblable aux
précédents. — *B.* Cheval marchant à gauche, semblable au
précédent ; grand oiseau volant à gauche, les ailes déployées,
et deux oiseaux d'eau plus petits, superposés dans le champ,
tournés à droite. — Derrière chaque anse un long motif floral
(peut-être silhouetté inexactement) avec croissant à la base et
deux enroulements symétriques à la partie supérieure. En
haut et en bas de la panse un cercle. Près de la base, deux
zones d'arêtes rayonnantes en dents de loup quadrillées, les
unes droites, les autres renversées.

> Terre jaunâtre, recouverte à l'intérieur et à l'extérieur d'une mince
> couche d'argile rouge et d'un engobe lustré d'un rouge plus vif sur
> lequel on a peint en blanc tout le décor. La pièce a malheureuse-
> ment subi de maladroites restaurations. Pour mieux faire paraître
> le dessin effacé, on a repeint en noir tout le fond, entre les ani-
> maux et les ornements. Le silhouettage a été fait parfois d'une
> façon arbitraire ou inexacte. Un des pieds est recollé ; un autre
> refait en partie. Un des côtés du fond a été percé de quatre trous
> qui semblent faits à dessein pour un usage inconnu. Le rebord
> intérieur qui borde l'embouchure indique la place d'un couvercle
> qui manque. Haut. 0,44. Diam. 0,51.
> (Inv. Campana 6.) Même provenance.
> Publié dans notre pl. 33.

**D 149. Grand cratère à anses horizontales et à deux
boutons saillants, avec couvercle muni d'un bouton à
quatre arcades.** — Sur la panse, de chaque côté d'un des
gros boutons saillants, servant de poignée, sont affrontés
deux lions rugissants, la langue tirée, peints en blanc sur
l'argile rouge. De chaque côté de l'autre bouton sont affrontés
un lion semblable et un taureau aux cornes pointant en avant ;
entre eux une plante sort du sol (fleur de lotus), terminée en
palmette à double volute ; au-dessus du taureau une autre fleur

épanouie, la tête en bas, d'où sortent deux boutons portés par de longs pédoncules. Au-dessus de chaque anse un oiseau d'eau, marchant à droite. En haut et en bas de la zone, deux cercles blancs ; près de la base grandes arêtes quadrillées en blanc et cercles blancs. Sur chaque bouton saillant une rosace noire à six pétales. Chaque anse est creusée au centre par un sillon profond. Le dessous du pied est creux. — Sur le couvercle est peinte en blanc une zone étroite de cinq oiseaux d'eau, allant à droite, aux corps extraordinairement allongés et déformés, entre huit cercles blancs ; en dessous une zone de damiers noirs et blancs et une zone de dents de loup quadrillées en blanc entre six cercles blancs. Le sommet du bouton porte quatre cercles blancs concentriques ; chaque arcade un trait blanc vertical. Sous les arcades du bouton s'épanouit une large rosace à huit pétales blancs.

> Terre rougeâtre. Engobe vif, d'un rouge brique qui couvre même l'intérieur. Peinture en blanc avec de nombreux traits réservés sur le fond rouge et des pointillés. La peinture tout entière a malheureusement subi d'importantes restaurations. On a voulu préciser les formes effacées sur le vase et on a silhouetté chaque motif au moyen d'un noir moderne, un peu luisant, qui fait fond et sur lequel les sujets se détachent nettement ; mais actuellement il est impossible de dire si ce travail de fond a respecté les silhouettes exactes des sujets. Le blanc lui-même a dû être repris et consolidé par une couche qu'on a mouchetée de points noirs pour imiter les salissures antiques. Haut. avec le couvercle 0,88. Diam. 0,50.
> (Inv. Campana 3196.) Même provenance.
> Publié dans notre pl. 34.

D 150. Grand cratère sur pied rond, à deux anses horizontales, sur pied court, avec un couvercle à gros bouton. — Chaque côté de la panse porte une scène à personnages peinte en blanc. — *A.* Deux vaisseaux de guerre voguent à la rencontre l'un de l'autre. Celui de gauche a une proue en grosse tête de poisson, dont la gueule ouverte laisse passer un grand fer de lance en guise de langue ; la voile est déployée ; une vigie se tient à l'avant ; un pilote à l'arrière manœuvre la large palette du gouvernail ; sur le pont quatre hommes tiennent les rames (mais ils ne sont pas tournés dans le sens vrai de la nage). Autour du bateau, pour indiquer la mer, trois poissons et deux mollusques. Le bateau de droite a une proue à éperon, surmontée d'une grosse tête d'oiseau d'eau (cygne) ; la voile est carguée, le pilote tient le gouvernail et dix rameurs dans l'entrepont nagent comme les précédents, dans le sens contraire à la marche ; sur le tillac sont debout six hoplites casqués, couverts de grands boucliers ronds à épisèmes variés, dardant la lance de la main droite élevée. — *B.* Un lion marche à droite, posant la patte droite de devant sur la caisse d'un char à deux chevaux qui fuit à droite, l'aurige courbé et tenant le fouet en main ; sous les chevaux une plante à volutes sort du sol. Sous chaque anse un arbrisseau à branches symétriques (palmier ?).

Toute cette zone centrale est limitée en haut par un large quadrillé blanc entre trois et deux cercles blancs, en bas par deux cercles blancs. Large cercle blanc au rebord supérieur et deux autres à la base. Le dessous du pied est creux.

Le couvercle était orné en blanc de dessins qui ont presque entièrement disparu. On distingue autour du bouton une zone de dents de loups entre quatre cercles ; sur le sommet du bouton, une rosace en étoile.

> Terre rouge. Engobe d'un rouge vif, placé à l'extérieur et à l'intérieur, par-dessus lequel on a peint en blanc tous les détails de la représentation. Le blanc a souffert et s'est souvent effacé, en particulier en *B* et sur le couvercle. Une grande partie de la surface est recouverte d'une salissure noire qui provient d'une décomposition de l'engobe ou d'une calcination. Le couvercle fendu a été consolidé au moyen d'agrafes de métal modernes. Le bouton est écorné. Haut. avec le couvercle 0,50. Diam. 0,42.
> (Inv. MNB 1780.) Trouvé à Caeré, en Étrurie, et rapporté au Musée en 1879, par F. Lenormant.
> Publié en couleurs par F. Lenormant, *Gazette archéologiq.*, 1881-82, pl. 28-29. Cf. Martha, *l'Art étrusque*, p. 461 fig. 299.
> Vue d'ensemble dans notre pl. 34.

D 151. Grand cratère sur quatre pieds, avec deux anses courtes, horizontales, et deux gros boutons saillants, servant de poignées. — Chaque côté de la panse porte une scène peinte en blanc. *A* et *B* sont peints du même côté et séparés par un des boutons saillants ; *C* occupe toute le revers. — *A.* Zeus, drapé, est assis sur un siège pliant, tourné à droite, tenant de chaque main un foudre fulgurant ; du sommet de sa tête sort une petite figure d'Athéné casquée, couverte du bouclier rond, dardant la lance. A Zeus fait vis-à-vis un homme barbu (Esculape ?), vêtu d'une courte tunique, qui lui présente un coq ; puis Hermès drapé, marchant à droite et retournant la tête, le caducée dans la main droite, levant la main gauche en signe d'étonnement. — *B.* Un homme barbu, drapé, marchant à droite et penché, enfonce sa lance dans le corps du sanglier de Calydon ; derrière l'animal, marchant à gauche, un autre chasseur barbu et drapé marche à gauche en arrière-plan, élevant de la main droite un arc et des flèches (?) et portant deux lances appuyées sur l'épaule gauche ; un troisième chasseur qui le suit élève de la main droite une arme ; un chien est grimpé sur la croupe du sanglier et le mord. Au-dessus de l'anse une palmette en forme de quatre demi-cercles reposant sur deux enroulements, et, par-dessus, peinte en grands caractères blancs, l'inscription étrusque ꓱꓕΙＶ' ＡꓚＳꓞꓫ (d'après l'explication que je dois à l'obligeance de M. Michel Bréal, c'est un nom de femme, *Kv(e)snal*, qu'on trouve ailleurs sous la forme *Kvesthnal* ou *Kvestnal* ; il est mis ici au génitif, *Kv(e)snailise*, et paraît indiquer par conséquent le nom de la propriétaire du vase). — *C.* De chaque côté d'un des gros boutons saillants sont affrontés deux grands lions rugissants. Au-dessus de l'anse, une palmette formée de six demi-cercles reposant sur deux enroulements. Une zone de postes fait tout le tour de la panse en haut ; une zone de quadrillés en bas. Près de la base, grandes dents de loup quadrillées. Sur le fond une large rosace à huit pointes ayant au centre une plus petite rosace à six pétales sur le fond rouge réservé. Chaque pied porte cinq raies horizontales superposées. Chaque anse porte au centre un sillon profond peint d'une large raie.

> Terre jaunâtre, recouverte à l'intérieur et à l'extérieur d'une mince couche d'argile rouge et d'un engobe lustré d'un rouge plus vif, sur lequel on a peint en blanc tout le décor. La peinture blanche fragile a tourné au jaunâtre et a disparu en beaucoup d'endroits. Un des pieds est refait ; la panse est fendue. Un rebord intérieur, autour de l'embouchure, indique la place d'un couvercle qui manque. Haut. 0,43. Diam. 0,50.
> (Inv. MNB 1781). Trouvé à Caeré, en Étrurie, et rapporté au Musée en 1879 par F. Lenormant.
> Publié en couleurs par F. Lenormant dans la *Gazette archéologiq.* 1881-82, pl. 32-34. Cf. J. Martha, *l'Art étrusque*, p. 461, fig. 300 ; Rayet et Collignon, *Hist. de la Céramiq. grecq.*, p. 77, fig. 39.
> Vue d'ensemble dans notre pl. 34.

D 152. Amphore à deux anses rondes et à pied mince. — La panse est décorée de neuf cercles, le pied de six cercles. Sur l'épaule, une zone de neuf languettes alternant avec huit rosaces en pointillé ; en dessous quatre cercles fins, une zone de bâtonnets verticaux entre deux cercles, deux autres cercles fins. Sur le col deux zones de languettes verticales entre six cercles. Sur le rebord cinq cercles et un dans l'embouchure. Sur chaque anse six larges raies horizontales superposées et un cercle à l'attache. Tout ce décor est exécuté en blanc. Le dessous du pied est creux.

> Terre rougeâtre, pailletée de mica. Engobe rouge lustré, appliqué au pinceau sur tout l'extérieur et dans l'embouchure. Peinture en blanc crémeux, par endroits effacé. Haut. 0,43.
> (Inv. Campana 310.) Trouvé à Caeré, en Étrurie, et entré au Musée en 1863.
> Publié dans notre pl. 34.

D 153. Grande amphore à deux anses plates. — La panse est décorée d'une zone d'animaux tout entiers peints au trait blanc, sans incisions, tournés à gauche ; chèvre ou femelle de bouquetin paissant, autre animal semblable levant la tête et la patte droite de devant, autre paissant. — Le bas de la panse et le col sont ornés chacun de trois zones superposées de godrons blancs, séparées par des cercles blancs ; série de cercles blancs sur le pied. Sur le plat des anses, creusé au centre par un sillon profond, des raies blanches horizontales et un cercle blanc aux points d'attache. Sur le plat du rebord cinq groupes de languettes blanches verticales ; dans l'intérieur de l'embouchure, restes du blanc d'un ornement effacé. Le dessous du pied est creux.

> Terre rougeâtre. Engobe rouge brique d'un ton vif, appliqué au pinceau jusque dans l'embouchure. Peinture en blanc crèmeux et en polutillé, devenue en partie jaunâtre et souvent endommagée ou effacée, avec de nombreuses réserves sur le fond d'argile rougeâtre pour les détails intérieurs. Un morceau du pied est brisé. Haut. 0,53.
> (Inv. Campana 290.) Même provenance.
> Publié dans notre pl. 34.

D 161. Alabastre sans anses, dont la partie supérieure a la forme d'une femme tenant un oiseau. — Le goulot qui surmonte la tête forme une coiffure en polos ; un voile jeté sur la tête retombe en avant sur les épaules comme un long *klaft* égyptien, en découvrant les oreilles ; traces d'ornements peints en blanc et en rouge sur le bord du voile. Un collier de petites perles en relief est suspendu au cou ; des traits de peinture rouge indiquent deux autres parures. La main droite presse l'oiseau contre la poitrine ; la gauche est pendante avec le poing fermé. Sur la panse de l'alabastre, qui prolonge le corps de la femme comme une gaine ronde de *xoanon*, on distingue les traces d'un décor peint au trait noir et en couleur rouge : au centre, un grand oiseau tourné à droite (paon ?) ; en dessous une palmette renversée à douze pétales.

> Terre rougeâtre, pailletée de mica. Pas d'engobe. Peinture en noir mat et en rouge vermillon. Le revers est effrité. Haut. 0,25.
> (Fonds Campana, sans n° d'inv.) Pas de provenance exacte connue.
> Publié dans notre pl. 35.

D 162. Vase cinéraire (canope), en forme de tête humaine et muni de bras mobiles. — Le récipient destiné à contenir les cendres ou les ossements desséchés a la forme d'une amphore à deux anses plates verticales, dans lesquelles sont engagés deux bras qui sont fixés au moyen de fiches de bois ou de métal passées dans des trous correspondants. La tête coiffe le vase comme un couvercle. Le type est archaïque ; les cheveux divisés en petites mèches aboutissent sur le front et y forment une rangée de boucles saillantes. Les lobes des oreilles sont percés d'un trou pour recevoir des pendeloques. Le sommet de la tête porte aussi un large trou circulaire. La chevelure en arrière est indiquée par une série de traits parallèles incisés. Une petite anse verticale est soudée à l'occiput. La tête peut être fixée sur le goulot du vase au moyen de fiches passant dans des trous correspondants.

> Terre jaunâtre. Pas d'engobe ni de peinture visible, sauf une trace sur l'œil gauche et sur les cheveux qui sont revêtus d'un ton brun terne. Le pied du vase est endommagé ; quelques doigts de la main gauche sont recollés. Haut. 0,50.
> (Inv. N 4855 et MN 1161.) Pas de provenance connue, sans doute l'Étrurie ; acquis en 1851.
> Publié dans notre pl. 35.

163. Vase analogue.

> Bien que ce vase soit composé de beaucoup de morceaux fortement restaurés, dont on a soigneusement dissimulé les raccords sous un ton uniforme, il en reste assez pour que j'aie cru pouvoir publier ce spécimen d'une céramique très usitée en Étrurie et dont les musées italiens possèdent de meilleurs et nombreux exemplaires. L'arrangement des petits vases d'argile suspendus dans chaque main au bout d'un fil de métal, l'addition autour du col d'un collier en pastillages d'argile avec pendeloques de métal est probablement dû à l'esprit inventif des réparateurs plutôt qu'aux possesseurs antiques, car plusieurs des parties métalliques sont modernes. Il est difficile actuellement de déterminer si la trouvaille compre-

nait réellement l'ensemble de ces pièces, petites et grandes, et si l'on s'est contenté de les rajuster, de les compléter et de les mettre en place, ou si l'on a réuni des morceaux disparates.

> Terre rougeâtre, friable, recouverte d'un ton uniforme brun. Pas de décor peint. Haut. 0,50.
> (Inv. Campana 8089.) Trouvé à Caeré, en Étrurie, et entré au Musée en 1863.
> Publié dans notre pl. 35.

D 168. Amphore à deux anses rondes. — Il n'y a aucun décor, sauf autour du col quelques cercles imprimés dans l'argile molle et résultant du travail du tour. Le dessous du pied est plat. Sur un des côtés de la panse est tracée en grandes lettres profondément incisées, l'inscription étrusque *Ranthula Nulathi* (lecture de M. Michel Bréal).

> Terre jaunâtre et tendre. Encroûtement terreux sur toute la surface. Pas de peinture ni d'engobe. Haut. 0,34.
> (Inv. Campana 2623.) Même provenance.
> Publié dans notre pl. 35.

D 169. Amphore de même forme. — Même fabrique que la précédente. Sur la panse est tracée en grandes lettres incisées l'inscription étrusque *Manli(a) Than(a)quil* (lecture de M. Bréal).

> (Inv. Campana 2617.) Même technique et même provenance. Haut. 0,32.
> Pour la forme, cf. D 168 dans notre pl. 35.

D 170. Amphore à deux anses verticales plates, un peu concaves en dessus. — Même genre que les deux précédentes, sans décor. Sur l'épaule est gravée en caractères profondément incisés l'inscription étrusque *Methina* (lecture de M. Bréal).

> (Fonds Campana, sans n° d'inv.) Même technique et même provenance. Haut. 0,20.
> Pour la forme, cf. D 168 dans notre pl. 35.

D 171. Amphore à deux anses plates. — Il n'y a aucun décor. Le dessous de la base est légèrement creux. Sur le pourtour de la panse est tracée en grandes lettres peintes au moyen d'un noir mat l'inscription étrusque *Laris Nulathes Velusa* (lecture de M. Bréal).

> Terre blanche et tendre. Pas de peinture ni d'engobe. Haut. 0,325.
> (Inv. Campana 2708.) Même provenance.
> Publié dans notre pl. 35.

D 172. Amphore à deux anses plates, creusées dans le milieu. — Même fabrique que la précédente, sans décor, sauf deux cercles en relief sur le col. Sur un des côtés de la panse est tracée en deux lignes composées de grandes lettres

6

peintes au moyen d'un noir mat l'inscription étrusque *Than* (a) *quil Pethnai* [*su*]*thina* (lecture de M. Bréal).

(Inv. Campana 2710.) Même technique et même provenance. Haut. 0,30. Pour la forme, cf. D 171 dans notre pl. 35.

D 173. Amphore de même forme. — Aucun décor. Même fabrique que les deux précédentes. Sur un des côtés de la panse et peinte de la même manière, l'inscription étrusque *Methina* (lecture de M. Bréal).

(Inv. Campana 2629.) Même technique et même provenance. Haut. 0,30. Pour la forme, cf. D 171 dans notre pl. 35.

D 207. Vase en forme de barque allongée (acatos). — Le fond, arrondi comme celui d'un vase, est relié à chaque extrémité par un filet saillant qui imite la quille du bateau. La proue se termine en tête de bélier; la poupe, en tête de cygne repliée du côté de l'intérieur du vase. Aucun décor peint ni incisé (cf. C 67).

Terre jaune, picotée de salissures noires. En plusieurs parties de l'extérieur et de l'intérieur restes d'un ton rosâtre posé sur du blanc, mais qui paraît moderne et destiné à masquer les fissures du vase brisé en plusieurs morceaux et recollé. Haut. 0,045. Long. 0,35. (Inv. Campana 1733.) Même provenance. Vue d'ensemble publiée par E. Saglio, *Dict. des Antiquités grecq. et rom.*, p. 15, fig. 30.

D 214. Support à colonnette centrale et à base large.

On se sert aujourd'hui encore, dans les ateliers de céramique, d'ustensiles analogues qui, supportant de larges tuiles plates permettent d'étager les vases en plusieurs rangées dans le four, pendant la cuisson. Peut-être était-ce également la destination de ces pièces dont on a trouvé à Caeré de nombreux spécimens. Celui-ci ne porte aucune décoration; d'autres présentent quelques cercles incisés. On n'y voit, en général, ni peinture ni engobe. Le dessous du pied est creux, mais le haut du support absolument plat et clos. Il ne faut donc pas confondre ces ustensiles avec les supports de vases apodes comme le dinos. Haut. 0,14. Terre blanche, semblable à celle du *bucchero* non fumigée, tendre et peu cuite. (Fonds Campana, sans n° d'inv.) Même provenance. Publié dans notre pl. 35.

D 233. Grand pithos sans anses, de forme ovoïde. — La panse est divisée en huit zones de grands damiers alternativement noirs et blancs. Le dessous de la base est percé d'un trou.

Terre rougeâtre, épaisse, pailletée de mica. Engobe rouge appliqué au pinceau. Les damiers étaient peints en blanc, dont il ne reste plus que des traces noircies. Haut. 0,69. (Inv. Campana 2387.) Même provenance. Publié dans notre pl. 35.

D 251. Pithos de même forme. — Sur l'épaule une zone de médaillons ovales estampés et contenant chacun une palmette à trois pétales avec deux volutes à la base. Sur la panse une grande zone de cannelures verticales. Le dessus de la base est plat.

Terre jaunâtre, épaisse, recouverte d'une mince couche d'argile rouge dans l'embouchure et sur la surface externe, sauf dans la zone qui confine à la base. Estampages en reliefs saillants. Le rebord est endommagé. Haut. 0,72.

(Fonds Campana, sans n° d'inv.) Trouvé à Caeré, en Étrurie, et entré au Musée en 1863. Détail dans notre pl. 36.

D 254. Petit pithos à anses rondes horizontales. — La panse est couverte d'une série de métopes estampées qui forment six zones superposées et qui répètent deux motifs, soit un sphinx à aile recourbée marchant à droite, soit un centaure à jambes humaines par devant, portant une branche feuillue sur l'épaule gauche et marchant à droite. Ces deux sujets sont répartis à peu près régulièrement dans les différentes zones : en haut et en bas deux zones de sphinx, au centre deux zones de centaures séparées par une zone de sphinx. Cependant il y a quelques irrégularités et parfois un centaure est imprimé sur la même bande que le sphinx. Même irrégularité dans la disposition même des sphinx; parfois l'estampille a été appliquée dans un sens vertical, et non horizontal; ou bien une tête seule, l'avant-corps ont été imprimés et le reste manque. Les séparations qui limitent les métopes ont des formes variées: dents de loup, pilastre vertical, baguette mince. — Près du col une double série d'incisions parallèles forme une guirlande circulaire. Les anses sont ornées d'un semis de petites incisions parallèles. L'intérieur de l'embouchure porte quatre cercles incisés concentriques.

Même technique. Estampages peu saillants et découpés à l'emporte-pièce. Haut. 0,43. (Fonds Campana, sans n° d'inv.) Même provenance. Vue d'ensemble dans notre pl. 2 (sur l'estrade, en avant, au centre). Détail des sphinx dans notre pl. 36. Pour le centaure cf. D 264 et D 265.

D 256. Grand pithos sans anses, à panse ovoïde. — *A*. Sur l'épaule un cercle saillant et une zone en relief de palmettes à trois pétales droites et renversées, accostées de deux volutes et réunies par des entrelacs. — *B*. Zone de métopes estampées, répétant toutes le même sujet : un grand sphinx, à l'aile recourbée, à la queue enroulée, marchant à droite. — *C*. Une grande zone de cannelures verticales. En dessous un lacis en relief. Le dessous de la base est plat.

Même technique, surface noircie. Estampages en reliefs saillants. Un morceau de l'épaule fendu et endommagé. Haut. 0,89. (Fonds Campana, sans n° d'inv.) Même provenance. Détail de *B* dans notre pl. 36.

D 258. Pithos de même forme. — *A*. Sur l'épaule une zone estampée de métopes à peine indiquées et juxtaposées comme dans une bande continue; chacune contient le même sujet : un cheval marchant à gauche et au-dessus de lui dans le champ un cercle en relief avec point central. — *B*. Sur la panse une grande zone de cannelures verticales. — *C*. Près de la base un lacis en relief. Le dessous de la base est plat.

Même technique. Estampages en reliefs saillants. Haut. 0,83. (Fonds Campana, sans n° d'inv.) Même provenance. Détail de *A* dans notre pl. 36.

D 259. Pithos de même forme. — *A*. Sur l'épaule cercle saillant et lacis en relief. — *B*. Une zone de métopes estampées, contenant toutes le même motif: deux lionnes ailées, accroupies et affrontées, dont les têtes se réunissent en une seule vue de face. — *C*. Une grande zone de cannelures verticales. En dessous un lacis en relief. Le dessous de la base est plat.

Même technique. Estampages en reliefs assez saillants. Surface noircie. Une partie de la panse est effritée. Haut. 0,92. (Fonds Campana, sans n° d'inv.) Même provenance. Détail de *B* dans notre pl. 36.

D 260. Pithos de même forme. — *A*. Sur l'épaule un cercle saillant et une zone en relief d'entrelacs surmontés de petits cercles. — *B*. Zone de métopes estampées, répétant toutes le même sujet: un griffon, à aile recourbée, marchant à gauche; dans le champ, devant lui, un ornement en forme d'S.

— *C*. Une grande zone de cannelures verticales. Près de la base, un lacis en relief. Le dessous de la base est plat.

> Même technique. Surface noircie. Estampages en reliefs saillants. Haut. 1,02.
> (Fonds Campana, sans n° d'inv.) Même provenance.
> Détail de *B* dans notre pl. 36.

D 262. Pithos de même forme. — *A*. Sur l'épaule une zone de métopes estampées, contenant toutes le même sujet : un cheval marchant à droite (à l'endroit où la zone se refermait, il restait un petit espace vide que l'ouvrier a comblé en estampant seulement la tête et le poitrail du cheval). — *B*. Sur la panse une grande zone de cannelures verticales. — *C*. Près de la base un lacis en relief. Le dessous de la base est plat.

> Même technique. Estampages en reliefs saillants. Haut. 0,76.
> (Fonds Campana, sans n° d'inv.) Même provenance.
> Détail de *A* dans notre pl. 36.

D 264. Pithos de même forme. — *A*. Sur l'épaule cercle saillant et grands entrelacs surmontés de petits cercles avec bouton central. — *B*. Zone de métopes estampées et répétant d'une façon non régulière les trois objets suivants : un griffon à aile recourbée tourné à gauche ; un centaure à jambes humaines par devant, marchant à droite, portant sur son épaule gauche une branche d'arbre feuillue ; une grande tête de Gorgone barbue, vue de face, tirant la langue. — *C*. Grande zone de cannelures verticales. — *D*. Près de la base un lacis en relief entre deux cercles saillants.

> Même technique. Estampages en reliefs assez saillants et nettement découpés à l'emporte-pièce. Haut. 1m,02.
> (Fonds Campana, sans n° d'inv.) Même provenance.
> Vue d'ensemble dans notre pl. 2 (au sommet de l'estrade). Détail de *B* dans notre pl. 36.

D 265. Pithos de même forme.

> Même décor et même technique que D 264. Haut. 1m,02.
> (Fonds Campana, sans n° d'inv.) Même provenance.
> Détail du Centaure dans notre pl. 36.

D 268. Pithos de même forme. — *A*. Sur l'épaule une zone imprimée au cylindre dans l'argile molle comprend le motif suivant, répété d'une façon continue : oiseau tourné à droite et retournant la tête, placé sous la tête d'une lionne tête de face, marchant à gauche, bouquetin paissant tourné à gauche, lion marchant à droite, biche paissant tournée à gauche. — *B*. Sur la panse, une zone en relief de grands entrelacs surmontés de petits cercles avec bouton central. — *C*. Une zone de métopes estampées et répétant toutes le même sujet : un éphèbe cavalier tourné à droite, avec un oiseau perché sur la croupe du cheval. — *D*. Grande zone de cannelures verticales. — *E*. Près de la base une zone semblable à *A* et un grand lacis en relief. Le dessous de la base est plat.

> Même technique. Estampages en reliefs assez saillants. Surface noircie par zones régulières, en particulier en *B* et *C*, sur le rebord et dans l'embouchure. On a peint un cercle rouge dans l'embouchure. Une grande partie de la zone *E* est endommagée. Haut. 0,94.
> (Fonds Campana, sans n° d'inv.) Même provenance.
> Vue d'ensemble dans notre pl. 2 (au coin gauche de l'estrade, en avant). Détail de *C* dans notre pl. 36. Pour le sujet *A*, cf. D 269.

D 269. Pithos de même forme. — Même décor que le précédent.

> Même technique. La panse tout entière est noircie, sauf en la zone qui confine au pied ; le col et l'embouchure restent rougeâtres. La zone *E* est endommagée. Haut. 0,98.
> (Fonds Campana, sans n° d'inv.) Même provenance.
> Vue d'ensemble dans notre pl. 2 (au coin droit de l'estrade, en avant). Détail de *A* dans notre pl. 36.

D 272. Pithos de même forme. — Sur l'épaule une zone estampée au cylindre et reproduisant d'une façon continue le même motif composé d'une fleur de lotus épanouie entre deux palmettes à double volute. Une seconde zone semblable

a été estampée au-dessous de celle-ci, mais l'espace réservé ayant été insuffisant, elle ne montre que le haut des fleurs et des palmettes. Sur la panse une grande zone de cannelures verticales. Le dessous de la base est plat.

> Même technique. Estampages en reliefs peu saillants. Un grand morceau de l'embouchure manque. Haut. 0,62.
> (Fonds Campana, sans n° d'inv.) Même provenance.
> Détail dans notre pl. 36.

D 274. Pithos de même forme. — *A*. Sur l'épaule une zone estampée au cylindre et répétant d'une façon continue le motif suivant : lionne marchant à droite, tête de face ; sous sa tête un oiseau posé, tourné à gauche et retournant la tête, biche(?) paissant à droite, lion marchant à gauche, bouquetin paissant (à l'endroit où la zone se refermait, il n'y avait plus assez d'espace pour contenir le sujet complet et l'ouvrier n'a pu placer derrière le lion que les deux pattes de derrière du bouquetin). — *B*. Grande zone de cannelures verticales. Le dessous de la base est plat.

> Même technique. Estampages en reliefs peu saillants. Surface noircie. La panse est fendue en deux ; un morceau du rebord manque. Haut. 0,71.
> (Fonds Campana, sans n° d'inv.) Même provenance.
> Détail de *A* dans notre pl. 36.

D 282. Pithos de même forme. — *A*. Sur l'épaule un grand lacis en relief formant zigzag. — *B*. En dessous deux zones superposées, imprimées au cylindre et reproduisant le même décor. Celui-ci se compose du sujet suivant, plusieurs fois répété : biche paissant entre deux griffons affrontés, sanglier paissant à tourné à droite, fleur de lotus sortant du sol. — *C*. En dessous une large zone de cannelures verticales ; cercles saillants près de la base. Le dessous est plat.

> Même technique. Surface noircie. Estampages en reliefs nets, peu saillants. Deux morceaux du rebord sont recollés. Haut. 0,86.
> (Fonds Campana, sans n° d'inv.) Même provenance.
> Vue d'ensemble dans notre pl. 2. Détail de *B* dans notre pl. 37.

D 290. Pithos de même forme. — *A*. Sur l'épaule un cercle saillant et une zone de têtes de clous saillants. — *B*. Zone estampée au cylindre et répétant le motif suivant d'une façon continue : oiseau volant à droite, deux cavaliers lancés au galop à droite contre deux cavaliers qui viennent à leur rencontre à gauche ; ils paraissent brandir des armes, le dernier cavalier tourne la tête en arrière. Sous chaque cheval une plante sortant du sol. — *C*. Grande zone de cannelures verticales ; un cercle saillant et une zone de têtes de clous saillants près de la base dont le dessous est plat.

> Même technique. Estampages en reliefs peu saillants. L'embouchure, brisée en plusieurs morceaux, a été recollée et mastiquée. Haut. 0,84.
> (Fonds Campana, sans n° d'inv.) Même provenance.
> Vue d'ensemble dans notre pl. 2. Détail de *B* dans la pl. 37.

D 294. Pithos de même forme. — *A*. Sur l'épaule un cercle saillant et une zone de têtes de clous saillants. — *B*. Zone estampée au cylindre et répétant d'une façon continue le motif suivant, contenu dans une métope longue, limitée à droite et à gauche par un pilastre vertical : homme agenouillé, dans l'attitude archaïque de la course, portant la main gauche à sa tête et tourné à droite, autre homme dans la même pose étendant la main gauche, dieu marin à queue de poisson (Nérée ?), tourné à droite et étendant la main gauche sous laquelle nage un poisson, homme courant à droite, homme montant sur un char et saisissant les rênes de deux chevaux à aile recourbée, lancés au galop à droite, homme courant à droite et retournant la tête, arbrisseau feuillu. — *C*. Large zone de cannelures verticales. Le dessous de la base est plat.

> Même technique. Estampages en reliefs peu saillants. Surface noircie. Haut. 0,72.
> (Fonds Campana, sans n° d'inv.) Même provenance.
> Détail de *B* dans notre pl. 37.

D 295. Pithos de même forme. — *A*. Sur l'épaule cercle saillant et grand lacis en relief. — *B*. Zone estampée au cylindre et répétant d'une façon continue le motif suivant : homme tourné à droite, monté sur un char à deux chevaux lancés au galop, dont il tient les rênes et qu'il excite du fouet; le timon est orné d'une tête de griffon tournée à gauche ; sous le ventre des chevaux est tapi un lièvre ; un homme vient en courant à la rencontre du char, les deux bras levés, un bâton suspendu à la main droite ; en sens inverse courent à droite deux autres hommes, levant la main gauche, tenant de la main droite basse un bâton ou javelot ; un second char analogue au premier court à droite, dépassant un poteau qui, à l'arrière-plan, semble marquer un but de course ; sous les chevaux court un chien. (Dans cette zone se trouvent mêlés trois sujets, le char de guerre, le char de course, la chasse au lièvre. A l'endroit où la zone se refermait, un petit espace restait vide que l'ouvrier a comblé en répétant la tête et les pattes des chevaux courant, puis, se ravisant, il a estampé par-dessus le motif de l'homme courant à gauche les bras levés.) — *C*. Grande zone de cannelures verticales. Le dessous de la base est plat.

> Même technique. Estampages en reliefs peu saillants. La panse fendue en deux, a été recollée; plusieurs morceaux du rebord recollés et mastiqués. Haut. 0,77.
> (Fonds Campana, sans nᵈ d'inv.) Même provenance.
> Détail de *B* publié dans notre pl. 37

D 296. Pithos de même forme. — Même décor que dans le précédent. La zone estampée est partout régulière : char de course avec le chien courant sous les chevaux, char de combat avec le lièvre tapi sous les chevaux, un homme courant à gauche et deux hommes courant à droite.

> Même technique. Estampages en reliefs peu saillants. La panse brisée en plusieurs morceaux a été recollée et mastiquée. Haut. 0,88.
> (Inv. Campana 2540.) Même provenance.
> Détail dans notre pl. 37.

D 298. Grand plat creux, sans anses, sur large base. — Deux zones sont estampées au cylindre dans l'argile molle, l'une sur le plat du rebord, l'autre sur la partie intérieure du rebord. Toutes deux représentent le même décor et comprennent le sujet suivant plusieurs fois répété : taureau paissant et arbrisseau sous son ventre, sphinx accroupi, biche paissant et arbrisseau sous son ventre, cerf paissant et arbrisseau sous son ventre, tous tournés à droite. Le plat est orné au centre de cercles concentriques tracés dans la terre molle. Le dessous de la base est creux.

> Terre jaunâtre, épaisse, recouverte sur les bords et dans l'intérieur d'une mince couche d'argile rouge. Engobe blanc sur la base. Estampages en reliefs nets. Haut. 0,12. Diam. 0,55.
> (Inv. Campana 2562.) Trouvé à Caeré, en Étrurie, et entré au Musée en 1863.
> Détail publié dans notre pl. 37. Vue d'ensemble dans la pl. 2.

D 305. Grand plat creux, sur large base, munie de deux oreillettes sous le rebord. — Une zone est estampée au cylindre sur le plat du rebord. Elle comprend, plusieurs fois répété, le motif suivant : un griffon à l'aile recourbée, la gueule ouverte, ayant devant ses pattes une plante en volute sortant du sol, un bouquetin paissant, un cerf paissant, un sanglier paissant, tous tournés à droite. L'intérieur du plat est orné de cercles concentriques tracés dans la terre molle. Le dessous de la base est creux.

> Même technique. Estampages en reliefs nets. L'intérieur et la base sont fendus. Haut. 0,18. Diam. 0,49.
> (Fonds Campana, sans nᵉ d'inv.) Même provenance.
> Détail publié dans notre pl. 37.

D 317. Grand plat creux, sans anses, sur large base. — Deux zones sont estampées au cylindre, l'une sur le plat et l'autre sur la partie intérieure du rebord. Toutes deux repré-sentent le même décor et comprennent le sujet suivant plusieurs fois répété: un taureau affaissé sur le sol entre deux lions ou lionnes qui le dévorent. Le dessous de la base est creux.

> Même technique. Estampages en reliefs nets. Haut. 0,11. Diam. 0,53.
> (Inv. Campana 2420.) Même provenance.
> Détail publié dans notre pl. 37.

D 318. Plat de même forme. — Deux zones sont estam-pées au cylindre, l'une sur le plat du rebord et l'autre sur la partie intérieure. Toutes deux représentent le même décor et comprennent le sujet suivant, répété d'une façon continue : un taureau affaissé sur le sol de gauche à droite entre deux lions qui le dévorent, une biche affaissée sur le sol de droite à gauche entre deux lions qui la dévorent. Le dessous de la base est creux.

> Même technique. Estampages en reliefs nets. Toute la base est brisée, sauf un morceau recollé. Diam. 0,425.
> (Inv. Campana 2572.) Même provenance.
> Vue d'ensemble (en couleurs) publiée par A. de Longpérier, *Musée Napoléon*, pl. xxxvii (= lxxxvii), nᵉ 1.

D 322. Plat de même forme. — Deux zones sont estam-pées au cylindre dans l'argile molle, l'une sur le plat du rebord, l'autre sur la partie intérieure. Toutes deux représentent le même décor et comprennent le sujet suivant, plusieurs fois répété : bouquetin paissant tourné à droite, plante ou arbris-seau sortant du sol, cerf paissant tourné à droite, lion rugis-sant tourné à gauche. Le dessous de la base est creux.

> Même technique. Estampages en fort relief. Haut. 0,11. Diam. 0,41
> (Inv. Campana 2442.) Même provenance.
> Détail publié dans notre pl. 37.

D 328. Plat de même forme. — Deux zones sont estam-pées au cylindre, l'une sur le plat du rebord, l'autre sur la partie intérieure. Toutes deux reproduisent le même décor et se composent du sujet suivant, répété d'une façon continue: homme tourné à droite, agenouillé dans l'attitude archaïque de la course, tenant de la main droite élevée un *pedum*, lion marchant à droite, la patte gauche levée, cerf paissant tourné à droite, lion marchant à gauche. Le centre du plat porte des cercles concentriques tracés dans la terre molle. Le dessous de la base est creux.

> Même technique. Estampages en reliefs assez saillants. Le plat est fendu par le milieu. Haut. 0,14. Diam. 0,51.
> (Inv. Campana 2430.) Même provenance.
> Détail dans notre pl. 37.

D 329. Plat de même forme. — Dans l'intérieur trois cer-cles saillants concentriques et un bouton central. Deux zones sont estampées au cylindre sur le plat du rebord et dans la partie intérieure. Elles reproduisent le même motif, répété d'une façon continue: homme agenouillé, tourné à droite, le bras gauche levé, dans l'attitude archaïque de la course, griffon allant à droite, la gueule ouverte, bouquetin paissant tourné à gauche, autre semblable, sanglier mar-chant à gauche et dans le champ, sous sa tête, une rosace. Le dessous de la base est creux.

> Même technique. Estampages en reliefs assez saillants. Un morceau du rebord est brisé. Haut. 0,14. Diam. 0,39.
> (Inv. Campana 2594.) Même provenance.
> Détail dans notre pl. 37.

D 332. Plat de même forme. — Deux zones, reproduisant le même décor, sont estampées au cylindre sur le plat du rebord et sur la partie intérieure. Le sujet suivant se répète d'une façon continue : tige de lotus épanoui avec quatre boutons adjacents, biche ou bouquetin affaissé sur le sol entre deux lions ou lionnes qui le dévorent, sanglier fonçant à droite sur un homme agenouillé, tourné à gauche, qui reçoit l'animal sur son épieu tendu. Le dessous de la base est creux.

Même technique. Estampages en reliefs saillants. Un morceau du rebord est brisé. Haut. 0,12. Diam. 0.5o.
(Inv. Campana 2558.) Même provenance.
Détail publié dans notre pl. 37.

D 336. Plat de même forme. — Une zone est estampée au cylindre sur le rebord et se compose du motif suivant, répété d'une façon continue : homme nu, tourné à droite, agenouillé, dardant sa lance contre un sanglier paissant tourné à gauche, lionne tournée à droite, tête de face, bouquetin paissant tourné à droite, lion rugissant tourné à gauche, homme nu agenouillé, le bras droit levé, la main gauche tenant une courte massue recourbée (*pedum*). Le dessous de la base est creux.

Même technique. Estampages en reliefs nets, peu saillants. Haut. 0,12. Diam. 0,4o.
(Inv. Campana 2446.) Même provenance.
Détail dans notre pl. 38.

D 339. Plat de même forme. — Trois zones ont été estampées au cylindre, deux sur le plat du rebord et une dans la partie intérieure ; mais la seconde zone du rebord, placée en sens inverse de la première, ne montre que les pieds des personnages et des animaux, l'espace laissé ayant été insuffisant. Partout le motif suivant est répété d'une façon continue: homme fléchissant les genoux, tourné à droite et recevant sur sa lance qu'il tient à deux mains un sanglier marchant à gauche, lion allant à gauche, la patte droite levée, bouquetin paissant et sphinx à aile recourbée, accroupi, la patte droite levée, tournés à gauche. Le dessous de la base est creux et le rebord percé de trois trous ronds.

Même technique. Estampages en reliefs peu saillants. Le rebord est ébréché par endroits. Haut. 0,12. Diam. 0,52.
(Fonds Campana, sans n° d'inv.) Même provenance.
Détail dans notre pl. 38.

D 340. Plat de même forme. — Deux zones sont estampées au cylindre, l'une sur le plat du rebord, l'autre sur la partie intérieure. Toutes deux représentent le même décor et comprennent le sujet suivant, plusieurs fois répété : dieu marin à queue de poisson (Nérée?), couché à droite et retournant la tête, lion marchant à gauche, la patte droite levée, plante ou arbrisseau feuillu sortant du sol, sphinx tourné à gauche et levant la patte droite, sanglier marchant à gauche, la tête levée, petit personnage tourné à droite et dansant les bras levés, hippocampe tourné à droite. Le dessous de la base est creux.

Même technique. Estampages en reliefs assez saillants. Haut. 0,17. Diam. 0,58.
(Inv. Campana 2529.) Même provenance.
Vue d'ensemble dans notre pl. 2 (ruelle gauche de l'estrade). Détail dans la pl. 38.

D 341. Plat de même forme. — Même décor que dans le précédent.

Même technique. Quelques parties du plat du rebord sont effritées. Haut. 0,13. Diam. 0,45.
(Inv. Campana 2566.) Même provenance.
Détail dans notre pl. 38.

D 342. Plat de même forme. — Deux zones sont estampées au cylindre, l'une sur le plat du rebord, l'autre sur la partie intérieure. Toutes deux représentent le même décor et comprennent le sujet suivant, plusieurs fois répété : sphinx tourné à droite et levant la patte gauche de devant, hippocampe tourné à droite, dieu marin à queue de poisson (Nérée?), assis à droite, les bras levés et retournant la tête, chèvre ou bouquetin tourné à droite, les pattes repliées, lion marchant à droite, la patte gauche levée. Le dessous de la base est creux.

Même technique. Estampages en reliefs nets. Un grand morceau de la base est brisé. Haut. 0,15. Diam. 0,61.
(Inv. Campana 2425.) Même provenance.
Détail publié dans notre pl. 38.

D 345. Plat de même forme. — Deux zones sont estam-

pées au cylindre sur le plat du rebord et dans la partie intérieure. Elles reproduisent le même décor qui se compose du motif suivant, répété d'une façon continue: homme tourné à droite et agenouillé, dans l'attitude archaïque de la course, le bras gauche levé, tenant de la main droite un bâton (*pedum*), derrière deux chiens courant à la file et poursuivant un lièvre qui va se jeter dans un petit filet tendu ; derrière le filet, un homme agenouillé, tourné à gauche, la main droite levée. Le dessous de la base est creux.

Même technique. Estampages en reliefs nets, peu saillants. Le fond du plat a été fendu en deux, la base recollée en plusieurs parties et mastiquée. Plusieurs morceaux de la base et un petit fragment du rebord manquent. Haut. 0,11. Diam. 0,40.
(Inv. Campana 2445.) Même provenance.
Détail dans notre pl. 38.

D 347. Plat de même forme. — Une zone est estampée au cylindre sur le plat du rebord. Elle se compose du motif suivant, répété d'une façon continue: deux béliers affrontés, sous chacun d'eux une plante sortant du sol, homme nu, tourné à droite et courant, tenant de chaque main un *pedum*, chien attrapant et mordant sur le dos un lièvre qui fuit à droite, prêt à se jeter dans un filet tendu; sous le chien une rosace ou fleur épanouie. Le dessous de la base est creux.

Même technique. Estampages en reliefs saillants. Haut. 0,10. Diam. 0,39.
(Inv. Campana 2599.) Même provenance.
Détail dans notre pl. 38.

D 348. Plat de même forme. — Deux zones sont estampées au cylindre sur le plat du rebord et dans la partie intérieure. Elles reproduisent le même décor qui se compose du motif suivant, répété d'une façon continue: oiseau tourné à droite, battant d'une aile, deux chèvres affrontées et entre elles une plante sortant du sol, plante ou arbrisseau feuillu, homme agenouillé, tourné à droite, dans l'attitude archaïque de la course, brandissant une arme (*pedum*) de la main droite, deux chiens courant à la file et poursuivant un lièvre qui va se jeter dans un petit filet tendu. Le dessous de la base est creux.

Même technique. Estampages en reliefs nets, assez saillants. Le vase est fendu en deux sur le côté. Haut. 0,12. Diam. 0,4o.
(Fonds Campana, sans n° d'inv.) Même provenance.
Détail dans notre pl. 38.

D 353. Plat de même forme. — Deux zones sont estampées au cylindre sur le plat du rebord et dans la partie intérieure. Elles reproduisent le même décor qui se compose du motif suivant, répété d'une façon continue: cavalier allant à droite et brandissant de la main droite un énorme coutelas, lion accroupi, tourné à droite, la tête près du sol ; derrière ce lion et en arrière plan apparaît le col dressé et la tête vue de face d'une lionne (ce qui donne à l'ensemble l'apparence d'un animal à deux têtes, le col de la lionne sortant du col du lion), cerf allant à droite, les jambes de derrière repliées sous lui, et au-dessus de lui un poisson nageant à droite. Les proportions des animaux sont remarquablement allongées et déformées. Le dessous est creux et le rebord de la base percé de trois grands trous ronds.

Même technique. Estampages en reliefs peu saillants. Un morceau du rebord de la base est brisé. Haut. 0,14, Diam. 0,56.
(Fonds Campana, sans n° d'inv.) Même provenance.
Détail dans notre pl. 38.

D 354. Grand plat creux sans anses, sur quatre pieds carrés. — Dans l'intérieur une bosse saillante en omphalos entouré de quatre cercles saillants. Près du rebord, une double série d'incisions obliques formant une guirlande circulaire. Sur le plat du rebord une zone de métopes estampées, limitées à gauche et à droite par une grande dent de loup saillante, et contenant toutes le même sujet : un cavalier marchant à droite. Le même sujet est estampé sur la face externe de chacun des quatre pieds formant supports. — Le revers du plat porte un décor peint au trait blanc sur l'argile rouge ; sur le fond une large rosace à huit pétales ; sur la partie interne de chaque pied une croix en X ; sous le rebord une zone de godrons. Sur la tranche du rebord série de traits obliques incisés.

> Terre jaunâtre, épaisse, revêtue sur toute la surface extérieure et intérieure d'une mince couche d'argile rouge. Estampages en reliefs saillants. Peinture en blanc friable, par endroits effacé. Le plat est fendu en deux endroits ; un morceau du rebord manque. Haut. 0,11. Diam. 0,54.
> (Fonds Campana, sans n° d'inv.) Même provenance.
> Le revers peint a été publié par A. de Longpérier, *Musée Napoléon III*, pl. xxxvii (= lxxxvii), n° 2. Détail du sujet estampé dans notre pl. 88. Vue d'ensemble dans notre pl. 20 (en avant de l'estrade et au centre).

D 355. Grand plat creux, sur une petite base ronde. — La forme est différente des autres plats de Caeré. Sur la partie extérieure du rebord vertical sont estampées une série de métopes qui reproduisent les deux sujets suivants alternant d'une façon continue et régulière, sauf au point de jonction où les deux chars sont juxtaposés. 1° Entre deux colonnes doriques cannelées, une femme ailée, aux ailes recourbées (Nikè), court à droite, vêtue d'une tunique courte, tenant de la main droite une couronne, de la main gauche un objet allongé suspendu à un lien (vase ?). 2° Entre deux colonnes doriques cannelées, un char à quatre chevaux court au galop à droite, monté par un aurige en longue tunique qui tient les rênes et se penche ; un oiseau volant à droite, au-dessus des chevaux ; sous leur ventre un petit quadrupède courant à droite (lièvre ou chien). La zone est bordée en haut par des oves, en bas par des denticules.

> Terre jaunâtre, revêtue sur le rebord d'une mince couche d'argile rougeâtre. Estampages en reliefs assez saillants. Le vase, brisé en plusieurs morceaux, a été recollé et consolidé par une couche épaisse de plâtre qui remplit presque tout l'intérieur. Haut. 0,21. Diam. 0,87.
> (Fonds Campana, sans n° d'inv.) Même provenance.
> Vue d'ensemble dans notre pl. 2 (au centre de l'estrade, sous le pithos D 264). Détail dans notre pl. 88.

SALLE E

VASES DE STYLE CORINTHIEN TROUVÉS EN ITALIE

**E 13. Pyxis ronde, munie de quatre petites oreillettes
et d'un couvercle à bouton.** — Décor géométrique. La
panse est divisée en cinq petites zones : 1° bandes de zigzags
verticaux entre petites métopes contenant des triangles affrontés par les pointes ; 2° quatre cercles rouges et un cercle clair
réservé sur une zone noire ; 3° trois bandes de points noirs
superposés formant damier entre quatre cercles ; 4° même
zone que 2° ; 5° deux cercles et dents de loup près de la base. Sur
le fond plat du vase cinq cercles concentriques. — L'intérieur
noir avec cercles concentriques sur le centre réservé en clair.
Le couvercle est divisé en quatre petites zones : *A*, même
décor que 2° ; *B*, même décor que 3° ; *C*, même décor que
2° ; *D*, arêtes noires rayonnantes autour du bouton central.

> Terre jaunâtre, à surface bistre foncé. Peinture en noir peu lustré,
> tournant au brun. Retouches de rouge vineux. Deux des oreillettes
> sont brisées ; le bouton du couvercle manque. Haut. 0,08. Diam. 0,10.
> (Inv. Campana 3335.) Trouvé à Caeré, en Étrurie, et entré au Musée
> en 1863.
> Publié dans notre pl. 39.

**E 18. Aryballe à panse striée, à goulot mince et à
anse plate.** — La panse est occupée par une série de cinq
tores saillants dont la tranche est réservée en clair et le fond
peint en noir. Près de la base zone réservée en clair avec un
cercle noir. Le fond plat, avec petite dépression centrale, porte
un cercle noir. Sur l'épaule languettes minces rayonnantes. Sur
l'anse larges traits horizontaux. Sur le plat de l'embouchure
large cercle noir. Dans l'orifice cercle noir.

> Terre blanchâtre à surface jaune. Peinture en noir terne tournant
> au brun rougeâtre. Haut. 0,09.
> (Fonds Campana sans n° d'inv.) Même provenance.
> Publié dans notre pl. 39.

E 32. Alabastre à panse piriforme et anse très courte.
— La panse est ornée de deux larges zones ponctuées de
points noirs. Un cercle noir portant un cercle rouge sépare
les deux zones et les limite en haut et en bas. A la base du col
languettes noires ; deux traits horizontaux sur l'anse ; un cercle noir portant un cercle rouge sur le plat de l'embouchure et
un petit cercle noir autour de l'orifice. Sur le fond une petite
dépression circulaire.

> Terre blanchâtre, dure et bien cuite, à surface jaune. Peinture en
> noir terne devenu brun ; retouches de rouge pâle. Haut. 0,12.
> (Inv. Campana 1941.) Même provenance.
> Publié dans notre pl. 39.

**E 47. Alabastre à panse allongée et à anse plate un
peu coudée.** — La panse porte quatre zones noires et quatre
zones réservées en clair ; sur chaque zone noire un cercle
rouge ; sur deux zones claires un large cercle rouge ; sur la
troisième deux cercles rouges entre deux lignes de points
noirs. Sur le goulot languettes noires. Sur l'anse larges traits
horizontaux. Sur le plat de l'embouchure un large cercle rouge
entouré de fines languettes. Le fond est plat.

> Terre jaunâtre. Peinture en noir terne et en rouge violacé de ton vif.
> Haut. 0,15.
> (Fonds Campana, sans n° d'inv.) Même provenance.
> Publié dans notre pl. 39.

**E 99. Aryballe à base pointue, à goulot mince et
anse plate.** — Sur la panse, zone claire réservée entre deux
cercles noirs portant chacun un cercle rouge ; dans cette zone
claire on a peint un cercle noir hérissé de chaque côté de traits
obliques parallèles, formant une sorte de guirlande circulaire.
Sur l'épaule languettes noires rayonnantes. A la base du col
un cercle noir. Sur l'anse trois traits noirs horizontaux. Sur le
plat de l'embouchure petites languettes noires rayonnantes.
Dans l'orifice un cercle noir.

> Terre blanche à surface jaunie et un peu verdâtre. Peinture en noir
> peu lustré, tourné au brun. Retouches en rouge violacé. Haut. 0,095.
> (Fonds Campana, sans n° d'inv.) Même provenance.
> Publié dans notre pl. 39.

E 112. Aryballe à panse divisée en trois tores saillants, à goulot mince et à anse plate. — La panse forme
trois sortes de coussinets superposés ; celui du haut porte des
cercles noirs, celui du centre des groupes de bâtonnets verticaux, celui d'en bas des groupes de languettes trois par trois.
Le fond est plat avec petite dépression centrale. Sur l'épaule
languettes rayonnantes. Sur l'anse larges traits horizontaux.
Sur le plat de l'embouchure fines languettes rayonnantes.
Dans l'orifice cercle noir.

> Terre jaunâtre et tendre. Peinture en noir terne complètement tourné
> au rouge. La peinture a souffert et est en partie effacée. Haut. 0,09.
> (Fonds Campana, sans n° d'inv.) Même provenance.
> Publié dans notre pl. 39.

**E 309. Aryballe à base pointue, goulot mince et
anse plate.** — Sur la panse une large zone d'imbrications
incisées sur le fond noir et ponctuées de points rouges et
blancs. Sur l'épaule une zone de languettes rayonnantes et un
cercle noir. Près de la base un cercle noir et une zone de languettes rayonnantes. Le dessous est légèrement creux. Sur le
plat de l'embouchure gros points noirs et sur le plat de l'anse
larges traits noirs horizontaux.

> Terre blanche et tendre, analogue à celle du *bucchero* non fumigé.
> Peinture en noir lustré, avec retouches rouges et blanches. Les
> retouches blanches sont effacées et n'ont laissé qu'une trace mate
> sur le noir. Haut. 0,12.
> (Inv. Campana 331.) Même provenance.
> Publié dans notre pl. 39.

E 319. Aryballe de même forme. — Sur la panse une
large zone de grandes imbrications incisées sur le fond noir
et ponctuées de gros points rouges et blancs. Sur l'épaule languettes rayonnantes et cercle noir. Sur le bas de la panse un
cercle et une petite zone noire. Le dessous est légèrement
creux. Sur le plat de l'embouchure bâtonnets rayonnants et
sur le plat de l'anse larges traits horizontaux. Cercle noir dans
l'intérieur de l'orifice.

> Terre blanchâtre, à surface jaunie et picotée de salissures noires.
> Peinture en noir peu lustré, tourné au brun jaunâtre. Retouches en
> rouge vineux et en blanc. Haut. 0,12.
> (Inv. Campana 1927.) Même provenance.
> Publié dans notre pl. 39.

**E 332. Aryballe à panse sphérique, goulot mince et
anse plate.** — La panse en noir sauf quatre cercles réservés
en clair et le reste occupé par une large zone de godrons

incisés, points en rouge par groupes de trois. Sur l'épaule languettes noires rayonnantes. Sur l'anse traits noirs horizontaux. Sur le plat de l'embouchure languettes rayonnantes; sur le rebord des points noirs. Le dessous est presque plat.

> Terre blanchâtre à surface jaunie. Peinture en noir peu lustré. Retouches en rouge vineux. Le bas du vase a souffert ; nombreuses écailles enlevées sur le fond et sur la panse. Haut. 0,10.
> (Inv. Campana 3417.) Même provenance.
> Publié dans notre pl. 39.

E 333. Aryballe en forme de jambe humaine. — La jambe est chaussée d'une botte montant au genou (endromide), indiquée par une peinture noire avec ornements incisés sur le devant, à l'endroit de la languette et des lacets. Le haut est surmonté d'un goulot avec l'embouchure plate d'un aryballe ; sur la tranche points noirs, sur le plat de l'orifice languettes noires rayonnantes.

> Terre blanche à surface jaunâtre. Peinture en noir peu lustré, tourné au brun. Travail d'incisions rapide. Haut. 0,11.
> (Inv. Campana 351.) Même provenance.
> Publié dans notre pl. 39.

E 334. Œnochoé à embouchure ronde et à anse plate surmontée de deux petites saillies. — Sur l'épaule, dans une bande réservée en clair, une série de languettes noires. Sur la panse deux zones de larges imbrications incisées sur le noir et tachetées de points blancs et rouges. Ces zones sont séparées et limitées en haut et en bas par trois cercles rouges et cinq blancs. Près de la base trois groupes de languettes noires sur fond clair. Le dessous est presque plat. À la base du col un tore saillant sur lequel on a peint en blanc six languettes horizontales. Le col, l'anse et l'embouchure en noir.

> Terre jaunâtre claire. Peinture en noir peu lustré et bruni. Retouches en rouge vineux et en blanc. Haut. 0,20.
> (Inv. Campana 2536.) Même provenance.
> Publié dans notre pl. 40.

E 347. Grande œnochoé à bec trilobé, à anse haute et plate, divisée en quatre saillies verticales et accostée de deux rondelles saillantes. — La panse et le bas du col sont entièrement couverts d'imbrications noires et rouges finement incisées ; chaque écaille noire porte un point blanc central. Sur l'épaule une zone et près de la base deux zones de godrons noirs, rouges, blancs, incisés. Le pied, le plat de l'anse, le point d'attache inférieur, le rebord extérieur du bec en noir. De chaque côté du bec une rosace en tache rouge, entourée de points blancs, indique des yeux. Sur chaque rondelle saillante une rosace en gros points blancs. Sur le col un tore saillant et une zone réservée en ton d'argile clair. Pas de peinture dans l'embouchure ni sur le dessous de l'anse. Le fond du vase est légèrement creux avec quelques cercles incisés au centre.

> Terre blanche à surface jaunie. Peinture en noir lustré, rouge vineux et blanc mat. Travail d'incisions soigné. Le vase, brisé en plusieurs morceaux, a été soigneusement recollé, de façon à dissimuler les fissures. En plusieurs endroits les imbrications et godrons ont été repeints pour unifier l'aspect. Haut. avec l'anse 0,41.
> (Inv. Campana 1418.) Même provenance.
> Publié dans notre pl. 40.

E 352. Aryballe à panse sphérique, goulot très court et large anse plate. — Sur le devant de la panse un grand motif floral, qui se prolonge jusque sur le fond : deux fleurs de lotus superposées et accostées de six grands pétales (les calices des fleurs et deux pétales en quadrillé noir). Sur le rebord quadrillé noir. Sur le plat de l'embouchure, rosace à quatorze pétales indiqués au trait noir sur fond clair, entourée de quatre cercles. Sur le plat de l'anse un large trait noir vertical entre six traits fins ; sur les tranches, d'un côté zigzag, de l'autre traits obliques ; à l'attache supérieure quadrillé noir.

> Terre blanchâtre à surface jaune verdâtre. Peinture en noir lustré avec retouches de rouge violacé mat sur l'ornement. Pas d'incisions. La peinture est par endroits effacée. Haut. 0,07.

(Inv. N 3119 et Durand 90.) Provenance exacte inconnue; entré au Musée en 1825.
Publié dans notre pl. 40.

E 361. Aryballe de même forme. — Sur le devant de la panse large motif floral : deux palmettes superposées et accostées de longs pédoncules. De chaque côté et sous l'anse une rosace noire incisée dans un grand cercle vertical. Sur le rebord pointillé noir. Sur le plat de l'embouchure languettes noires rayonnantes. Sur le plat de l'anse longs traits noirs horizontaux. Sur le fond languettes noires rayonnant autour d'une petite dépression centrale.

> Terre blanche à surface polie et jaune un peu verdâtre. Peinture en noir lustré avec retouches de rouge violacé sur le motif central. Travail d'incisions soigné. Haut. 0,085.
> (Inv. N 3081 et Durand 228.) Provenance exacte inconnue; entré au Musée en 1825.
> Publié dans notre pl. 40.

E 375. Alabastre à panse piriforme et à anse très courte. — Sur le bas de la panse une zone de chiens courant à la file, peints en silhouette noire non incisée. Sur le centre de la panse une large zone ponctuée de points noirs. Trois cercles noirs portant un cercle rouge séparent et limitent ces deux zones. Sur le goulot arêtes noires rayonnantes. L'anse et le rebord en noir. Sur le plat de l'embouchure un cercle noir et un rouge; dans l'orifice un cercle noir. Sur le fond une petite dépression circulaire.

> Terre blanchâtre à surface jaune. Peinture en noir terne devenu brun; emploi du rouge vineux pour les ornements. Dessin rapide et sommaire. Haut. 0,115.
> (Inv. Campana 2080.) Trouvé à Cnéré, en Étrurie, et entré au Musée en 1863.
> Publié dans notre pl. 40.

E 390. Aryballe à base effilée, goulot mince et anse plate. — Sur l'épaule deux chiens courant à la file à droite et un ornement en zigzag (représentant peut-être le piège dressé). Sur la panse une zone de quatre chiens courant à droite. Le reste est occupé par des cercles noirs dont deux larges et quinze fins. Près de la base arêtes rayonnantes. Le fond est presque plat avec point noir central. Sur l'anse larges traits horizontaux. Sur le plat de l'embouchure arêtes rayonnantes et deux cercles noirs. Dans l'orifice un cercle noir.

> Terre blanche. Peinture en noir un peu lustré, tourné au brun et au jaune, sans retouches ni incisions. Dessin rapide et sommaire. Haut. 0,07.
> (Fonds Campana, sans n° d'inv.) Même provenance.
> Publié dans notre pl. 40.

E 396. Petit alabastre à panse piriforme et à anse courte. — La panse est divisée en trois zones peintes et non incisées. Dans chaque zone quatre ou cinq chiens courant à la file vers la droite. Les zones sont séparées par quatre cercles rouges entre filets noirs. Sur le fond deux cercles noirs et languettes rayonnant autour d'une petite dépression centrale entourée d'un cercle noir. Sur le goulot languettes noires. Sur l'anse traits noirs horizontaux. Sur le rebord deux cercles. Sur le plat de l'embouchure deux cercles noirs et une zone de gros points noirs. Dans l'orifice un cercle noir.

> Terre blanchâtre à surface jaunie. Peinture en noir lustré. Emploi du rouge vineux pour les cercles seulement. Haut. 0,07.
> (Fonds Campana, sans n° d'inv.) Même provenance.
> Publié dans notre pl. 40.

E 421. Cratère sans anses (dinos) sur base ronde. — L'épaule est ornée d'une zone d'animaux peinte et incisée, tous marchant à droite : oiseau à tête de griffon (aile recourbée), sirène à tête d'homme barbu, lionne allongeant la tête vue de face, grand oiseau d'eau, bélier, lionne tête de face, bélier paissant, lion rugissant, long corps d'oiseau à queue de coq terminé par une tête de quadrupède (chien ou loup). Le champ est semé de rosaces rouges et noires incisées en croix et de rosaces en points noirs.

En haut de cette zone godrons quadrangulaires noirs, rouges et blancs. En dessous une torsade noire et rouge avec points de centre blancs. Sur le bas de la panse grande zone d'imbrications incisées sur fond noir et tachetées de points blancs et rouges. Près de la base cercles rouges, noirs et blancs. Le dessous est légèrement creux. Sur le plat de l'embouchure une zone de triangles affrontés par les pointes, alternativement rouges et noirs entre deux bâtonnets noirs. Cercle noir dans l'intérieur.

Terre blanchâtre. Surface jaunâtre picotée de points noirs. Peinture en noir peu lustré. Retouches de rouge vineux sur les animaux et les ornements. Emploi du blanc pour les ornements. Travail des incisions assez soigné. Une moitié de la base est brisée, le fond fendu. La peinture est souvent endommagée et disparaît sous une croûte terreuse. Haut. 0,26. Diam. 0,31.

(Inv. Campana 2380.) Même provenance.

Publié dans notre pl. 40.

E 422. Œnochoé à embouchure ronde et à anse bifide surmontée de deux boutons saillants. — La panse est divisée en quatre zones d'animaux peints et incisés. — *A*. Bouc paissant entre lion rugissant et lionne tête de face. — *B*. Bouc paissant, cygne aux ailes déployées entre deux sphinx accroupis (visages peints en rouge), bouc paissant, lion rugissant devant bouc paissant. — *C*. Lion rugissant devant biche paissant, cerf paissant entre deux lions rugissant, lion rugissant devant cerf paissant. — *D*. Lionne tête de face devant bouc paissant, lion rugissant devant bouc paissant, autre bouc semblable, lion rugissant devant bouc paissant. Les champs des quatre zones sont semés de petits cercles noirs avec point central.

Les zones sont séparées par des cercles noirs par-dessus lesquels sont peints quatre cercles rouges. Près de la base un cercle noir portant deux cercles rouges et arêtes noires rayonnantes. Le dessous de la base est plat et porte trois cercles noirs concentriques. A la base du col, tore saillant. Le goulot en noir avec rosaces en points blancs ; l'anse en noir avec rosaces en points blancs sur les boutons saillants. L'embouchure en noir avec trois cercles rouges.

Terre jaune clair, fine. Peinture en noir lustré, tournant facilement au brun rouge. Nombreuses retouches en rouge vineux mal sur les corps des animaux. Emploi du blanc pour quelques rosaces. Travail d'incisions soigné. Le vase, brisé en plusieurs morceaux, a été recollé et réparé en un certain nombre d'endroits ; plusieurs portions d'animaux sont refaites et repeintes. Haut. 0,34.

(Inv. Campana 301.) Même provenance.

Pour la forme et le décor très analogues, voy. le dessin de E 423 dans notre pl. 41.

E 423. Œnochoé de même forme. — Même type et même fabrique que le précédent. Même division en quatre zones avec sujets très analogues. — *A*. Bouc paissant entre deux lions rugissant. — *B*. Lionne tête de face devant bouc paissant, lion rugissant devant cerf paissant, cygne aux ailes déployées devant bouc paissant. — *C*. Lion rugissant devant biche paissant, cygne aux ailes déployées entre deux sphinx accroupis (visages peints en rouge), lion rugissant, sanglier. — *D*. Lion rugissant devant taureau, bouc paissant, lionne tête de face devant cerf, aigle posé devant bélier paissant.

Pour le reste même décor que dans le précédent, sauf que le goulot et les rondelles ne portent pas de rosaces en points blancs. Même technique. La pièce est mieux conservée et plus complète que la précédente. Quelques morceaux du rebord sont refaits. Haut. 0,32.

(Inv. Campana 295.) Même provenance.

Publié dans notre pl. 41.

E 430. Œnochoé à bec trilobé et à anse trifide. — La panse est ornée de deux zones d'animaux peints et incisés. *A*. Deux sphinx affrontés à tête d'homme barbue et ceinte d'une bandelette, grand oiseau posé, deux cerfs paissant, entre deux lions rugissant. — *B*. Deux lionnes affrontées à une seule tête de face, bouquetin paissant, lion rugissant, sanglier paissant. — Les champs sont semés de grosses rosaces noires non incisées.

Les deux zones sont séparées par un cercle noir. Sur le bas de la panse large zone noire. Près de la base arêtes noires rayonnantes. Le pied en noir et le fond légèrement creux. Sur l'épaule large zone noire recouverte de godrons incisés alternant avec des godrons rouges. En haut et en bas du goulot noir un léger tore saillant.

L'anse, le bec et l'intérieur de l'embouchure en noir. Traces de rosaces en points blancs placées de chaque côté du bec en guise d'yeux.

Terre blanchâtre, à surface jaune clair, picotée de salissures noires. Peinture en noir peu lustré, souvent tourné au rouge. Retouches de rouge violacé. Travail d'incisions rapide. Plusieurs morceaux réparés dans le bec et dans l'anse. Un petit trou dans le bas de la panse, et un morceau du pied enlevé. Haut. avec l'anse 0,29.

(Inv. Campana 262.) Même provenance.

Publié dans notre pl. 41.

E 436. Œnochoé de même forme. — La panse est divisée en trois zones peintes et incisées. — *A*. Bouc paissant entre deux lionnes tête de face. — *B*. Lion rugissant, cygne aux ailes déployées entre deux sphinx affrontés (visages peints en rouge), lion rugissant, cygne posé. — *C*. Taureau entre deux lionnes tête de face, lionne tête de face devant bouc paissant. Les champs des trois zones sont semés de rosaces en taches noires incisées, mêlées de quelques petits cercles avec point central et de petites croix.

Les zones sont séparées par des cercles noirs sur lesquels on a peint un cercle rouge entre deux blancs. Le bas de la panse est noir avec cercle rouge entre deux blancs. A la base arêtes noires rayonnantes. Sur le fond, qui est presque plat, trois cercles noirs concentriques. A la base du col un tore saillant. Le col, l'anse et les rondelles en noir. L'embouchure en noir avec un cercle rouge entre deux blancs.

Terre jaune clair, fine. Peinture en noir lustré. Nombreuses retouches en rouge vineux sur les animaux. Emploi du blanc pour quelques cercles. Travail d'incisions soigné. Les proportions des animaux sont très allongées et démesurées dans la zone inférieure. Haut. 0,35.

(Inv. N 8059.) Provenance exacte inconnue.

Publié dans notre pl. 41.

E 443. — Petite amphore à base effilée et à deux anses rondes verticales. — Sur l'épaule une zone peinte et incisée : lionne tête de face allant à gauche, deux aigles affrontés et retournant la tête. Sur la panse une zone semblable : bouquetin paissant entre deux lionnes tête de face, aigle posé et retournant la tête. Les champs sont semés de rosaces noires incisées et de points.

Les deux zones sont séparées par quatre cercles noirs. Sur le bas de la panse une large bande noire entre deux cercles. Près de la base arêtes noires rayonnantes. Le dessous, presque plat, porte deux cercles noirs. Le pied, les anses, le rebord extérieur et intérieur en noir. Sur le goulot un zigzag horizontal.

Terre blanchâtre à surface jaune clair, picotée de salissures noires. Peinture en noir lustré, tournant au brun ; retouches de rouge violacé sur les animaux. Travail d'incisions rapide. Un morceau du pied est enlevé. Haut. 0,17.

(Inv. Campana 1935.) Trouvé à Caeré, en Étrurie, et entré au Musée en 1863.

Publié dans notre pl. 41.

E 460. Alabastre à panse piriforme et à anse courte. — La panse est divisée en trois zones peintes et incisées. — *A*. Deux coqs affrontés de chaque côté d'une palmette en forme de croix, cygne aux ailes déployées. — *B*. Deux lions rugissant affrontés de chaque côté d'une palmette semblable, lionne tête de face. — *C*. Deux lionnes affrontées dont les têtes se réunissent en une seule de face (sur le corps de la lionne de gauche est perché un cygne), lionne tête de face. Les champs sont semés de rosaces en taches noires incisées et en points noirs.

Sur le fond du vase quatre cercles concentriques et un point noir central. Les zones sont séparées par des cercles noirs. Sur le goulot languettes noires rayonnantes. Sur le plat de l'embouchure deux cercles noirs et deux rouges concentriques.

Terre blanche à surface jaune clair. Peinture en noir peu lustré. Retouches rouges sur les animaux. Travail d'incisions rapide ; dessin lourd et inexpérimenté. L'anse est brisée et le trou contient encore un morceau de l'anneau de fer auquel le vase était sans doute suspendu. Haut. 0,20.

(Inv. Campana 369.) Même provenance.

Publié dans notre pl. 41.

E 467. Alabastre de même forme. — La panse est divisée en deux zones peintes et incisées. — *A.* Deux coqs affrontés de chaque côté d'une plante ou arbrisseau. — *B.* Lionne ailée, tête de face avec une aile déployée, lionne accroupie tête de face. Dans les champs rosaces en grosses taches noires incisées. Sur le goulot languettes rayonnantes. Sur l'anse traits noirs horizontaux. Sur le plat de l'embouchure un cercle rouge sur un cercle noir. Dans l'embouchure un cercle noir.

> Terre blanche à surface jaunie. Peinture en noir peu lustré, tourné au brun, avec retouches de rouge violacé. Dessin lourd et négligé, incisions rapides. Haut. 0,15.
> (Inv. N 3078 ; Durand 228.) Provenance exacte inconnue.
> Publié dans notre pl. 41.

E 491. Alabastre de même forme. — Sur le devant de la panse deux coqs affrontés de chaque côté d'une palmette renversée et surmontée d'une fleur de lotus. Sur le revers trois rosaces noires incisées. Sur le fond languettes noires autour d'une petite dépression centrale. Sur le goulot languettes rouges et noires. L'anse en noir. Sur le rebord points noirs. Sur le plat de l'embouchure languettes noires et rouges.

> Terre blanchâtre à surface jaune clair, picotée de salissures noires. Peinture en noir lustré. Retouches de rouge violacé. Travail d'incisions soigné. Haut. 0,12.
> (Inv. Campana 333.) Trouvé à Caeré, en Étrurie, et entré au Musée en 1863.
> Publié dans notre pl. 41.

E 516. Aryballe à panse sphérique, goulot mince et anse plate. — Sur le devant de la panse un aiglon volant à droite entre deux grands aigles affrontés, aux ailes déployées (pointillé blanc sur les têtes et les ailes, imbrications incisées sur les cols, ailes noires avec retouches rouges et blanches). Le champ est semé de rosaces, fleurettes et triangles noirs incisés.

> Sur le fond languettes noires rayonnant autour d'une petite dépression centrale ornée de deux cercles noirs. Sur l'épaule languettes rouges et noires. Sur l'anse zigzag noir entre deux traits verticaux. Sur le rebord points noirs. Sur le plat de l'embouchure, cercle noir et languettes rouges et noires. Dans l'orifice un cercle noir.
> Terre blanchâtre à surface jaune clair. Peinture en noir lustré, tournant au brun jaune. Retouches en rouge violacé et en blanc. Travail d'incisions soigné. Haut. 0,15.
> (Inv. N 3084 ; Durand 217.) Provenance exacte inconnue.
> Publié dans notre pl. 41 ; en vignette dans le *Traité des Arts céramiq.* de Brongniart, *Atlas*, pl 2, n° 4.

E 550. Coupe plate à deux anses horizontales, accostées de deux pointes saillantes. — L'intérieur est noir et orné de cercles fins, blancs et rouges, concentriques. Le rebord, peint en noir, porte six groupes de bâtonnets blancs. Tout le décor est sur les revers qui présentent une large zone d'animaux peints et incisés : lionne tête de face devant bouquetin paissant, tête de lionne tournée à droite sur un corps d'oiseau tourné à gauche, bouquetin paissant devant lion rugissant, bouquetin paissant. Les proportions des corps sont démesurément allongées. Le champ est semé de rosaces en taches noires incisées et en points.

> Près du rebord zigzags noirs. Au-dessus et au-dessous de la zone deux cercles noirs entre deux cercles rouges. Près de la base deux cercles noirs. Sur le fond, qui est légèrement creux, cercles noirs concentriques. Les anses étaient barbouillées de noir effacé.
> Terre jaune clair, fine. Peinture en noir lustré, fort craquelé ou tourné au brun. Retouches rouges sur les animaux. Emploi du blanc pour les ornements. Travail d'incisions rapide et négligé. Le vase a été brisé en plusieurs morceaux dont les recollages restent visibles. Haut. 0,09. Diam. 0,31.
> (Ancien fonds, sans n° d'inv.) Provenance inconnue.
> Publié dans notre pl. 42.

E 551. Cothon à anse plate accostée de deux pointes saillantes. — Le pourtour de l'embouchure est décoré d'une zone d'animaux peints et incisés : lionne à tête de face devant taureau tête baissée, deux lions rugissant affrontés et retournant la tête, bouquetin paissant devant lionne tête de face, autre groupe semblable.

Sous cette zone un petit damier noir et blanc entre deux cercles rouges ; autour de l'embouchure un cercle rouge ; dans l'embouchure un cercle rouge et une large bande noire. Le fond intérieur porte au centre trois cercles noirs concentriques ; le reste est peint en noir avec deux cercles rouges par-dessus. Sur le bas de la panse un cercle rouge sur un cercle noir. Près de la base un cercle noir. Sur le pied noir un cercle rouge. Le dessous est légèrement creux avec trois cercles noirs concentriques et deux rouges. L'anse et les pointes en noir.

> Terre jaune clair, fine. Surface polie. Peinture en noir lustré avec retouches rouges sur les animaux. Travail d'incisions rapide. Le pourtour de l'embouchure a plusieurs morceaux brisés et recollés ; un petit fragment manque. Haut. 0,07. Diam. 0,18.
> (Inv. N 3124 ; Durand 219.) Provenance exacte inconnue.
> Publié dans notre pl. 42.

E 565. Cratère à oreillettes plates sur deux anses rondes verticales. — La panse est divisée en deux zones peintes et incisées. — I. Zone supérieure. *A.* Sanglier paissant à droite entre un lion rugissant et une lionne tête de face. — *B.* Bouc marchant à droite et retournant la tête entre deux lions rugissant. — II. Zone inférieure. Bouc paissant devant lion rugissant, bélier paissant devant lionne tête de face, taureau devant cygne aux ailes déployées, lionne marchant à droite, tête de face. Tous les champs sont semés de rosaces noires incisées et de points.

> Les deux zones sont séparées par un cercle noir. Sur le bas de la panse large zone noire. Près de la base arêtes noires rayonnantes. Le pied, les anses et tout l'intérieur en noir. Sur les oreillettes et sur le plat de l'embouchure languettes noires. Le dessous est légèrement creux et presque plat.
> Terre jaunâtre à la cuisson. Surface jaunâtre, picotée de salissures noires. Peinture en noir lustré. Retouches rouges sur les animaux. Travail des incisions assez soigné. Un morceau du pied et un morceau du rebord manquent ; un trou dans le bas de la panse. La peinture est par endroits effacée. Haut. 0,27. Diam. 0,27.
> (Ancien fonds, sans n° d'inv.) Provenance inconnue.
> Publié dans notre pl. 42.

E 570. Grand cratère de même forme. — L'épaule porte une zone d'animaux peints et incisés. — *A.* Cygne posé entre deux lionnes affrontées tête de face, six rosaces noires incisées dans le champ. — *B.* Cygne posé entre deux sirènes affrontées, battant des ailes, une rosace dans le champ. — *C.* Sous chaque anse un cygne posé (d'un seul côté une rosace dans le champ). — *D.* Sur le plat de chaque oreillette un cygne posé, déployant une aile.

> La panse est occupée par une large bande noire sur laquelle sont peints trois cercles rouges entre des filets blancs. Près de la base arêtes noires rayonnantes. Le pied en noir, le dessous creux avec partie centrale bombée. Le col, les anses et tout l'intérieur en noir. Sur tout le plat de l'embouchure des zigzags noirs disposés obliquement. Dans l'embouchure un cercle rouge et un blanc.
> Terre jaune clair, picotée de noir. Peinture en noir lustré. Retouches rouges sur les animaux. Emploi du blanc pour les ornements. Travail d'incisions assez soigné. Un seul morceau de la panse a été brisé et recollé, mais comme une portion des peintures avait souffert du temps, on a refait en noir et en rouge modernes la plus grande partie des figures, sauf en *A.* Le noir du col, des anses, des arêtes rayonnantes et du pied est aussi refait. Haut. 0,36. Diam. max. 0,41.
> (Inv. Campana, n° incomplet.) Trouvé à Caeré, en Étrurie, et entré au Musée en 1863.
> Vue d'ensemble dans notre pl. 42.

E 574. Grand alabastre à panse piriforme et à anse courte. — Sur le devant de la panse une sirène retournant la tête entre deux grands lions rugissant affrontés ; au revers les deux queues de lions s'enchevêtrent symétriquement.

> Sur le fond languettes noires rayonnant autour d'une petite dépression centrale portant un cercle noir. Sur le goulot quatre cercles noirs et une zone de languettes. Sur le rebord points noirs. Sur le plat de l'embouchure languettes noires et dans l'orifice un cercle noir. L'anse barbouillée de noir.
> Terre blanche, tendre, un peu rosée. Peinture en noir lustré avec retouches rouges, effacées et pâles. Travail d'incisions soigné. Haut. 0,31.
> (Fonds Campana, sans n° d'inv.) Même provenance.
> Publié dans notre pl. 42.

E 586. Alabastre de même forme. — Sur le devant de la panse un dieu barbu, ailé (ailes recourbées), court à droite les mains étendues (tunique rouge à bordures noires incisées). Sur le revers un cygne aux ailes déployées marche à droite. Le champ est semé de rosaces noires incisées.

Sur le fond rosace noire à dix pétales. Sur le goulot languettes noires. L'anse en noir. Sur le rebord points noirs. Sur le plat de l'embouchure languettes noires et rouges.
Terre blanchâtre à surface jaune clair. Peinture en noir lustré, tourné au brun rougeâtre. Retouches de rouge violacé. Travail d'incisions soigné. Haut. 0,14.
(Inv. Campana 313.) Même provenance.
Publié dans notre pl. 43.

E 588. Alabastre de même forme. — Sur le devant de la panse une déesse ailée (ailes recourbées), coiffée du pólos, drapée (tunique rouge à bordures noires incisées), le corps de face et la tête à droite (visage et cou rouges), tient de chaque main le col d'un cygne aux ailes déployées qu'elle fait le geste d'étrangler (Artémis dite Persique). Sur le revers un homme barbu, drapé (tunique rouge à bordures pointillées de blanc ou incisées), tourné à droite, danse avec contorsions en fléchissant les genoux (Satyre, compagnon de Dionysos). Le champ est semé de rosaces noires incisées et de quelques rosaces à pétales rouges et noirs.

Sur le fond languettes noires rayonnant autour d'une petite dépression centrale peinte en noir. Sur le goulot languettes noires. L'anse en noir; sur le rebord points noirs; sur le plat de l'embouchure languettes rouges et noires.
Terre blanchâtre à surface jaune clair. Peinture en noir lustré et rouge violacé. Travail d'incisions soigné. En certains points les couleurs ont été restaurées (ailes d'Artémis, ornements de l'embouchure). Haut. 0,19.
(Inv. Campana 337.) Même provenance.
Publié (face et revers) dans notre pl. 43.

E 592. Cratère à oreillettes plates, sur anses rondes verticales. — Sur la panse, de chaque côté, une métope réservée en clair; dans chaque métope le même sujet, une lionne au corps démesurément allongé, marchant à droite, la tête de face; dans le champ trois rosaces incisées d'un cercle central et de contours en zigzags. Sur le plat de chaque oreillette une grande tête de femme, vue du profil gauche, le nez démesurément long, le visage peint en rouge.

Sur la panse, sous les métopes, quatre cercles rouges peints sur une large bande noire. Près de la base arêtes noires rayonnantes. Sur le pied noir deux cercles rouges. Le dessous est creux avec partie centrale fortement bombée. Les anses rondes et le col en noir. Sur le plat de l'embouchure languettes noires rayonnantes. Tout l'intérieur peint en noir avec deux cercles rouges dans l'embouchure.
Terre rosée, semblable à celle de l'Attique, sans engobe blanc. Peinture en noir lustré avec retouches rouges sur les animaux et les têtes. Travail d'incisions rapide et négligé. Le vase, brisé en plusieurs morceaux, a été recollé, les trous bouchés avec du plâtre peint. Haut. 0,29. Diam. aux oreillettes 0,38.
(Inv. Campana 87.) Même provenance.
Publié dans notre pl. 43.

E 603. Grande œnochoé à bouche ronde et à anse plate trifide, accostée de deux rondelles saillantes. — La panse est divisée en quatre zones peintes et incisées. — A. Au centre un buste de femme (visage rouge) tourné à droite entre deux lionnes tête de face et deux cygnes aux ailes déployées. — B. Au centre se rejoignent deux femmes face à face qui se donnent la main et qui sont le point de départ d'une ronde continue comprenant en tout dix-neuf femmes drapées se donnant la main (visages rouges, tuniques rouges ou à bandes horizontales noires et rouges, quelques-unes à bandes verticales). — C. Au centre sirène aux ailes déployées, retournant la tête entre deux lions rugissant; à droite taureau marchant vers la gauche, lionne tête de face devant bouquetin; à gauche biche paissant devant lionne tête de face. — D. Lionne tête de face devant biche paissant, lionne tête de face devant bouquetin paissant, cygne posé, lionne tête de face devant bélier paissant.

Tous les champs sont remplis de rosaces noires incisées, de triangles, de points (la zone B, à personnages, plus claire et moins chargée d'ornements que les autres).

Les zones sont séparées par des bandes noires portant un cercle blanc entre deux rouges. Sur le bas de la panse zone noire portant deux cercles rouges et deux filets blancs. Près de la base arêtes noires rayonnantes. Sur le pied noir un cercle rouge. Sur le fond, presque plat, quelques cercles incisés résultant du travail du tour. Sur le col noir rosaces en points blancs. L'anse mi-partie noire, mi-partie en ton clair d'argile. Sur chaque rondelle une rosace à points blancs. Dans l'embouchure noire rosaces de points blancs entre deux cercles rouges accostés de filets blancs.
Terre blanche à surface jaunie, picotée de salissures noires. Peinture en noir peu lustré, tournant au brun jaune. Retouches de rouge violacé sur les personnages et sur les animaux. Emploi du blanc pour les ornements. Travail d'incisions soigné. Haut. 0,44.
(Inv. N111 2532.) Provenance exacte inconnue. Anciennement dans la collection Pourtalès ; entré au Musée en 1865.
Vue d'ensemble en couleurs publiée par A. de Longpérier, *Musée Napoléon*, pl. xv (= LXV).

E 608. Support en forme de pied cylindrique, à base plate ornée d'un tore saillant. — Le fût central est divisé en trois zones peintes et incisées. — A. Deux sirènes aux ailes déployées. — B. Deux chevaux bridés tournés à droite. — C. Homme drapé jouant de la double flûte, marchant à droite derrière une file de six femmes drapées qui se donnent la main pour former un chœur de danse. Les champs sont semés de rosaces en taches noires peu ou pas incisées.

Les zones sont séparées par des cercles noirs et rouges. Sur le pied cercles noirs. Le dessous et l'intérieur sont complètement creux. Le haut du tube n'est pas clos (cf. D 214).
Terre blanchâtre à surface gris jaunâtre. Peinture en noir peu lustré avec quelques rares retouches rouges sur les personnages. Incisions rares et rapides. Haut. 0,20.
(Inv. N 3116 ; Durand 243.) Provenance exacte inconnue.
Publié dans notre pl. 43.

E 609. Pyxis signée par Charès, ronde, sans anses, à couvercle surmonté d'un bouton divisé en tores saillants. — La panse est ornée d'une zone peinte et non incisée. Cinq cavaliers marchent à droite ; ils sont suivis à gauche par un homme à pied qui, élevant la main droite en l'air, s'accroche de la gauche à la queue du dernier cheval, et par un homme courant, la jambe gauche et le bras gauche projetés en avant. Trois autres cavaliers s'avancent à gauche à la rencontre des précédents. Des noms de l'épopée homérique sont inscrits en grandes lettres noires, aujourd'hui très effacées, auprès des cavaliers. A gauche, Palamède (ΓΑΝΑΜΒΔΒΜ), Nestor (ΝΒΜΤΟΡ), Protésilas (ΓΡΟΤΒΜΣΝΔΜ) monté sur le cheval Podargos (ΓΟΔΑΡΙΟΜ), Patrocle (ΓΑΤΡΟΚΝΟΜ) sur le cheval Balios (ᒉΑΝΣΟΜ), Achille (ΑΧΙΝΝΒΥΜ) sur le cheval Xanthos (ΞΜΑΝΘΟΜ). A droite le cheval Qrion (ΟΡΣΕΟΝ) monté par Hector (ΒΚΤΟΡ), enfin Memnon (ΜΒΜΝΟΙ) sur le cheval Aéthon (ΑΒΘΟΝ). Sous le dernier cavalier à droite, la signature de l'artiste Charès, Χάρης μ'ἔγραψε (ΧΑΡΒΜΜΒΙΡΑΨΒ). Le champ est semé de rosaces en petites croix ou en points noirs.

Le couvercle est orné d'une zone peinte et incisée. Quatorze guerriers marchent à la file, tournés à droite, couverts chacun d'un bouclier rond qui les cache presque tout entiers (sur chaque bouclier zone de points blancs entre deux cercles incisés). Le champ est rempli de rosaces en pointillés noirs.

Au-dessus de cette zone quatre cercles ponctués de points noirs, une zone de languettes noires et trois cercles ponctués de points noirs. En dessous sept cercles ponctués de points noirs. Près de la base arêtes noires rayonnantes et deux cercles sur le pied. Le dessous est presque plat et orné de sept cercles noirs concentriques, dont trois ponctués de points noirs. Sur la tranche du rebord zone de points noirs. Sur le plat de l'embouchure deux zones de points noirs entre des cercles.
La zone du couvercle est encadrée entre quatre bandes de points

noirs séparés par des cercles. A la base du bouton petites languettes rayonnantes.

Terre jaunâtre, fine. Surface polie. Peinture en noir peu lustré, tournant facilement au brun jaune. Emploi du blanc pour quelques pointillés. Travail d'incisions très rapide et sommaire sur le couvercle. Dessin inexpérimenté et presque enfantin dans les silhouettes noires de la panse. La peinture a souffert; plusieurs personnages et inscriptions n'ont laissé qu'une trace mate sur l'argile. Actuellement les noms de Palamède, de Nestor et du cheval Aéthon sont à peu près invisibles et je les ai transcrits d'après les publications antérieures. Un morceau du couvercle est recollé. Haut. 0,14. Diam. de l'embouchure 0.10.

(Inv. CA 298.) Provenance inconnue. Entré vers 1860 dans la collection Piot, puis venu dans la collection de Witte. Légué au Musée en 1890 par M. le baron de Witte.

Vue d'ensemble et développement (sans le couvercle) publiés par de Witte dans l'*Archæologische Zeitung*, 1864, p. 154, pl. 184; cf. *Revue archéologique*, 1863, 2. p. 274.

Vue d'ensemble (avec le couvercle) dans notre pl. 43.

E 612 (1). Aryballe à panse sphérique, goulot très court et large anse plate. — Sur la panse, zone peinte et incisée. Chasse du sanglier de Calydon. Marchent à droite un archer tirant de l'arc (tunique rouge à bordure noire incisée, carquois dans le dos), un éphèbe dardant la lance de la main droite (même costume, épée au côté), un autre éphèbe penché et tenant des deux mains deux javelots (même costume, épée au côté); en arrière-plan, derrière lui, un chien hurlant et dans le champ deux flèches volant et deux javelots dont l'un a percé le dos d'un énorme sanglier venant à gauche. Entre les pattes de l'animal est étendu sur le ventre, de gauche à droite, le corps d'un éphèbe mort (même costume, l'œil incisé ovale, la bouche ouverte avec les dents visibles), la tête couchée sur le bras droit allongé. A l'extrémité droite un chien se jette sur la croupe du sanglier et le mord; on voit couler le sang de la blessure. Derrière lui un éphèbe (même costume), dans l'attitude archaïque de la course agenouillée, darde un javelot de la main gauche et étend la main droite. Dans le champ sont massées du côté gauche du tableau et sous l'anse quatre petites rosaces noires incisées.

Sur le rebord grecque sommaire entre quatre cercles noirs. Sur le plat de l'embouchure une double zone de denticules alternant et une zone de godrons noirs entourés de six cercles. Sur le plat de l'anse damier blanc et noir; sur une des tranches traits noirs en arête verticale; sur l'autre, grecque verticale; à l'attache supérieure quadrillé noir. Sur le fond plat du vase croissants rayonnants et entourés de trois cercles noirs.

Terre blanchâtre. Surface polie et lustrée de ton jaunâtre. Peinture en noir lustré, tournant au brun jaune; retouches rouges sur le personnage et le sanglier. Travail d'incisions soigné. Haut. 0,07.

(Inv. N 3094 et LL 77.) Provenance exacte inconnue; entré au Musée sous le règne de Louis XVIII.

Reproduit (de deux côtés) dans notre pl. 43. Publié par Dubois-Maisonneuve, *Introduct. à la peint. de vases*, pl. 61, n°s 1 à 4.

E 616. Cratère à oreillettes plates sur deux anses rondes verticales. — La panse est divisée en deux zones peintes et incisées. — I. Zone supérieure. A. Sept hommes barbus marchent à la file vers la droite, chacun ayant un bras ou les deux bras appuyés sur l'épaule de son voisin (traces de rouge indiquant des tuniques); ils sont suivis par un oiseau volant à droite. — B. Oiseau volant à droite devant lion rugissant; lionne tête de face allant à droite et oiseau volant. Sous une anse coq tourné à droite; sous l'autre, poule picorant aux ailes déployées. — II. Zone inférieure. Lionne tête de face devant bouquetin paissant (le même motif répété deux fois), cygne posé devant bouquetin paissant. — Sur le plat de chaque oreillette une tortue vue de dos, les quatre pattes étendues.

Les deux zones sont séparées par un cercle noir portant deux filets rouges. Sur le bas de la panse une zone noire portant deux cercles rouges. Près de la base arêtes noires rayonnantes. Sur le pied noir cercles rouges. Le dessous est légèrement creux avec partie centrale peu bombée. Le col, les anses, et tout l'intérieur en noir. Sur le plat de l'embouchure languettes noires rayonnantes. Dans l'embouchure trois cercles rouges.

Terre jaunâtre, tendre. Surface claire, picotée de salissures noires.

Peinture en noir peu lustré. Retouches rouges sur les personnages et les animaux. Travail d'incisions rapide. La peinture a souffert, surtout en A dont une partie est effacée. Le noir est écaillé en beaucoup d'endroits. Un morceau du rebord a été recollé; un autre morceau manque. Haut. 0,30. Diam. max. 0,37.

(Inv. Campana 85.) Trouvé à Caeré, en Étrurie, et entré au Musée en 1863.

Publié (vue d'ensemble et plat de l'oreillette) dans notre pl. 44.

E 620. Grand cratère de même forme. — La panse est divisée en deux zones peintes et incisées. — I. Zone supérieure. A. Danse burlesque (kômos) de Satyres, compagnons de Dionysos. Trois couples d'hommes barbus dansent. Le premier marche à gauche et se retourne en arrière, la main droite levée; le second lui fait vis-à-vis, pliant le genoux. Le troisième marche à droite tenant de la main gauche une corne à boire (kéras) et le quatrième le regarde, le corps de face, les jambes dans la position du grand écart, les mains posées sur les deux genoux. Le cinquième titube en avant, les genoux pliés, et tient de la main gauche une corne à boire et le sixième danse en vis-à-vis, le bas du corps vu de face et lançant un coup de pied en arrière du pied gauche (courtes tuniques rouges laissant les jambes et les bras nus, forts déhanchements des reins, bras et mains démesurément allongés). Dans le champ six rosaces noires incisées. — B. Sirène aux ailes déployées, le corps de face, la tête à gauche (visage peint en rouge), entre deux sphinx aux ailes recourbées accroupis et effrontés (visages peints en rouge). Dans le champ six rosaces noires incisées. — II. Zone inférieure. Sanglier entre deux lionnes têtes de face, biche paissant, sanglier entre deux lionnes tête de face, bélier paissant. Dans le champ des grosses et des petites rosaces noires incisées. — Sur le plat de chaque oreillette, lionne tête de face, rosace incisée dans le champ.

Les zones sont séparées par un cercle rouge et un blanc peints sur un cercle noir. Sur le bas de la panse trois cercles rouges sur une large bande noire et chaque cercle rouge encadré par deux filets blancs. Près de la base arêtes noires rayonnantes. Sur le pied noir un cercle rouge entre deux filets blancs. Le dessous est creux avec partie centrale fortement bombée. Le col, les anses et tout l'intérieur en noir. Sur le pourtour de l'embouchure languettes noires rayonnantes.

Terre jaune clair, fine. Surface picotée de noir. Peinture en noir lustré. Retouches rouges sur les personnages et les animaux. Emploi du blanc dans les ornements. Travail d'incisions rapide. Le vase a été brisé en plusieurs morceaux; les recollages sont soigneusement dissimulés à l'intérieur et à l'extérieur, mais ils n'affectent aucune partie importante des sujets. Haut. 0,38. Diam. max. 0,47.

(Inv. Campana, n° incomplet.) Même provenance.

Vue d'ensemble dans notre pl. 44.

E 621. Cratère à oreillettes plates et coudées au-dessus de deux anses rondes verticales. — La panse est ornée d'une zone de personnages peints et incisés. — A. Deux guerriers combattent face à face (casques à cimier blanc, lances, boucliers ronds en rouge et en blanc, cnémides blanches); de chaque côté d'eux un éphèbe à cheval tient une lance, suivi d'un oiseau volant (tuniques rouges; crinières et croupes des chevaux blanches). Deux inscriptions nomment les deux combattants, Luïdas et Myrios (ΛΑΣΔΑΜ et ΜΥΡΣΟΜ). — B. Sirène aux ailes déployées (corps et visage blancs) retournant la tête entre deux sphinx accroupis (ailes recourbées, têtes et corps blancs). Dans le champ deux rosaces noires incisées. — Sous chaque anse un oiseau à tête de griffon aux ailes déployées (ailes blanches et rouges).

Au-dessus de cette zone godrons noirs, rouges et blancs. Au-dessous une zone de zigzags obliques, noirs et blancs, entre des cercles noirs. Sur le bas de la panse une zone noire. Près de la base arêtes noires rayonnantes. Le pied, le col, les oreillettes et les anses, tout l'intérieur en noir. Tore saillant à la base du col. Sur le col rosaces en taches rouges entourées de points blancs. Sur le rebord extérieur quadrillé blanc ponctué de taches blanches et rouges. Dans l'embouchure godrons noirs, rouges, blancs, et un cercle rouge. Le dessous du pied est creux avec partie centrale un peu bombée. Traces de rouge sur le fond (grande lettre peinte Γ comme marque de fabrique).

Terre jaunâtre, un peu rosée à la cuisson. Surface extérieure orangée par suite d'une préparation, engobe ou lustre. Peinture en noir lustré et en blanc posé directement sur l'argile. Retouches en rouge vineux et en blanc sur les personnages et les ornements. Travail des incisions rapide et parfois négligé. Le bas de la panse est fêlé ; des écailles enlevées sur le pied et sur le rebord. La peinture noire a souffert par endroits. Haut. 0,29. Diam. max. 0,32.

(Inv. Campana 46.) Même provenance.

Vue d'ensemble dans notre pl. 44.

E 622. Cratère de même forme. — Même fabrique que le précédent. La panse est ornée d'une zone de personnages peints et incisés. — A. Combat. Onze guerriers se battent dans une mêlée en apparence confuse dont on discerne les éléments de composition disposés de la façon suivante : deux guerriers combattant face à face avec la lance (ces personnages dessinés au trait noir sur fond blanc, casques, cnémides, boucliers ronds) ; en arrière-plan des précédents deux guerriers se combattant (ceux-là peints en noir avec retouches rouges, casques, cnémides). Le même motif est répété ainsi trois fois avec des variantes de pose. Au centre un des guerriers blancs reçoit un coup de lance dans la poitrine et le sang coule de la blessure (son adversaire porte un bouclier ayant en épisème un oiseau volant à gauche). A droite un des guerriers blancs fuyant reçoit un coup de lance dans les reins et s'affaisse en retournant la tête. — B. Deux sphinx accroupis et affrontés (corps et visages blancs) entre deux éphèbes à cheval tenant une lance, suivis chacun d'un oiseau volant (tuniques rouges, crinières des chevaux blanches). — Sous chaque anse une sirène aux ailes déployées retournant la tête ; dans le champ une rosace noire incisée.

Au-dessus de cette zone godrons noirs, rouges et blancs. Au-dessous une zone de quadrillé blanc, ponctué de points blancs et noirs. Sur le bas de la panse une zone noire avec un cercle rouge. Près de la base arêtes noires rayonnantes. Sur le pied noir un cercle rouge. Le dessous est creux avec partie centrale un peu bombée. Grande lettre peinte en rouge Γ comme marque de fabrique. A la base du col un tore saillant. Sur le col noir rosaces en points rouges. Les anses et les oreillettes, tout l'intérieur en noir. Dans l'embouchure godrons noirs, blancs, rouges et un cercle rouge.

Terre jaune clair, avec surface orangée obtenue par un engobe ou par un lustre. Peinture en noir lustré et en blanc posé directement sur l'argile. Retouches en rouge et en blanc sur les personnages et sur les ornements. Travail des incisions assez rapide. Le rouge a été refait sur le rebord extérieur. La peinture noire a tourné au rouge sur tout un côté du vase. Le pied est ébréché. Haut. 0,29. Diam. max. 0,32.

(Inv. Campana 43.) Même provenance.

Publié dans notre pl. 44.

E 623. Grand cratère à oreillettes plates sur deux anses rondes verticales. — La panse est divisée en deux zones peintes et incisées. — I. Zone supérieure. A. Scène de banquet. Trois lits juxtaposés et devant chacun d'eux une petite table rectangulaire sur laquelle est posé le service (une coupe, une phiale à côtes incisées, un plat contenant des gâteaux ou mets ronds, d'autres menus objets qui doivent représenter des morceaux de viande découpés). Sous chaque table une planchette où sont placés comme en réserve d'autres mets et d'autres vases (gâteau pyramidal et fruits ronds, coupe). Sous chaque lit un escabeau et une rosace dans le champ. Sur chaque lit est étendu un couple, femme et homme barbu, étendus de droite à gauche, les têtes tournées l'une vers l'autre (visages et corps en noir, manteaux et couvertures de lits en rouge) ; au-dessus de la femme, dans le champ, une coupe vue par le fond et une cithare sont suspendues. Le même type et les mêmes détails se répètent identiques dans les trois sujets, sauf que le rebord du lit gauche porte une décoration incisée en réseau quadrillé, celui du lit droit une série de petits losanges incisés, celui du centre aucun décor, et que dans le groupe du centre l'homme a l'épaule et le bras droit nus, tandis qu'il est enveloppé dans les deux autres. — B. Un cygne aux ailes déployées entre deux sphinx accroupis (visage partie en noir et partie en rouge), trois rosaces dans le champ. — Sous

chaque anse un dauphin nageant à gauche ; dans le champ deux rosaces. — II. Zone inférieure. File d'animaux : lionne tête de face vis-à-vis d'un bouquetin paissant (motif répété trois fois), lion rugissant vis-à-vis d'un cerf paissant. — Sur le plat de chaque oreillette un cygne tourné à droite ; dans le champ une rosace.

Les deux zones sont séparées par un cercle rouge posé sur un filet noir. Sur le bas de la panse quatre cercles rouges sur une bande noire ; près de la base arêtes noires rayonnantes. Pied en noir avec deux cercles rouges par-dessus. Col en noir avec rosaces en tache rouge entourée de points blancs. Rebord extérieur et anses rondes en noir. Petites arêtes noires rayonnant autour de l'embouchure. Tout l'intérieur en noir avec un cercle rouge à la base du col. Le dessous de la base est creux avec partie centrale bombée.

Terre rouge, bien épurée, semblable à celle de l'Attique. Surface polie, peut-être avec léger lustre jaune. Peinture en noir lustré et en rouge vineux. Il paraît probable que les femmes avaient été indiquées par des retouches blanches sur les nus ; mais on n'en voit plus de traces. Retouches en blanc effacé pour quelques accessoires (mets sur les tables). Quelques ébréchures sur le rebord. Haut. 0,34. Diam. aux oreillettes, 0,43.

(Fonds Campana, sans n° d'inv.) Même provenance.

Vue d'ensemble (face et revers) dans notre pl. 45.

E 627. Cratère de même forme. — La panse est divisée en deux zones peintes et incisées. — I. Zone supérieure. A. Deux guerriers (casques, cnémides, boucliers ronds à intérieur rouge), suivis d'un aigle volant, marchent à droite, dardant la lance haute contre deux guerriers qui viennent à leur rencontre dans la même attitude (casques, cnémides, tuniques rouges, boucliers ronds à extérieur blanc, l'un portant en épisème une rosace noire incisée). Pas de rosaces dans le champ. — B. Un guerrier (casques, cnémides, bouclier rond à intérieur rouge), suivi d'un aigle volant, marche à droite, dardant la lance haute contre un guerrier qui fuit à droite retournant la tête (casque, cuirasse ou tunique rouge, bouclier rouge avec cygne noir incisé en épisème). A droite accourt vers la gauche un guerrier (casque, cnémides, tunique rouge), dardant la lance haute et suivi d'un aigle volant. Dans le champ quelques rosaces noires incisées. — Sous une anse cygne aux ailes déployées. Sous l'autre, oiseau à grosse tête de lionne vue de face. — II. Zone inférieure. Lionne tête de face devant bélier paissant (motif répété trois fois), lionne tête de face allant à gauche, cygne aux ailes déployées devant bouquetin paissant. Dans le champ une seule rosace noire incisée.

Les deux zones sont séparées par un cercle blanc entre deux cercles rouges. Sur le bas de la panse zone noire portant des cercles rouges et blancs. Près du pied arêtes noires rayonnantes. Sur le pied noir cercle blanc et cercle rouge. Le dessous creux avec partie centrale bombée. Le col, le rebord, les anses et tout l'intérieur en noir. Sur le plat de l'embouchure imbrications finement incisées sur fond noir avec points blancs et rouges. Sur chaque oreillette un motif floral (deux fleurs de lotus opposées l'une à l'autre et accostées de deux palmettes à double enroulement). Dans l'embouchure un cercle rouge et un blanc.

Terre blanchâtre à surface jaune, picotée de mouchetures noires. Peinture en noir lustré. Retouches de rouge vineux sur les personnages, les animaux et les ornements. Emploi du blanc pour quelques cercles. Le rebord et le pied sont ébréchés. Les peintures sont en général bien conservées. Le noir du pied a tourné au rouge. Haut. 0,32. Diam. max. 0,38.

(Inv. Campana 27.) Même provenance.

Vue d'ensemble et détail d'un dessous d'anse dans notre pl. 45.

E 628. Cratère de même forme. — La panse est divisée en deux zones superposées. — I. Zone supérieure. A. Scène de combat. Guerrier frappant de sa lance un guerrier qui s'affaisse en arrière (casques, cuirasses, cnémides, grands boucliers ronds, un oiseau volant en épisème) ; entre eux un oiseau volant à droite. Guerrier frappant de sa lance un guerrier qui s'enfuit à droite dans l'attitude agenouillée et qui se retourne pour lancer un coup de lance ; à côté de lui en arrière-plan un guerrier debout darde sa lance sur leur adversaire (même armement). Guerrier perçant de sa lance la jambe droite d'un guerrier qui fuit à droite dans l'attitude agenouillée et se retourne pour riposter ; le sang jaillit de la blessure. — *B*. Quatre guerriers à cheval, marchant à droite (casque, bouclier rond et lance dans la main gauche) ; entre eux trois oiseaux volant à droite. — Sous une anse une sirène aux ailes déployées tournée à droite, retournant la tête. Sous l'autre anse deux lions rugissant affrontés, tournant la tête en arrière, les pattes de devant posées sur une base à trois degrés. — II. Zone inférieure. Lionne tournée à droite, la tête de face, devant un bélier paissant (ce même motif répété deux fois), une lionne tête de face devant un bouquetin paissant (le même motif répété deux fois), une lionne tête de face allant à gauche. — Sur le plat de chaque oreillette deux lions rugissant affrontés, un pied de devant posé sur une base, l'autre levé et touchant la patte du vis-à-vis (d'un côté les deux lions se regardent, de l'autre ils retournent la tête en arrière).

Les deux zones sont séparées par un cercle rouge sur un filet noir. Sur le bas de la panse trois cercles rouges sur une large bande noire. Près de la base arêtes noires rayonnantes. Sur le pied noir deux cercles rouges. Le dessous est creux avec une partie centrale bombée. Les anses et le col en noir. Sur le plat de l'embouchure série de zigzags noirs obliques. Tout l'intérieur peint en noir avec deux cercles rouges dans l'embouchure.
Terre jaune clair, fine, polie à la surface. Peinture en noir lustré, tourné par endroits au jaune vif. Retouches en rouge vineux. Travail d'incisions soigné. Le vase, brisé en beaucoup de morceaux, a été recollé et les cassures soigneusement dissimulées sous un enduit jaunâtre, un peu épais, qu'il ne faut pas prendre pour un engobe antique. Les restaurations peintes sont assez nombreuses : les jambes des guerriers en *A*, tout le haut du dernier combattant à droite, la plus grande partie du premier cavalier en *B*, les pattes des lions affrontés sous l'anse. Haut. 0,40. Diam. max. 0,41.
(Fonds Campana, sans n° d'inv.) Même provenance.
Vue d'ensemble et dessous d'anse dans notre pl. 45.

E 629. Grand cratère de même forme. — La panse est divisée en deux zones peintes et incisées. — I. Zone supérieure. *A*. Banquet. Quatre lits juxtaposés (couvertures rouges à bordures noires incisées ou en imbrications ou en quadrillés, pieds découpés en fleurs de lotus et en palmettes) ; devant chacun d'eux une petite table rectangulaire à trois pieds (peinte au trait noir sur le fond clair) portant le service (deux portions de viande ?, un plat contenant trois fruits ronds, une phiale) ; sous chaque table une planchette portant une coupe. Sous chaque lit un escabeau (couverture rouge avec bordure noire incisée). Sur chaque lit est étendu de droite à gauche un couple, femme tenant une phiale (demi-nue, le corps et le visage au trait noir sur fond clair, les jambes couvertes par une étoffe noire incisée en imbrications ou en petites croix) tournant la tête et regardant un homme barbu (col et visage peints en rouge, tunique au trait noir et pointillée, quadrillée ou hachée, manteau rouge), tenant une corne à boire, le coude gauche posé sur un coussin (fait au trait noir sur fond clair). Dans le second couple la femme ne tient rien et l'homme saisit de la main droite une cithare suspendue dans le champ ; dans le troisième, l'homme seul tient une phiale ; dans le quatrième la femme seule tient une phiale. Dans le champ des accessoires sont suspendus au-dessus de chaque couple : au-dessus du premier une cithare ; au-dessus du second un plat vu de face et une cithare que saisit l'homme ; au-dessus du troisième une cuirasse, un casque, une cithare ; au-dessus du quatrième un casque et une cithare. Sous trois des lits une rosace noire incisée. — *B*. Quatre cavaliers marchant à gauche (l'homme petit, caché par un bouclier rond avec épisème de croissants rayonnants, casque, cnémides, deux lances dans la main droite), chacun ayant un second cheval à son côté droit, vu en arrière-plan, et suivi par un oiseau volant à gauche. Dans le champ, sous chaque cavalier, une rosace noire incisée. — Sous une anse deux coqs affrontés de chaque côté d'un serpent dressé sur son corps replié, la tête de face ; dans le champ deux rosaces noires incisées. Sous l'autre anse deux oiseaux à tête de griffon aux ailes déployées, affrontés de chaque côté d'un cygne posé et tourné à droite. Un second oiseau analogue est posé sous l'attache droite de l'anse. — II. Zone inférieure. Lion rugissant devant cerf paissant, lionne tête de face devant bouquetin paissant, lion rugissant devant cerf paissant, bouquetin paissant entre deux lions rugissant. — Sur le plat d'une oreillette un dieu barbu, ailé (ailes recourbées, talonnières ailées aux chevilles, tunique rouge), court à droite, les bras étendus. Sur le plat de l'autre oreillette une Gorgone, tête de face, ailée (ailes recourbées, talonnières ailées, tunique rouge), court à droite dans la même attitude.

Au-dessus de la zone supérieure godrons noirs et rouges. Entre les deux zones un cercle rouge sur un cercle noir. Sur le bas de la panse deux cercles rouges et deux filets blancs sur une bande noire. Près de la base arêtes noires rayonnantes. Sur le pied noir deux cercles rouges et deux filets blancs. Le dessous est creux avec une partie centrale bombée. Le goulot, les anses et tout l'intérieur en noir. Sur le côté du rebord et des oreillettes, zigzags noirs posés obliquement. Sur le plat de l'embouchure, zone de fleurs de lotus et de palmettes réunies par des entrelacs. Dans l'embouchure un cercle rouge.
Terre blanchâtre, fine. Surface polie ou engobe blanc. Peinture en noir lustré, tournant au jaune vif. Retouches rouges sur les personnages et les ornements. Emploi du blanc pour quelques cercles. Travail d'incisions soigné. La peinture est effacée sous une des anses. D'autres morceaux sont réparés et refaits en couleurs qui passent par dessus les incisions : le dernier homme attablé à droite, les deux derniers cavaliers à droite, les derniers chevaux à droite, les deux derniers oiseaux volant à droite, les ailes et les jambes de la Gorgone. Haut. max. 0,46.
(Inv. Campana 42.) Même provenance.
Vues d'ensemble (face et revers et détail d'une des oreillettes dans notre pl. 46.

E 630. Grand cratère de même forme. — La panse est divisée en deux zones peintes et incisées. — I. Zone supérieure. *A*. Banquet. Trois lits juxtaposés (couvertures noires pointillées de rouge, pieds tournés à tores saillants) et devant chacun d'eux une petite table rectangulaire à trois pieds, portant le service (trois morceaux de viande ?, un plat contenant trois gâteaux ou fruits, une phiale à côtes incisées) ; sous chaque table une planchette supportant d'autres mets et vases (quatre fruits ?, une coupe retournée) ; sous chaque lit un escabeau rectangulaire. Sur chacun des lits est étendu de droite à gauche un homme barbu (épaule droite et bras droit nus, manteau rouge) ; celui du milieu retourne la tête. Au-dessus de chacun d'eux, dans le champ, une cithare. — *B*. Trois cavaliers armés marchent à gauche et conduisent un second cheval vu en perspective à leur droite (l'homme petit, caché par un bouclier rond à épisème en croissants rayonnants, casque, cnémides, deux lances) ; chacun d'eux est suivi par un oiseau volant à gauche. Sous chaque anse deux lionnes affrontées, se touchant col à col, la tête retournée et de face. — II. Zone inférieure. Aigle posé, la tête retournée, bouquetin paissant devant lionne tête de face (ce dernier motif répété trois fois).
Sur le plat de chaque oreillette une sirène aux ailes déployées, retournant la tête (visage peint en rouge).

En haut de la zone supérieure godrons noirs et rouges. Entre les deux zones un cercle rouge sur un cercle noir. Sur le bas de la panse cercles rouges sur une bande noire. Près de la base arêtes noires rayonnantes. Sur le pied noir cercles rouges. Le dessous est creux avec partie centrale bombée. Les anses, le col et tout l'intérieur en noir. Sur le col petites rosaces en tache rouge entourée de points blancs. Sur les rebords zigzags noirs obliques. Sur le plat de l'embouchure zone de fleurs le lotus et de palmettes réunies par des entrelacs. Dans l'embouchure un cercle rouge.
Terre jaune clair. Surface polie. Peinture en noir tourné au brun. Retouches rouges sur les personnages et les animaux. Emploi du blanc pour les ornements. Travail d'incisions soigné. Les peintures ont été fortement restaurées et refaites, notamment sur les points suivants : homme attablé du centre, tête du dernier cavalier à droite, cercle entre les deux zones, animaux de la zone inférieure. Le vase, brisé en plusieurs morceaux, a été recollé et soigneusement badigeonné pour dissimuler les cassures. Haut. 0,39. Diam. max. 0,42.
(Inv. Campana, n° détruit.) Même provenance.
Vue d'ensemble (face et revers) dans notre pl. 46.

E 631. Cratère de même forme. — La panse est divisée en deux zones peintes et incisées. — I. Zone supérieure.

A. Chasse du sanglier de Calydon. Deux hommes barbus (tuniques courtes, cuissards? protégeant le haut des jambes) marchent à la file, tenant chacun un grand couteau de la main droite. Le second saisit de la main gauche la queue d'un grand sanglier allant à droite et paissant. — *B*. Un cygne aux ailes déployées, homme barbu (tunique rouge) renversé par terre, assis en face d'un plus petit personnage barbu (tunique rouge) qui paraît faire les gestes d'un pugiliste ou d'un tireur d'arc ; derrière lui un grand oiseau volant. (Peut-être y a-t-il là une très ancienne représentation de quelque aventure d'Hercule, le combat avec Antée ou la délivrance de Prométhée ?). Dans les champs quelques taches noires ou gros zigzags faisant office de rosaces. — Rien sous les anses ni sur les plats des oreillettes. — II. Zone inférieure. Entre deux larges rosaces épanouies, à pétales incisés, retouchés de blanc et de rouge, une lionne accroupie la tête de face (yeux en gros points blancs) et un cygne aux ailes déployées (le même motif répété deux fois). Dans le champ taches noires et gros crochets faisant office de rosaces.

Aucun ornement au-dessus de la zone supérieure. Entre les deux zones deux cercles rouges sur un cercle noir. Sous la zone inférieure un cercle rouge sur un cercle noir. Le pied en noir avec un cercle rouge. Le dessous est légèrement creux. Les anses et l'intérieur en noir. Sur le rebord un quadrillé noir. Sur le plat de l'embouchure un cercle rouge.
Terre jaunâtre, fine. Surface blanche, très encroûtée et terreuse. Peinture en noir lustré. Retouches en rouge sur les personnages et les animaux. Emploi du blanc dans les animaux, les rosaces et les cercles. Incisions rapides ; style très négligé. La surface du vase a souffert ; les peintures sont à demi cachées sous la croûte terreuse, mais sans restauration. Le fond du vase est brisé. Haut. 0,20. Diam. max. 0,31.
(Inv. Campana 24.) Même provenance.
Vue d'ensemble (face et revers) dans notre pl. 47.

E 632. Cratère de même forme. — La panse est divisée en deux zones peintes et incisées. — I. Zone supérieure. *A*. Dans la partie gauche du tableau sont empilés deux par deux six grands cratères (forme semblable à celui qui porte le sujet, vestiges de retouches rouges sur les panses). Dans la partie droite une femme drapée (tunique avec vestiges de rouge, visage au trait sur le fond clair) tient de la main droite un plat rempli de quatre objets ronds (mets ou fruits) qu'elle apporte à deux prisonniers. L'un, debout et courbé, la tête passée dans une sorte de cangue (bâtis de bois quadrangulaire), de forts anneaux enchaînant les pieds, tourne le dos à la femme et allonge sa main droite en arrière pour puiser dans le plat ; sa main gauche est étendue vers son compagnon, un autre prisonnier, couché par terre sur le dos, étendu de droite à gauche, la tête également passée dans une cangue (le premier paraît nu, le second est vêtu d'une tunique avec vestiges de rouge.) — *B*. Danse burlesque de Satyres. A gauche, joueur de double flûte courbé et soufflant dans son instrument devant un compagnon barbu à masque de Satyre dansant, le bras droit levé, la bouche ouverte comme pour crier ; près de lui est peint le nom Εὔνο(υ)ς (Ɐ Ο Ʌ Υ Ǝ). Au centre deux autres personnages portent avec précaution un cratère (bande rouge sur la panse) ; le premier, barbu, se retourne du côté du groupe précédent ; le second imberbe a derrière lui le nom Ὀφέλανδρος (Ⅿ Ο ◁ Δ Ɐ Ʌ Α Ⅰ Ǝ Φ Ο). A droite un cinquième personnage, barbu (grand phallus), marche vers la gauche et paraît surveiller les précédents, tenant de chaque main une baguette ; près de lui est le nom Ὀμ(φ)ρυκός (Ο Ⅿ Ρ Σ Ϙ Ο Ⅿ). Tous ont des tuniques courtes rouges, des attitudes grotesques et contorsionnées. — Sous chaque anse un cygne posé, marchant à gauche. — II. Zone inférieure. Lionne tête de face devant bouquetin paissant (motif répété trois fois).

Les deux zones sont séparées par un cercle noir portant un cercle rouge et un filet blanc. Sur le bas de la panse zone noire portant deux cercles rouges et deux filets blancs. Près de la base arêtes noires rayonnantes. Sur le pied noir deux cercles rouges et deux filets blancs. Le dessous creux avec partie centrale un peu bombée.

Les anses, le col et tout l'intérieur en noir. Sur chaque oreillette un motif floral (deux palmettes opposées). Sur le plat de l'embouchure zone de fleurs de lotus et palmettes réunies par des entrelacs. Dans l'intérieur un cercle rouge et un filet blanc.
Terre blanchâtre ; surface claire, un peu jaunie. Peinture en noir peu lustré ; retouches rouges sur les personnages et les animaux. Emploi du blanc pour les ornements. Travail d'incisions rapide ; style négligé. La peinture a souffert ; les retouches ont disparu presque entièrement en *A* ; mais il n'y a pas de restauration. Large trou dans le bas de la panse. Haut. 0,29. Diam. max. 0,37.
(Inv. Campana 56.) Même provenance.
Publié par Duemmler, *Annali dell'Instituto*, 1885, p. 127, pl. DE. Pour les inscriptions cf. Dumont et Chaplain, *Céramiques de la Grèce propre*, I, p. 258 ; Koerte, *Jahrbuch des deutsch. Inst.* VIII, 1893, p. 91 ; Kretschmer, *Griech. Vaseninschriften*, p. 23.

E 633. Grand cratère de même forme. — La panse est divisée en deux zones peintes et incisées. — I. Zone supérieure. *A*. Aventure d'Hercule. Le héros, sous les traits d'un homme barbu, nu, la main droite armée d'une courte lance ou d'un épieu, marche à droite et tient les mains liées derrière le dos d'un homme barbu (pétase, tunique rouge à imbrications incisées) marchant à droite, précédant un troupeau de cinq bœufs (quatre allant à droite, un en arrière-plan allant à gauche, un avec la tête de face, le dernier en perspective et paissant). C'est peut-être la représentation d'un épisode raconté par Pausanias (IX, 25, 6) : Hercule, rencontrant le héraut du roi d'Orchomène, Euginos, qui venait réclamer aux Thébains un tribut annuel de cent bœufs, le renvoie les mains liées derrière le dos, après lui avoir coupé le nez et les oreilles. — *B*. Trois cavaliers au galop allant à gauche et conduisant un second cheval vu en arrière-plan (javelots ou houssines dans la main droite, petite barbiche noire au menton, tunique rouge). Sous chaque cheval, sauf celui du centre, un oiseau volant, à gauche. — II. Zone inférieure. Bouquetin paissant entre deux lions rugissant, bouquetin paissant, lion rugissant devant bouquetin, lion rugissant devant sanglier. — Rien sous les anses. Sur le plat de chaque oreillette un cygne aux ailes déployées.

Aucun ornement au-dessus de la zone supérieure. Entre les deux zones cercle rouge et filet blanc sur un cercle noir. Sur le bas de la panse cercles rouges et filets blancs sur large bande noire. Près de la base arêtes noires rayonnantes. Sur le pied noir cercles rouges et filets blancs. Le dessous est creux avec partie centrale bombée. Les anses, le rebord et l'intérieur en noir. Sur le plat de l'embouchure zone de palmettes et fleurs de lotus réunies par des entrelacs. Dans l'embouchure cercle rouge et filet blanc.
Terre blanche ; surface jaunâtre picotée de noir. Peinture en noir lustré, tournant au jaune, souvent effacé ou craquelé et soulevé par écailles. Retouches en rouge sur les personnages et les animaux. Emploi du blanc pour quelques ornements. Travail d'incisions soigné. La peinture est endommagée en plusieurs endroits, mais non restaurée. De larges écailles sont enlevées sur le pied et sur la panse. Haut. 0,40. Diam. max. 0,47.
(Inv. Campana 26.) Même provenance.
Vue d'ensemble (face et revers) dans notre pl. 47.

E 634. Grand cratère de même forme. — La panse est divisée en deux zones peintes et incisées. — I. Zone supérieure. *A*. Procession. Un homme barbu, drapé (tunique indiquée au trait noir, manteau rouge), tenant de la main gauche une lance, tourné à droite, est placé entre deux groupes de trois femmes drapées (tuniques indiquées au trait noir, manteaux rouges à bordure incisée) qui marchent vers lui, tenant des deux mains avancées les pans ouverts de leur manteau ; les trois femmes sont vues en perspective les unes derrière les autres (visages indiqués au trait noir sur le fond clair). Le même motif est répété une seconde fois. — *B*. Banquet. Trois lits juxtaposés (couvertures pointillées de rouge) et devant chacun d'eux une petite table quadrangulaire à trois pieds, portant le service (trois morceaux de viande découpée?, un plat contenant trois gâteaux de forme pyramidale, un skyphos) ; sous chaque table un escabeau. Sur chaque lit est étendu de droite à gauche un homme barbu (manteau rouge), retournant la tête à droite (celui du milieu seul a la main gauche sortie et visible). Dans le champ, au-dessus de lui, sont suspendus en trophée, un arc dans son étui, un carquois et une épée au fourreau. — Sous une anse, un petit aigle retournant la tête, un lion rugissant et un cygne posé. Sous l'autre anse un cygne posé et un lion rugissant tournant la tête. — II. Zone inférieure. Lion rugissant devant bouquetin paissant (même motif trois fois répété), lion rugissant, sirène aux ailes déployées. — Sur le plat d'une anse deux hommes barbus (tuniques rouges) se font vis à vis, tenant un grand cadre rectangulaire dont les barres horizontales sont hérissées de piquants (instrument aratoire, herse ?), et les deux personnages paraissent en train de lier les deux montants verticaux aux barres horizontales. — Sur le plat de l'autre anse deux hommes barbus (tuniques rouges) se font vis-à-vis et piétinent du raisin dans une cuve, l'un s'appuyant sur deux bâtons, l'autre courbé et la main droite levée.

Au-dessus de la zone supérieure, bande de fleurs de lotus droites et renversées réunies par des entrelacs. Entre les deux zones un cercle rouge sur un noir. Sur le bas de la panse cercles rouges entre des filets blancs sur une bande noire. Près de la base arêtes noires rayonnantes. Sur le pied noir deux cercles rouges entre des filets blancs. Le dessous est creux avec partie centrale bombée. Les anses, le col, l'embouchure et tout l'intérieur en noir. Sur le noir du col petites rosaces en taches rouges entourées de points blancs. Sur le côté du rebord zigzags noirs disposés obliquement. Sur le plat de l'embouchure fleurs de lotus droites et renversées, réunies par des entrelacs. Sur le noir de l'embouchure deux cercles rouges.

Terre jaune clair, fine. Surface picotée de noir. Peinture en noir lustré tournant au jaune. Retouches rouges sur les personnages, les animaux et les ornements. Emploi du blanc pour les ornements. Travail d'incisions soigné. Haut. 0,37. Diam. max. 0,42.

(Inv. Campana 31.) Même provenance.

Vue d'ensemble (face et revers) et détail des deux oreillettes dans notre pl. 48.

E 635. Grand cratère de même forme. — La panse est divisée en deux zones de personnages peintes et incisées.

I. Zone supérieure. *A*. Repas d'Hercule chez Eurytios. Quatre lits de banquet juxtaposés; devant chacun une petite table rectangulaire à trois pieds sur laquelle sont posés une coupe, un plat contenant deux gâteaux ou mets de forme pyramidale, d'autres ustensiles plus petits et plus difficiles à déterminer. Sous chaque table est accroupi un chien, attaché par une laisse au pied du lit. Les convives sont couchés sur les lits et chacun d'eux porte son nom peint en lettres corinthiennes au-dessus de lui. A gauche, sur le même lit, Toxos imberbe (MOΞOT) tourné à gauche, regardant en l'air, et Klytios barbu (KΛYTℰOM) étendu à gauche, se retournant pour passer une coupe au couple suivant. Sur le même lit, étendus à gauche, Didaion barbu (ΜOꟼƺΑΔƺΔ', tenant de la main gauche un aliment (?), prenant de la main la coupe sur la table et se retournant pour parler à son père Eurytios (BYPYTℰOM), barbu, tenant de la main gauche une phiale à côtes incisées. Étendu à gauche et seul sur le troisième lit, Iphitos, barbu (MOTƺΦƺꟼ), tenant de la main gauche un aliment (?), prenant une coupe sur la table de la main droite, le haut du corps et la tête retournée du côté d'Iole et d'Hercule. Debout entre les deux lits, Iole (ΚℰOΛΑ) tournée à droite, retournant la tête à angle droit du côté de son frère Iphitos, les deux mains cachées sous son manteau dont elle retient les plis. Étendu à gauche et seul sur son lit, Hercule barbu (MꟼꟆꟗΑꟼθⴼ), faisant face aux précédents, tenant de la main gauche un aliment et de la main droite un grand couteau. Dans ce tableau tous les hommes ont le visage et le cou peints en rouge, la barbe et les cheveux, le corps et les bras en noir; les manteaux et les couvertures de lits sont rouges. Le visage d'Iole est dessiné au trait noir sur le fond d'argile clair; elle porte un manteau rouge et une tunique noire pointillée de rouge. Le chien placé sous le lit d'Eurytios ronge un os; celui d'Hercule est dessiné tout entier au trait noir sur le fond d'argile clair (peut-être pour exprimer que c'est une chienne?).

La même scène continue sous l'anse droite par la représentation de la cuisine ou de l'office. Un grand cratère sans anses (dinos) est posé sur un pied haut et sur le rebord on a placé l'œnochoé à puiser le vin. Un homme barbu, un grand coutelas dans la main droite, tient de la main gauche un cuissot de bête qu'il passe à un petit serviteur imberbe qui lui fait vis-à-vis. Entre eux deux un billot sur lequel sont amoncelés des morceaux de viande découpés. Les deux personnages ont le corps et le visage peints en noir, une tunique courte peinte en rouge.

B. Scène de combat. Archer agenouillé tourné à droite et tirant de l'arc (casque sans cimier, carquois dans le dos avec le couvercle ouvert); deux hoplites combattant face à face avec la lance (casques, cnémides, grands boucliers ronds; hoplite de droite sans cuirasse); autre couple semblable (protome de lionne vue de face comme épisème de bouclier à droite); hoplite combattant à la lance contre deux hoplites placés côte à côte (casques, pas de cuirasses, cnémides, boucliers ronds, épisèmes en forme de coq et de croissants rayonnants), au-dessus du cadavre d'un hoplite étendu de droite à gauche, le sang coulant d'une blessure faite à la cuisse gauche (casque, cuirasse, cnémides, bouclier rond vu de profil); archer agenouillé, tourné à gauche et tirant de l'arc (casque à pointe recourbée, carquois dans le dos avec couvercle ouvert). Sous l'anse gauche, suicide d'Ajax. Diomède (ΔℰOMBΑBM) en hoplite (casque, bouclier rond, lance dans la main gauche, cnémides) porte la main droite à son cou et fait face à Ulysse (OΛ.MBYM) en hoplite (même costume, épisème de bouclier en croissants rayonnants). Entre eux deux, tombé à genoux, le coude droit en terre, la tête à droite, Ajax (MΑꟼƺΑ), le corps percé de part en part d'une épée dont la poignée est fichée en terre et qui fait jaillir des flots de sang de la blessure (casque sans cimier, cnémides).

II. Zone inférieure. Onze éphèbes à cheval, courant au galop à droite, (tuniques courtes peintes en rouge); un seul est suivi d'un oiseau volant à droite. — Sur le plat de l'oreillette gauche deux éphèbes à cheval, courant au galop à droite. Sur le plat de l'oreillette droite, un homme nu (courte cuirasse peinte en rouge) courant à droite enfonce sa lance dans la croupe d'une biche qui fuit à droite, à côté d'un cerf; le sang jaillit de la blessure. — Sur le plat de l'embouchure file d'animaux: biche paissant entre lionne tête de face et lion rugissant, oiseau à tête de griffon, bouc paissant entre lion rugissant et lionne tête de face, cygne aux ailes déployées entre deux sphinx accroupis, bélier paissant entre lionne tête de face et lion rugissant, cygne aux ailes déployées entre deux sphinx accroupis, deux chiens courant à la rencontre de deux lièvres, et au-dessus d'eux trois oiseaux volants.

Entre les deux zones cercle rouge sur un cercle noir. Sur le bas de la panse large bande noire, par-dessus laquelle sont peints trois cercles rouges. A la base arêtes noires rayonnantes. Sur le pied peint en noir deux cercles rouges. Le dessous est creux, avec une partie centrale bombée. Sur l'épaule, une zone de palmettes alternativement droites et renversées, réunies par des entrelacs. L'intérieur de l'embouchure porte une large bande noire sur laquelle sont peints deux cercles noirs; toute la cavité intérieure est peinte en noir.

Terre jaunâtre clair, bien épurée, polie à la surface. Peinture en noir lustré brillant et en rouge vineux mat. Le noir a tourné au jaune citron dans toutes les parties où la couleur avait une faible épaisseur, parfois au rouge brun dans les parties plus épaisses. Travail d'incisions soigné. Une partie de la zone inférieure est recouverte d'une croûte de calcaire. Une large écaille est enlevée dans le pied et dans le bas de la panse. Dans *A* le corps de Toxos est à peu près effacé. Sous l'anse les corps d'Ajax et d'Ulysse ont en partie disparu. Haut. 0,46. Diam. aux oreillettes, 0,47.

(Inv. Campana 33.) Même provenance.

Publié par Welcker dans les *Monumenti dell' Instituto*, VI, pl. xxxiii; *Annali*, 1859, p. 243-257, pl. K; *Alte Denkmäler*, v, pl. 15; par A. de Longpérier, *Musée Napoléon*, pl. xxii (en couleurs), xxxiv, xxxvi (en couleurs); détail de *A* par Rayet et Collignon, *Hist. de la Céramiq. grecq.*, pl. vi (en couleurs) et détail de *B*, *ibid.*, p. 69, fig. 36.

Vue d'ensemble (face et revers), détails des dessous d'anses et de l'embouchure dans nos pl. 48 et 49.

E 636. Grand cratère de même forme. — La panse est divisée en deux zones peintes et incisées. — I. Zone supérieure. *A.* Au centre deux guerriers combattent face à face avec la lance (casques, cuirasses blanches, cnémides rouges, boucliers ronds dont l'un a pour épisème une tête de Gorgone de face tirant la langue) sur le corps étendu de gauche à droite d'Hippolytos (ΒϾΓΓΟⱣΥΤΟΜ). De chaque côté un éphèbe à cheval (tunique rouge), armé d'une lance et suivi d'un oiseau volant ; dans le champ une rosace en tache noire non incisée. — *B.* Trois éphèbes à cheval courent au galop à droite (tuniques rouges, cheval du milieu blanc), armés d'une lance et suivis chacun d'un oiseau volant. Dans le champ, sous chaque cheval, une rosace noire incisée. — Sous l'anse gauche, oiseau aux ailes déployées (blanches) à tête de griffon et sous l'attache de l'anse un aigle posé retournant la tête à droite. Sous l'anse droite, même oiseau à tête de griffon. — II. Zone inférieure. Lionne tête de face devant bouquetin paissant (ce même motif répété quatre fois), cygne posé devant bouquetin paissant. — Sur une des oreillettes plates motif floral (palmette surmontant une fleur de lotus renversée et accostée de quatre boutons de lotus). Sur l'autre, cygne allant à gauche les ailes déployées.

Au-dessus de la zone supérieure godrons rouges et noirs. Entre les deux zones cercle noir. Sur le bas de la panse large zone noire portant trois cercles rouges. Pas d'arêtes rayonnantes. Le dessous est creux avec partie centrale bombée. Le col, les anses et tout l'intérieur en noir. Sur le plat de l'embouchure zigzags noirs obliques. Dans l'embouchure deux cercles rouges.

Terre blanchâtre, rosée à la surface et même sous le pied par la cuisson ou par une mince couche d'argile. Surface extérieure orangée, due à un engobe ou à un lustre coloré. Peinture en noir lustré et en blanc appliqué directement sur l'argile. Retouches rouges sur les personnages et les animaux. Travail d'incisions soigné. Une large écaille enlevée sur la panse. Haut. 0,35. Diam. max. 0,41.

(Inv. Campana 35.) Même provenance.

Vue d'ensemble (face et revers) dans notre pl. 49.

E 637. Grand cratère de même forme. — La panse est divisée en deux zones peintes et incisées. — I. Zone supérieure. *A.* Au centre sur un char à quatre chevaux tournés à droite (deux chevaux blancs et deux noirs), est debout Eurybatès (...ΑꝹΥꟼΥᗺ) barbu et drapé, tenant les rênes et le fouet ou aiguillon (manteau pointillé de rouge) ; à sa gauche, en arrière-plan, est debout une femme drapée, écartant de la main gauche le voile posé sur sa tête. Derrière les chevaux, en arrière-plan, une femme drapée et un homme drapé font face au couple et semblent lui parler ; au-dessus d'eux l'exclamation ϝίο (ϜΣΟϟ) et près des chevaux l'inscription ἵπποι (ϟΟꞀϟƐ). A l'extrémité gauche du tableau alternent en se suivant, tournés à droite, deux femmes drapées et deux hommes portant une lance (le premier drapé, manteau pointillé de rouge ; le second mal restauré en éphèbe nu). Ils représentent les amis du couple, comme l'indique l'inscription φίλοι (ϟΟꟼϟΦ) placée près de la première femme. A l'extrémité droite, faisant face aux chevaux, un jeune garçon nu (ΜΥϟΟꟼ.Οᗺ), levant la tête et caressant les naseaux d'un des chevaux. Au-dessus, dans le champ, un serpent rampant à gauche. Derrière l'enfant, un homme barbu, drapé (tunique blanche), tenant une lance de la main droite, une femme drapée (manteau pointillé de rouge) et un autre homme drapé, tenant une lance de la main gauche basse (tunique blanche). — *B.* Trois cavaliers armés (casques, lances, boucliers avec croissants rayonnants en épisèmes, sauf celui du milieu tout rouge), marchent à gauche avec un cheval de rechange à leur droite, en arrière-plan. Le cavalier du milieu a un cheval blanc et il est suivi d'un serpent dans le champ ; les deux autres d'un oiseau volant à gauche. — Sous chaque anse une sirène aux ailes déployées, retournant la tête à gauche (corps et visage blancs). — II. Zone inférieure. Bouquetin

paissant entre deux lionnes tête de face (le même motif répété trois fois), bouquetin paissant devant lionne tête de face.

Au-dessus de la zone supérieure godrons noirs et rouges. Entre les deux zones un filet blanc entre deux cercles rouges. Sur le bas de la panse large zone noire portant cinq cercles rouges et des filets blancs. Près de la base arêtes noires rayonnantes. Sur le pied noir deux cercles rouges. Le dessous est creux avec partie centrale bombée. Les anses, le col et tout l'intérieur en noir. Sur le col rosaces en taches rouges entourées de points blancs. Sur chaque oreillette motif floral analogue à celui de E 638. Sur le plat de l'embouchure et sur la tranche du rebord zigzags noirs obliques. Dans l'embouchure deux cercles rouges.

Terre blanchâtre, revêtue sur toute la surface et même sous le pied d'une couche mince d'argile rouge. Surface de la panse orangée, due à un engobe ou à un lustre coloré. Peinture en noir lustré et en blanc appliqué directement sur l'argile. Retouches en rouge vineux sur les personnages et les animaux. Travail d'incisions assez rapide. Le vase a été brisé en nombreux fragments et soigneusement recollé. Le pied fendu est percé au fond de petits trous qui pénètrent jusqu'à l'intérieur et qui sont peut-être dus à une réparation antique. La peinture a souffert et le noir s'est largement écaillé. On a barbouillé les parties manquantes d'un noir terne qui rétablit les silhouettes, en particulier dans la zone inférieure. En *A* les deux hommes drapés de l'extrémité droite et l'éphèbe de l'extrémité gauche sont restaurés de cette manière. Haut. 0,45. Diam. max. 0,47.

(Inv. Campana 52.) Même provenance.

Publié dans notre pl. 50.

E 638. Grand cratère de même forme. — La panse est divisée en deux zones peintes et incisées. — I. Zone supérieure. *A.* Au centre, sur un char à quatre chevaux tourné à gauche (deux chevaux blancs et deux noirs), l'écuyer Kébrionas (ΚΒ⸀ΡΣΟΝΑΜ) est debout, tenant les rênes des deux mains (casque, cnémides rouges, cuirasse blanche, bouclier blanc suspendu dans le dos). Derrière les chevaux, en arrière-plan, Hippomachon (ИΟ+ΑΜΟꞀꞀϟᗺ) vêtu en hoplite (casque, cnémides rouges, lance sur l'épaule droite) fait face à deux femmes drapées côte à côte. Près de la tête des chevaux on lit leurs noms Korax (ΜΞΑꟼΟϘ) et Kianis (ΚᗺΑИᗺΜ) Devant les chevaux deux femmes drapées côte à côte et derrière elles l'inscription (ϟΟИϟΑ). A l'extrémité gauche du tableau, Hector (ꟼΟΤϘᗺ) en hoplite (casque, cuirasse blanche, cnémides rouges, lance dans la main droite basse, bouclier blanc avec rosace en épisème sur le bras gauche) fait face à ses parents, Hécube drapée (ϜΒⱢΑ⸀Α) et Priam (ΜΟ.ΑϟꟼꞀ), barbu, drapé, placé derrière sa femme. A droite du char et de Kébrionas, un guerrier marche à droite (casque, tunique, cnémides, lance dans la main droite, bouclier blanc sur le bras gauche avec aigle volant en épisème). Derrière lui marchent côte à côte deux chevaux blancs dont l'un est appelé Xanthos (ΜΟ⊕ИΑⱫ) et dont l'autre est monté par un cavalier (casque, cnémides), à côté duquel Daïphonos (ΜΟИΟΦϟΛΔ) marche à pied (casque, tunique, cnémides, lance et bouclier blanc à croissants rayonnants en épisème dans la main gauche). A l'extrémité droite du tableau, deux femmes drapées marchent à gauche côte à côte, dont l'une est Polyxène (ΑИᗺΞⴸΟꞀ) et l'autre Cassandre (ΚΒΜΑИΔΡΑ). — *B.* Trois éphèbes à cheval, armés d'une lance, marchent à gauche (tuniques rouges) ; le cheval du milieu est blanc et auprès de lui est l'inscription ϜᗺΟᴧᗺΜ. Derrière le troisième cavalier marche à pied un éphèbe nu, levant la main droite. — II. Zone inférieure. Lionne tête de face devant bouc paissant (le même motif répété cinq fois), oiseau (poule ?) tourné à droite devant bouc paissant.

Sous chaque anse un grand motif floral (palmette blanche surmontant une fleur de lotus blanche renversée, accostée de deux boutons de lotus blancs et de deux enroulements noirs). En haut de la zone supérieure, godrons noirs, rouges et blancs (au-dessus d'une bande de damiers noirs et blancs dans la face *A* seulement). Entre les deux zones un filet blanc entre deux cercles rouges. Sur le bas de la panse large zone noire portant cinq cercles rouges. Pas d'arêtes à la base. Sur le pied noir deux cercles rouges. Le dessous est creux avec partie centrale bombée. Les anses, le col et tout l'inté-

8

rieur en noir. Sur chaque oreillette un motif floral semblable à celui du dessous des anses. Sur le plat de l'embouchure et sur la tranche du rebord zigzags noirs obliques. Dans l'embouchure deux cercles rouges.

Terre blanchâtre, fine. Surface orangée due à un engobe ou à un lustre coloré. Peinture en noir lustré, tournant au brun jaune, et en blanc appliqué directement sur l'argile. Retouches en rouge vineux sur les personnages et les animaux. Travail d'incisions soigné. Le vase a été brisé en plusieurs morceaux et recollé de façon à dissimuler soigneusement toutes les fissures ; mais il n'y a pas de restauration importante dans les personnages. Une partie de l'oreillette et la moitié de l'anse gauche sont brisées ; large écaille enlevée sur le pied. Haut. 0,425. Diam. max. 0,49.

(Inv. Campana 32.) *Même provenance.*

Publié par Braun, *Annali Monumenti dell' Inst.*, 1855, pl. xx, p. 67 ; de Witte, *Étude sur les vases peints*, p. 12.

Vue d'ensemble (face et revers) dans notre pl. 50.

E 639. Grand cratère de même forme. — La panse est divisée en deux zones peintes et incisées. — I. Zone supérieure. *A.* Pélée (Γ Β Ͱ Β V M) barbu (tunique rouge, cnémides rouges, col et visages rouges), agenouillé dans l'attitude archaïque de la course rapide, le bras gauche en avant, s'élance à droite pour saisir Thétis debout, drapée (corps et visage en blanc, tunique noire à quadrillé incisé), marchant à droite, le bras gauche tendu et retournant la tête. Entre eux, à l'arrière-plan, un petit mur bas (peint en blanc avec assises de pierres), d'où sort un arbrisseau feuillu et derrière lequel Pélée s'était posté en embuscade. A droite de Thétis, une file de ses compagnes, au nombre de six, s'enfuient vers la droite, le bras gauche levé avec des gestes de surprise et de frayeur ; trois d'entre elles regardent en arrière (tuniques rouges ou noires avec le bas en quadrillé incisé ; sur leur tête un bandeau incisé avec trois incisions verticales sur le devant pour indiquer une sorte de diadème, corps et visage en blanc). — *B.* Au centre deux guerriers combattant, l'un fuyant à gauche avec sa lance dans la main droite et se retournant pour parer avec son bouclier (casque rouge à cimier blanc, cuirasse, cnémides et bouclier rouges), l'autre dardant sa lance haute (casque rouge à cimier noir, cnémides, bouclier blanc) contre son adversaire. De chaque côté un éphèbe à cheval (tunique rouge), suivi d'un oiseau volant ; à droite, sous l'attache de l'anse, un second oiseau plus grand et volant vers la gauche. — II. Zone inférieure. Lionne tête de face devant bouquetin paissant (motif répété quatre fois), un autre bouquetin paissant.

> Les deux zones sont séparées par une grecque blanche en créneaux réguliers entre deux cercles rouges. Au-dessus de la zone supérieure godrons noirs, rouges, blancs. Sur le bas de la panse zone noire portant cinq cercles rouges entre des filets blancs. Pas d'arêtes à la base. Le pied, les anses, le col et tout l'intérieur en noir. Sous chaque anse grand motif floral (palmette à double enroulement au-dessus d'une fleur de lotus blanche renversée et accostée de deux longs pédoncules portant des fleurs de lotus). Sur chaque oreillette motif floral analogue (deux fleurs de lotus blanches opposées et accostées de deux palmettes à double enroulement). Sur la tranche du rebord et sur le plat de l'embouchure zigzags noirs obliques. Dans l'embouchure un cercle rouge. Le dessous du pied est creux avec partie centrale faiblement bombée.
>
> Terre blanchâtre, revêtue d'une couche mince d'argile rosée. Sur la panse engobe ou lustre jaune. Peinture en noir lustré, en blanc et en rouge violacé. Travail d'incisions assez rapide. Le vase a été brisé en plusieurs morceaux soigneusement recollés de façon à dissimuler les fissures. Les morceaux repeints sont nombreux, dans les tuniques et les jambes des femmes, dans la zone d'animaux. Le pied est refait en grande partie. Haut. 0,39. Diam. max. 0,38.
>
> (Inv. Campana 41.) *Même provenance.*
>
> Publié par Graef dans le *Jahrbuch des deutsch. arch. Instituts*, 1886, p. 192, pl. x.

E 640. Amphore à deux anses plates verticales, creusées d'un sillon profond. — Même fabrique que les cratères E 621 et 622. La panse est ornée d'une zone de personnages peints et incisés. — *A.* Meurtre d'Ismène. Tydeus (MVΒΔVΤ) sous les traits d'un homme barbu, nu, le fourreau d'épée au côté, court à droite, l'épée à la main (lame en blanc) et saisit de la main gauche le bras droit de sa femme Ismène (AͰ⅄M v. V ⊔) étendue demi-nue sur un lit de repos (corps et visage en blanc,

couverture noire à imbrications incisées) sous lequel est couché un chien retournant la tête (peint en blanc). A gauche de Tydeus, l'amant d'Ismène, Périklyménos (MOИ B MV1Q≷◁B П), se sauve à gauche, nu, barbu (corps et visage en blanc), retournant la tête. Devant lui l'éphèbe Klytos (MOTV1Q) à cheval, tenant une lance (tunique rouge). — *B.* Sirène aux ailes déployées, retournant la tête (corps et visage blancs), entre deux sphinx accroupis (ailes recourbées, corps et visage blancs). Dans le champ une rosace noire incisée.

> Au-dessus de cette zone godrons noirs et rouges. Au-dessous zone de quadrillé noir ponctué de points blancs et noirs entre deux cercles rouges. Sur le bas de la panse zone noire. Près de la base arêtes noires rayonnantes. Sur le pied noir un cercle rouge. A la base du col tore saillant. Sur le col noir rosaces en taches rouges entourées de points blancs. Les anses en noir. Le côté extérieur du rebord porte un quadrillé noir ponctué de points blancs et noirs entre deux cercles rouges. Dans l'embouchure, godrons noirs, rouges, blancs et quatre cercles rouges.
>
> Terre blanchâtre, à surface orangée due à une préparation, engobe ou lustre coloré. Peinture en noir lustré et en blanc posé directement sur l'argile. Retouches de rouge sur les personnages, de rouge et de blanc sur les ornements. Travail des incisions soigné. Un morceau du rebord a été refait. Le pied est ébréché ; une écaille enlevée sur le bas de la panse. Haut. 0,32.
>
> (Inv. Campana 32.) *Même provenance.*
>
> Publié par Welcker, *Alte Denkmäler*, V, p. 253, pl. 14 ; *Monumenti dell' Instituto*, VI, pl. 14 ; Duruy, *Hist. des Romains*, II, p. 182 (en couleurs).
>
> Vue d'ensemble dans notre pl. 50.

E 642. Grande hydrie à deux petites anses plates horizontales et une grande anse plate verticale en arrière, accostée de deux rondelles saillantes sur le rebord. — *A.* Sur le devant de la panse, le Départ d'Hector. Sur un char tourné à droite, attelé de quatre chevaux (deux blancs et deux noirs à col rouge), est debout l'aurige Damos (ΔΑΜΟΜ), tenant les rênes et l'aiguillon (grande tunique blanche serrée à la taille). Derrière les chevaux, en arrière-plan, faisant face à l'aurige est debout Charon (ИO◁A+), homme barbu, drapé, portant une lance sur l'épaule droite et deux femmes drapées se faisant vis-à-vis ; auprès d'elles les inscriptions MO.Δ (?) et F♢OＥ. Près de la caisse du char marche à droite un chien blanc. A l'extrémité gauche du tableau, Hector (ʌ OTO P) en hoplite (casque à cimier blanc, cuirasse blanche, bouclier rond) monte sur le char, saisissant de la main droite la rampe. Derrière lui, une femme (Andromaque ou Hécube) est debout, drapée (manteau pointillé de rouge). A l'extrémité droite du tableau, tournant le dos aux chevaux, une femme drapée fait face à un guerrier (casque à cimier blanc, épée, cnémides, bouclier blanc ovale, à échancrures latérales, ayant pour épisème un serpent). — *B.* Sous chaque anse une lionne accroupie, retournant sa tête de face.

> La zone centrale est encadrée entre deux grecques blanches et noires verticales. Au-dessus une bande de grecque noire et blanche. Au-dessous, entre deux cercles rouges, une bande de quadrillé noir ponctué de points noirs et blancs. Sur le bas de la panse une zone noire portant deux cercles rouges. Près de la base arêtes noires rayonnantes. Sur le pied godrons noirs, blancs, rouges, et un cercle rouge. Le dessous est creux avec partie centrale bombée. L'épaule porte une bande de grandes postes peintes en blanc sur noir, cantonnées de petites rosaces blanches en croix. Au-dessus une grecque blanche et noire et des godrons blancs et rouges. A la base du col et au centre deux légers tores saillants peints en rouge. Sur le col noir rosaces en taches rouges entourées de points blancs. Sur le plat de l'embouchure, zone de fleurs de lotus blanches et noires alternant avec des boutons de lotus du même genre réunis par des entrelacs. Dans l'embouchure noire deux cercles rouges. Les anses en noir avec filet saillant du milieu peint en rouge. Sous l'anse verticale un grand motif floral blanc (palmette renversée d'où partent quatre longs pédoncules portant deux volutes et deux fleurs de lotus).
>
> Terre blanchâtre. Surface extérieure orangée, due à un engobe ou à un lustre coloré. Peinture en noir lustré, tournant parfois au jaune vif. Le blanc est appliqué tantôt sur l'argile directement, tantôt par-dessus le noir. Retouches de rouge vineux mat. Travail d'incisions soigné. Plusieurs morceaux de la panse ont été recollés, avec

fissures restant visibles ; une des anses est refaite ; larges écailles enlevées sur le pied. Le motif floral du revers est en grande partie restauré. Haut. 0,45.
(Inv. Campana 58.) Même provenance.
Vue d'ensemble publiée par de Witte, *Étude sur les vases peints*, p. 44.
Autre aspect (face et profil) dans notre pl. 5o.

E 643. Hydrie de même forme. — Même fabrique que le précédent. — *A.* Sur le devant de la panse les Funérailles d'Achille. Sur un lit à pieds plats, découpés en palmettes et volutes (couverture noire pointillée de rouge), le corps d'Achille est étendu de droite à gauche (linceul rouge, œil incisé ovale sans prunelle). Devant le lit sont disposés par terre son casque (double cimier blanc), son bouclier rond (tête de Gorgone de face tirant la langue en épisème). Derrière le lit, en arrière-plan, quatre Néréides sous la figure de femmes drapées, aux longues nattes de cheveux pendantes, pleurent le héros ; l'une saisit ses cheveux comme pour les arracher, l'autre nommée par une inscription ΒΑΜΑΦΟϞ . tient une lyre de la main gauche ; celle qui est au pied du lit, nommée ϘѴΜΑΤΟΘΑ, entoure de ses deux bras la tête du mort. A droite du lit trois autres Néréides debout se suivent, les deux premières saisissant leurs cheveux, la troisième tenant de la main droite une bandelette. A gauche du lit, même défilé de trois Néréides, l'une étendant les mains (inscription exclamative ϜϞΟϞ), l'autre nommée Cléopatra (ΚϞΒΟΓ..ΡΑ) tirant ses cheveux, la troisième apportant une couronne (inscription ϞΟϞΔ). Les tuniques des femmes, serrées à la taille, sont alternativement rouges et noires.

> Le tableau central est encadré entre deux grecques blanches et noires verticales. Au-dessus bande de grecque blanche sur fond noir. En dessous bande de godrons rouges, blancs et noirs. Sur le bas de la panse zone noire portant trois cercles rouges. Près de la base arêtes noires rayonnantes. Sur le pied godrons noirs, blancs, rouges. Le dessous est creux avec partie centrale bombée. Sur l'épaule une bande de grecque noire et blanche, une plus petite au dessus, en blanc sur noir, enfin une bande de godrons blancs, rouges et noirs. Le col en noir avec deux tores saillants peints en rouge et décoré de rosaces en taches rouges entourées de points blancs. Sur le plat de l'embouchure godrons noirs, blancs et rouges. Dans l'embouchure noire deux cercles rouges. Les anses horizontales sont divisées en trois filets saillants dont deux peints en rouge ; la grande anse verticale a quatre filets saillants dont deux peints en rouge. Sous l'attache de l'anse verticale un grand motif floral en blanc sur noir (le même que dans E 642).
> Même terre et même technique que dans E 642. La panse a été brisée et recollée, mais l'état de conservation est meilleur. Une partie de l'ornement floral au revers est repeinte. Haut. 0,45.
> (Inv. Campana 6o.) Même provenance.
> Publié par Conze, *Annali dell' Inst.*. 1864, pl. or; Duruy, *Hist. des Grecs*, I, p. 248 (en couleurs); *Hist. des Romains*, II, p. 182 (en couleurs).
> Vue d'ensemble dans notre pl. 51.

E 645. Amphore à deux anses verticales rondes. — Sur la panse tableaux réservés en clair de chaque côté. — *A.* Deux grandes têtes coupées aux épaules, représentant côte à côte une femme (tout en blanc sauf les cheveux noirs pendants, ceints d'une bandelette rouge) et un homme barbu (même coiffure). Il est probable qu'on a voulu figurer ici Dionysos et Coré. — *B.* Éphèbe à cheval, nommé Polydos (ΓΟϞѴΔΟΜ), courant au galop à droite et suivi d'un oiseau volant (tunique rouge) ; il tient de la main droite une houssine (le cheval tout en blanc, sauf la crinière).

> Au-dessus de chaque tableau une bande de godrons blancs, noirs, rouges. Le reste du vase noir, sauf une zone réservée en clair près de la base sauf arêtes noires rayonnantes. Sur le bas de la panse cinq cercles rouges, deux sur le col. Dans l'embouchure noire cercles rouges. Sur le pied noir cercle rouge. Le dessous est creux avec partie centrale bombée.

Terre blanchâtre. Surface des deux tableaux orangée, due à un lustre coloré ou à un engobe. Peinture en noir lustré et en blanc appliqué directement sur l'argile. Retouches rouges. Travail d'incisions soigné. Haut. 0,33.
(Inv. Campana g.) Même provenance.
Vue d'ensemble (face et revers) dans notre pl. 51.

E 646. Amphore de même forme. — Même fabrique que le précédent. Sur la panse tableaux réservés en clair de chaque côté. — *A.* Éphèbe à cheval courant à gauche au galop et tenant une lance (tunique rouge, queue du cheval dépassant le cadre et incisée dans le noir de la panse). — *B.* Coq tourné à droite ; derrière lui, dans le champ, une fleur de lotus sur un pédoncule terminé par une palmette blanche à double volute noire.

> Même ornementation et même technique que dans E 645. Sur le fond grandes lettres rouges ϞѴ indiquant une marque de fabrique. Haut. 0,33.
> (Inv. MN 113.) Provenance exacte inconnue.
> Vue d'ensemble (face et revers) dans notre pl. 51.

E 647. Œnochoé à panse allongée, à bec trilobé et à anse bifide. — Le tableau, sur un fond clair réservé, décore le flanc gauche du vase, de façon à être vu de face quand on prenait le vase par l'anse. Deux éphèbes à cheval (tuniques rouges), tenant une lance, courent à droite au galop, le premier (cheval tout en blanc sauf la crinière) dépassant l'autre d'une demi-longueur (cheval noir). Dans le champ, à gauche, est dressé un serpent.

> Sur le flanc droit du vase on a réservé deux petites portions triangulaires du fond d'argile clair. Au-dessus du tableau une grecque noire et blanche et une bande de godrons noirs, rouges, blancs. Le reste du vase noir, sauf l'anse et un petit cercle réservé sur le bas de la panse. Sur le bas de la panse trois cercles rouges et deux sur le pied noir. Le dessous est presque plat. Le bord du bec et l'intérieur de l'embouchure en noir.
> Terre blanchâtre. Surface du tableau orangée, due à un engobe ou à un lustre coloré. Peinture en noir lustré et en blanc appliqué directement sur l'argile. Retouches de rouge vineux. Travail d'incisions rapide. Une partie du noir a tourné au rouge brun. Haut. avec l'anse 0,31.
> (Inv. Campana 3g.) Trouvé à Caeré, en Étrurie, et entré au Musée en 1863.
> Vue d'ensemble dans notre pl. 51.

E 648. Œnochoé de même forme. — Même fabrique que le précédent. Même disposition en tableau réservé sur le flanc gauche du vase. Au centre un char à quatre chevaux vu de face ; les deux chevaux blancs du centre inclinent symétriquement leurs têtes l'un vers l'autre ; les deux chevaux de volée (noirs avec crinières blanches) inclinent symétriquement leurs têtes vers le dehors. Entre les deux chevaux blancs est écrit le nom de l'un d'eux, Xanthos (ΜΟΘϞΑΞ) ; près du cheval noir de gauche son nom Phérès (ΜΒϞΒΦ) et près de celui de droite son nom Balios (ϞΑϞϞΟϞ.). Sur la caisse du char sont debout l'un à côté de l'autre, à gauche l'aurige Aniochidas (ΜΑΔϞϞΟϞϞΑ) drapé, tenant l'aiguillon, le corps de face et la tête à droite (visage peint en rouge) ; à droite le guerrier Laoptolémos (ϞΑϜΟΓΤΟϞΒΜΟΜ), le corps et le visage de face (casque blanc à double cimier, bouclier rond blanc, vu par la tranche).

> Sur le flanc droit du vase même particularité que dans le précédent. Même technique et même ornementation, sauf l'anse en noir (mais probablement repeinte). La tête de l'aurige et le casque du guerrier empiètent notablement sur la grecque placée au-dessus. La panse a été brisée en plusieurs morceaux et recollée, avec des restaurations qui dissimulent les fissures. Haut. avec l'anse 0,32.
> (Inv. Campana 34.) Même provenance.
> Vue d'ensemble dans notre pl. 51.

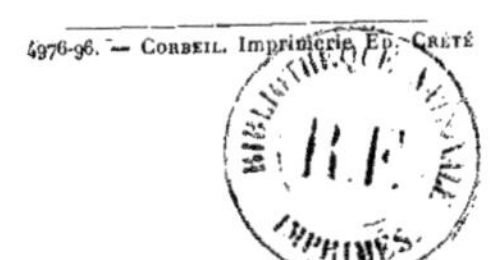

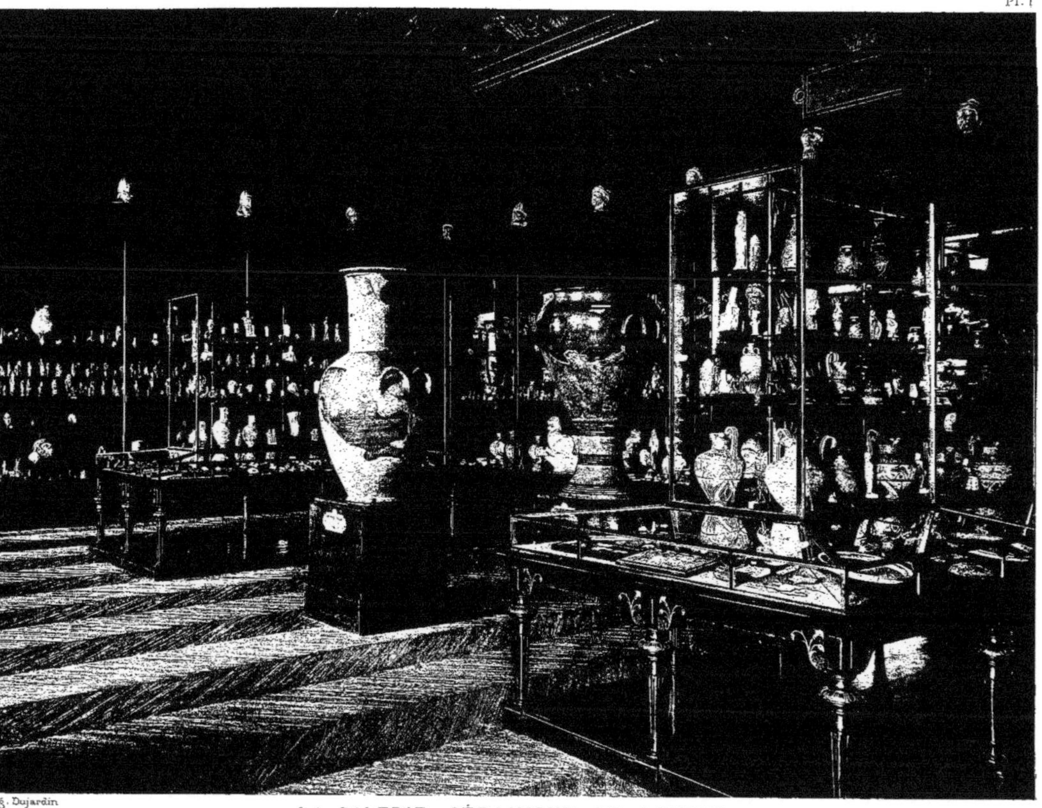

Hélig. Dujardin

LA GALERIE CÉRAMIQUE DU LOUVRE
Les origines comparées (Salle A)

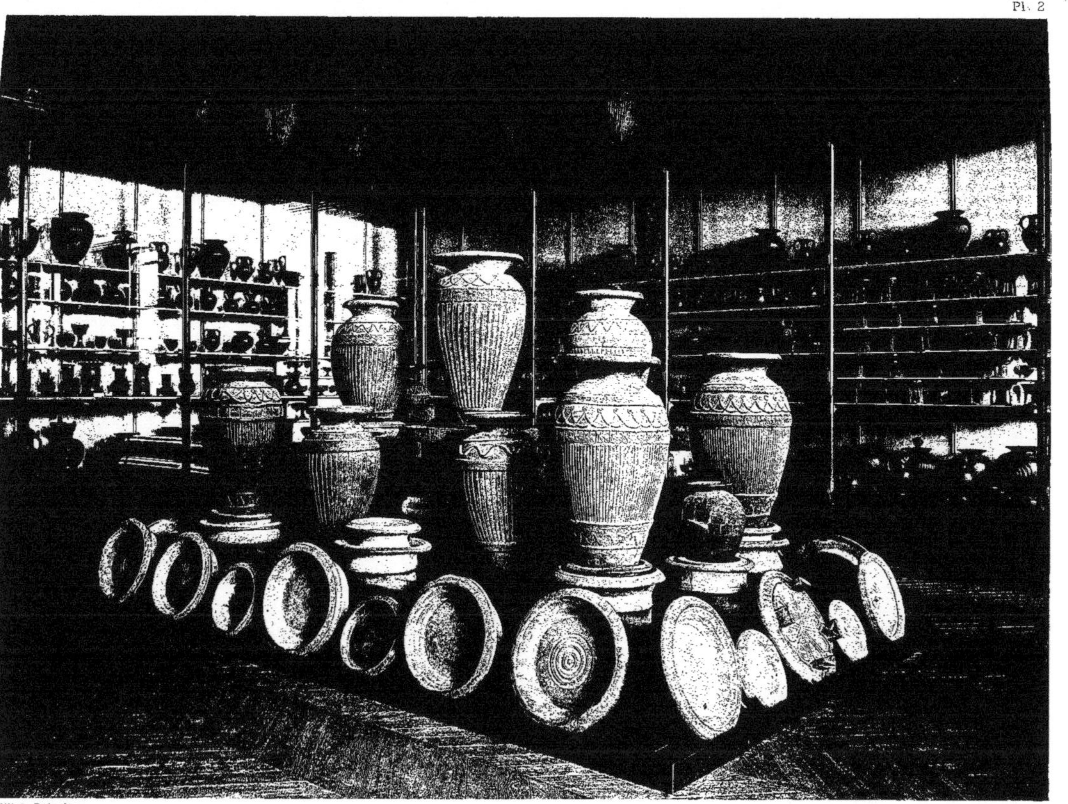

Héliog. Dujardin

LA GALERIE CÉRAMIQUE DU LOUVRE
Les Vases étrusques (Salle C)

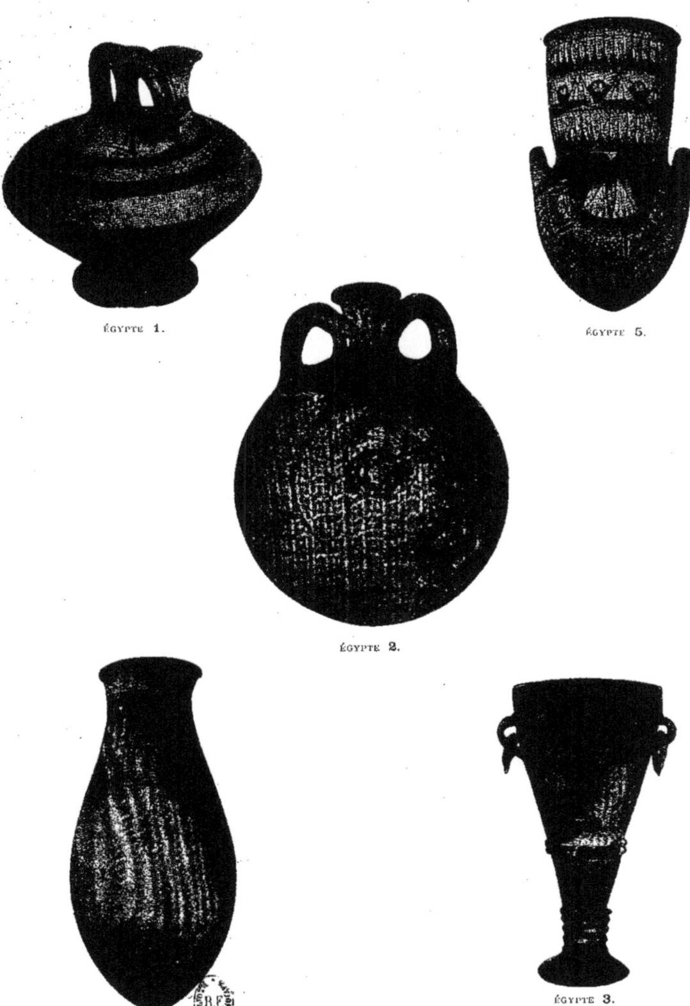

VASES PEINTS TROUVÉS EN ÉGYPTE

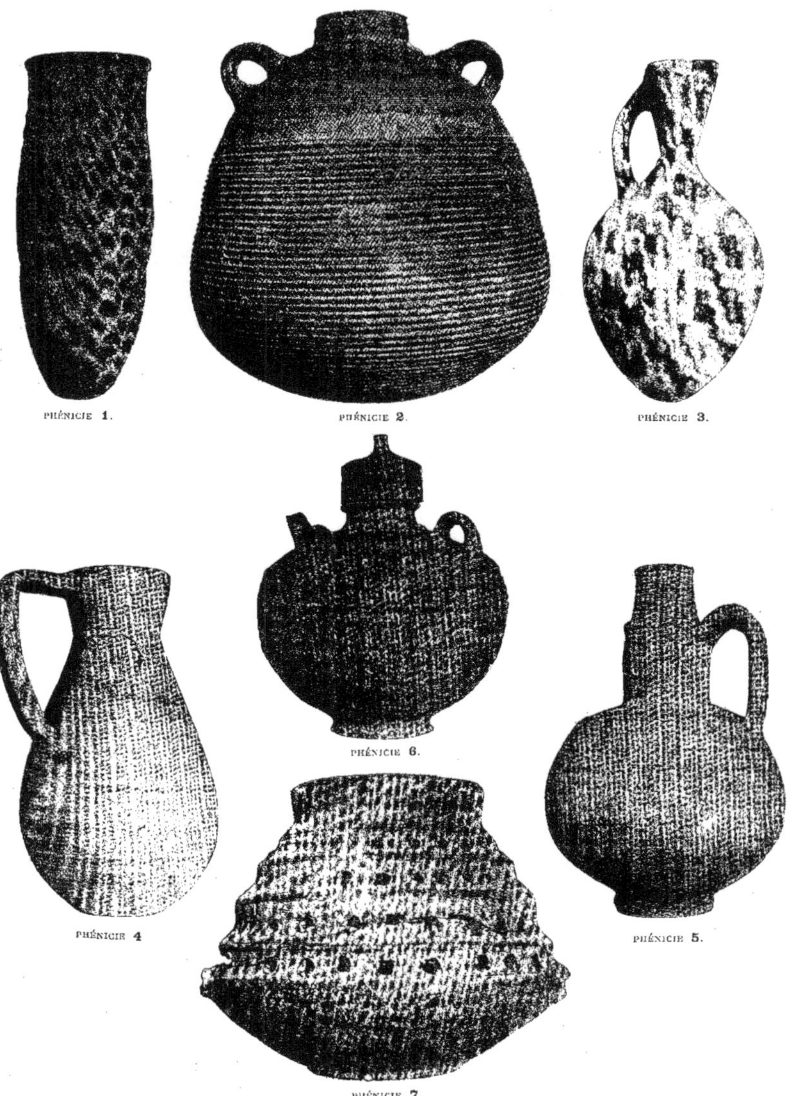

PHÉNICIE 1. PHÉNICIE 2. PHÉNICIE 3.

PHÉNICIE 6.

PHÉNICIE 4. PHÉNICIE 5.

PHÉNICIE 7.

VASES PHÉNICIENS

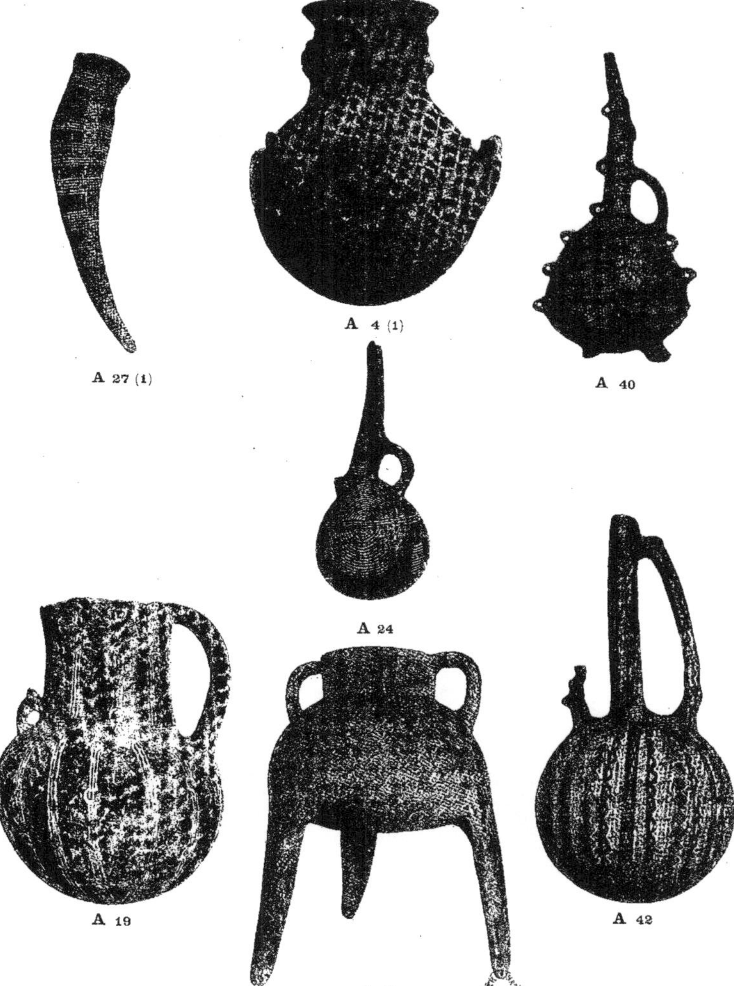

A 27 (1)

A 4 (1)

A 40

A 24

A 19

A 16

A 42

VASE DE TROIE
(20 A 30 SIÈCLES AV. J.-C.)

VASES CHYPRIOTES
(15 A 20 SIÈCLES AV. J.-C.)

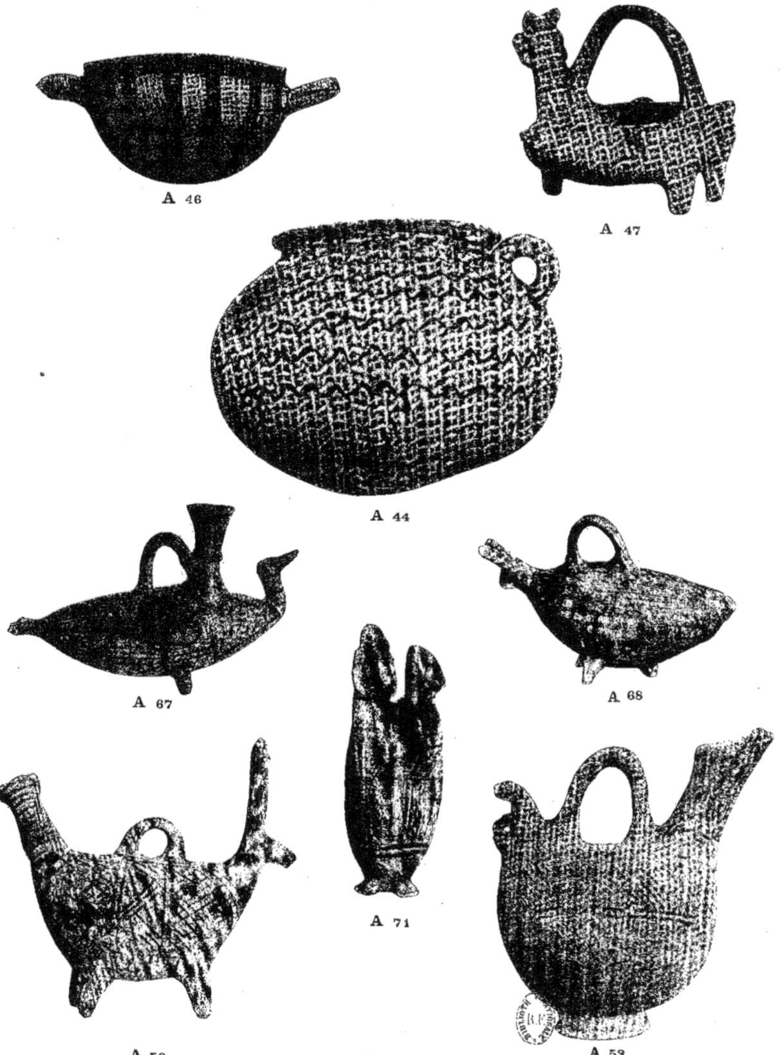

A 46

A 47

A 44

A 67

A 68

A 71

A 58

A 53

VASES CHYPRIOTES

(15 A 20 SIÈCLES AV. J.-C.)

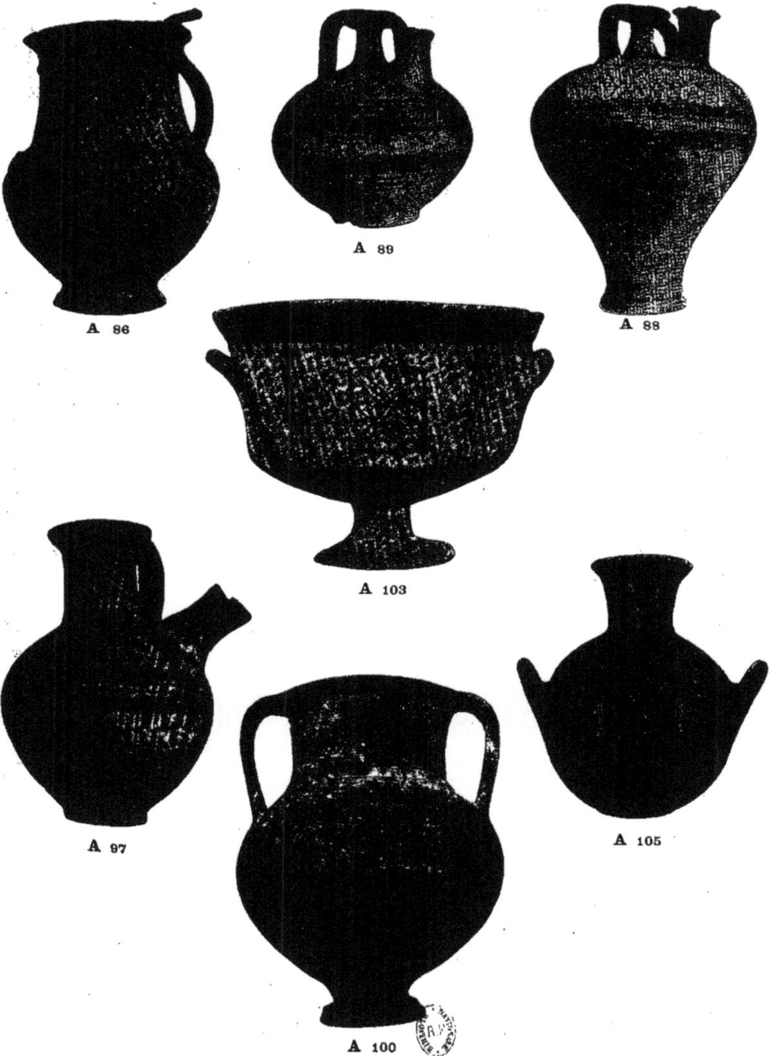

A 86

A 89

A 88

A 103

A 97

A 100

A 105

VASES CHYPRIOTES

(ENTRE LE XVe ET LE IXe SIÈCLE AV. J.-C.)

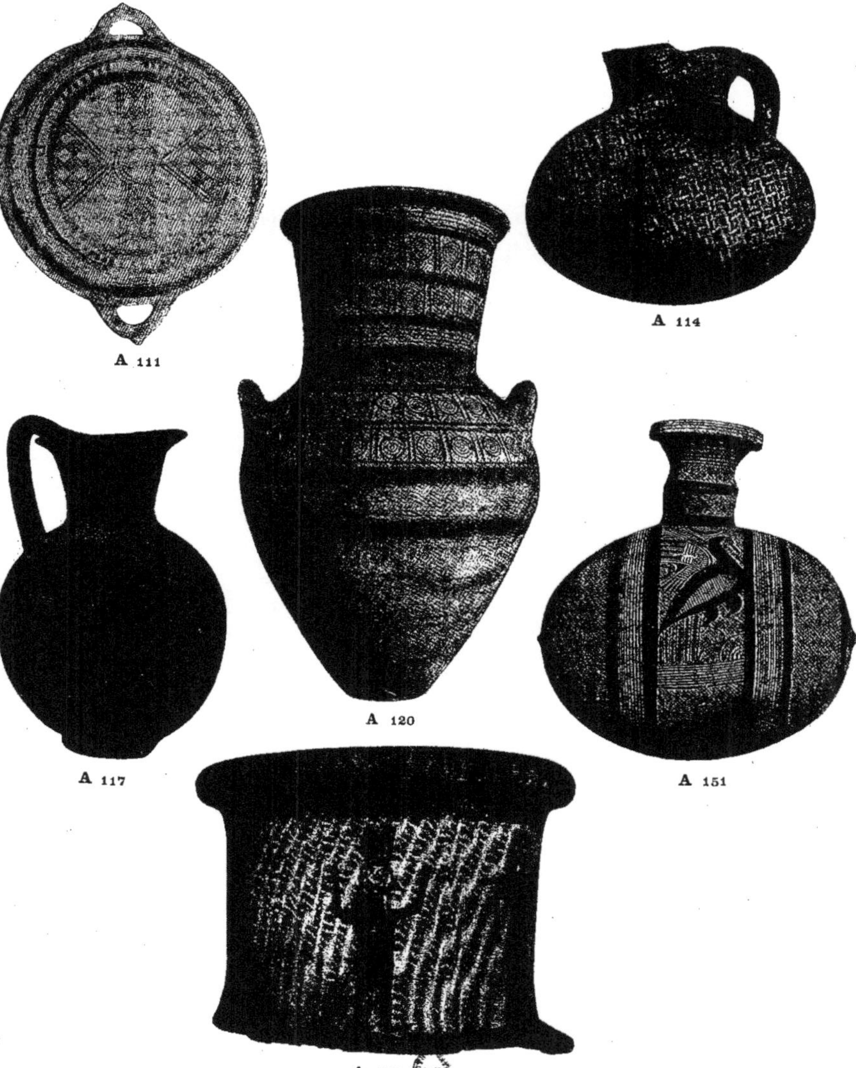

A 111

A 114

A 117

A 120

A 151

A 153

VASES CHYPRIOTES

(Xᵉ AU VIIIᵉ SIÈCLE AV. J.-C.)

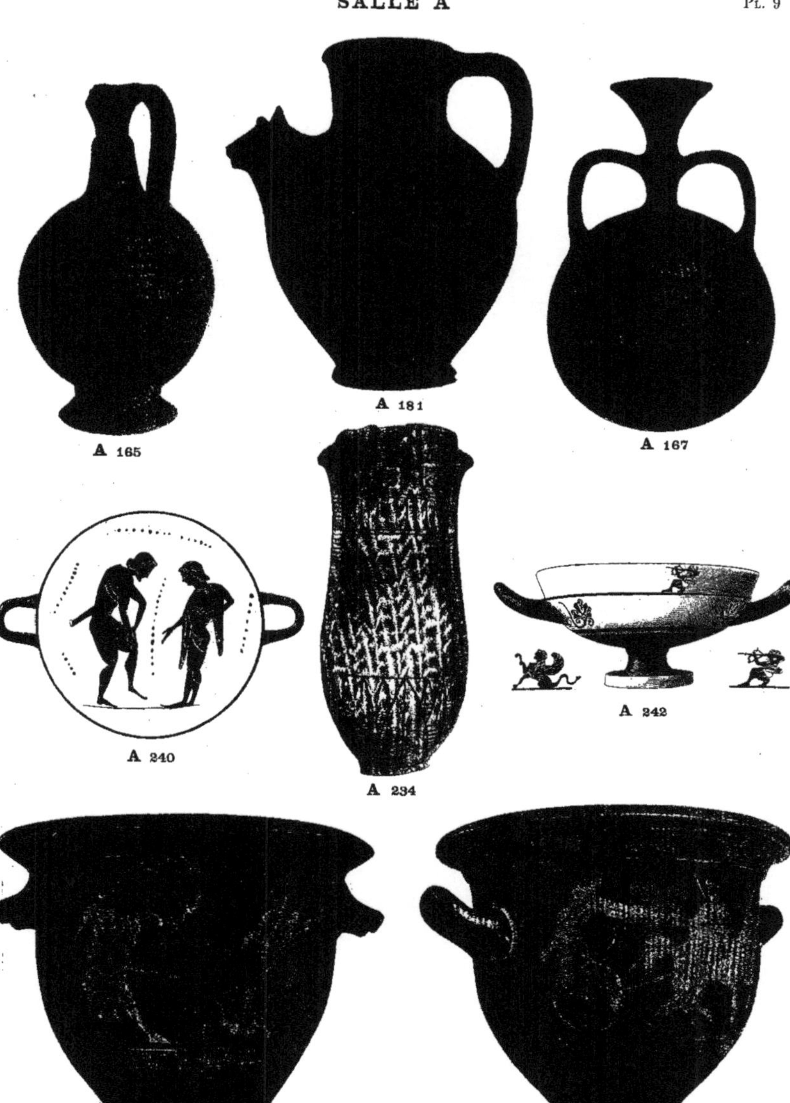

A 165

A 181

A 167

A 240

A 234

A 242

A 257

A 258

VASES CHYPRIOTES
(VIIIᵉ AU Vᵉ SIÈCLE AV. J.-C.)

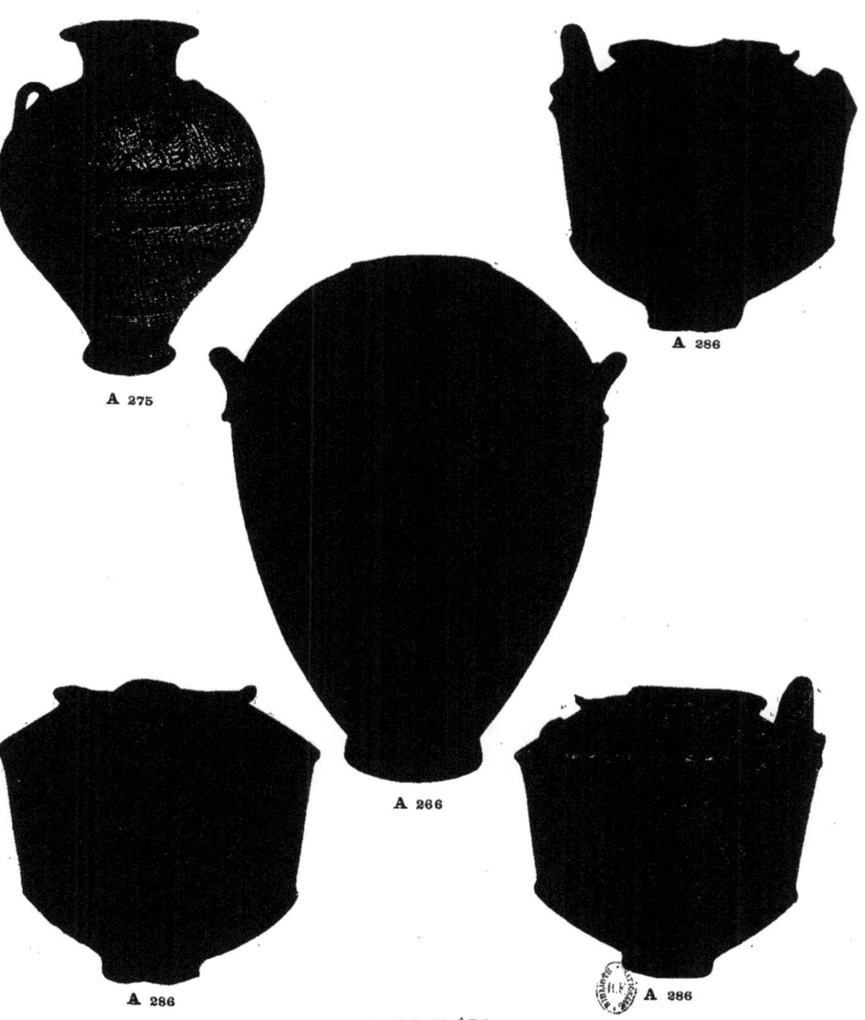

A 275

A 286

A 266

A 286

A 286

VASE DE THÉRA
(ENVIRONS DU Xᵉ SIÈCLE AV. J.-C.)
VASES DE RHODES
(ENTRE LE XIIᵉ ET LE VIIIᵉ SIÈCLE AV. J.-C.)

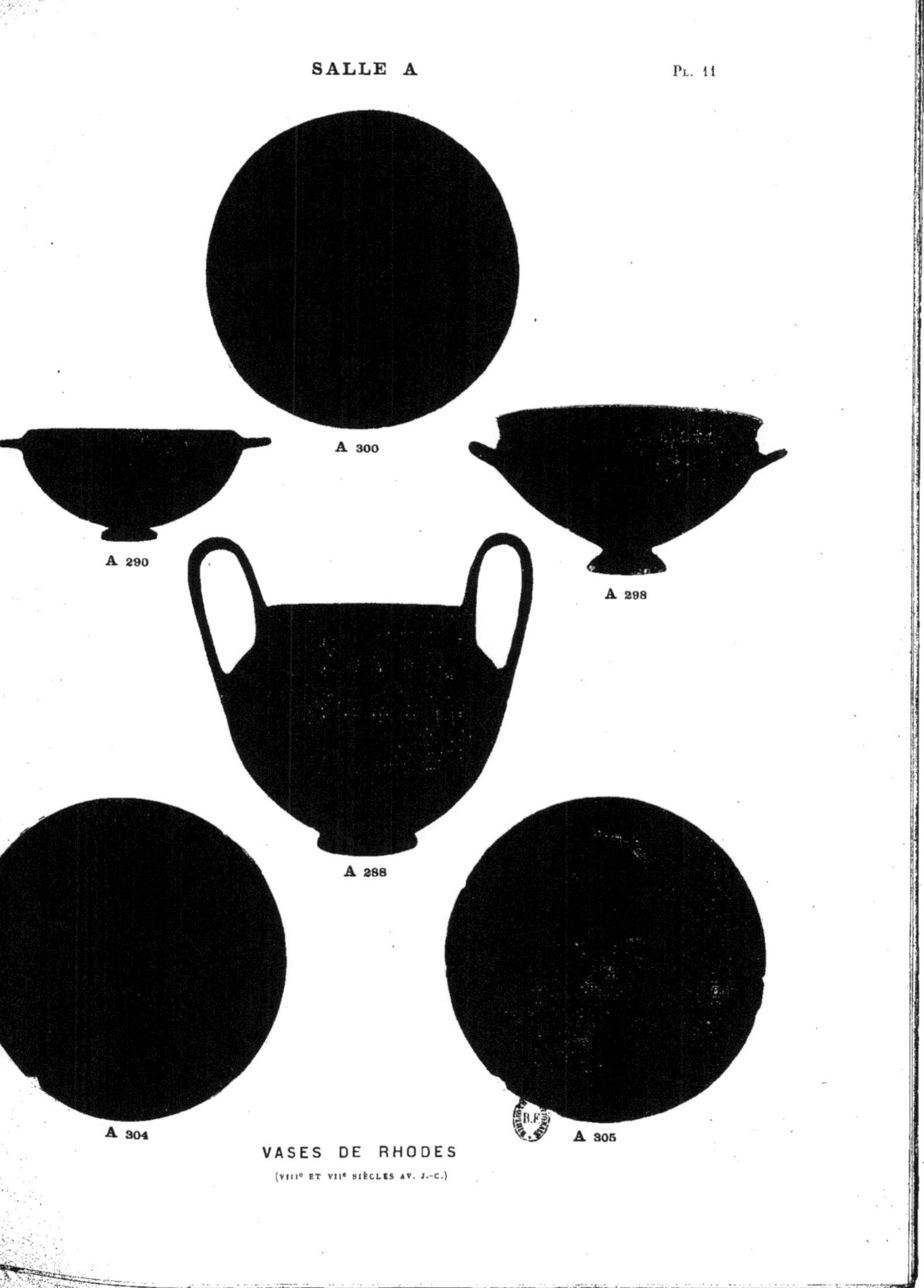

VASES DE RHODES

(VIIIᵉ ET VIIᵉ SIÈCLES AV. J.-C.)

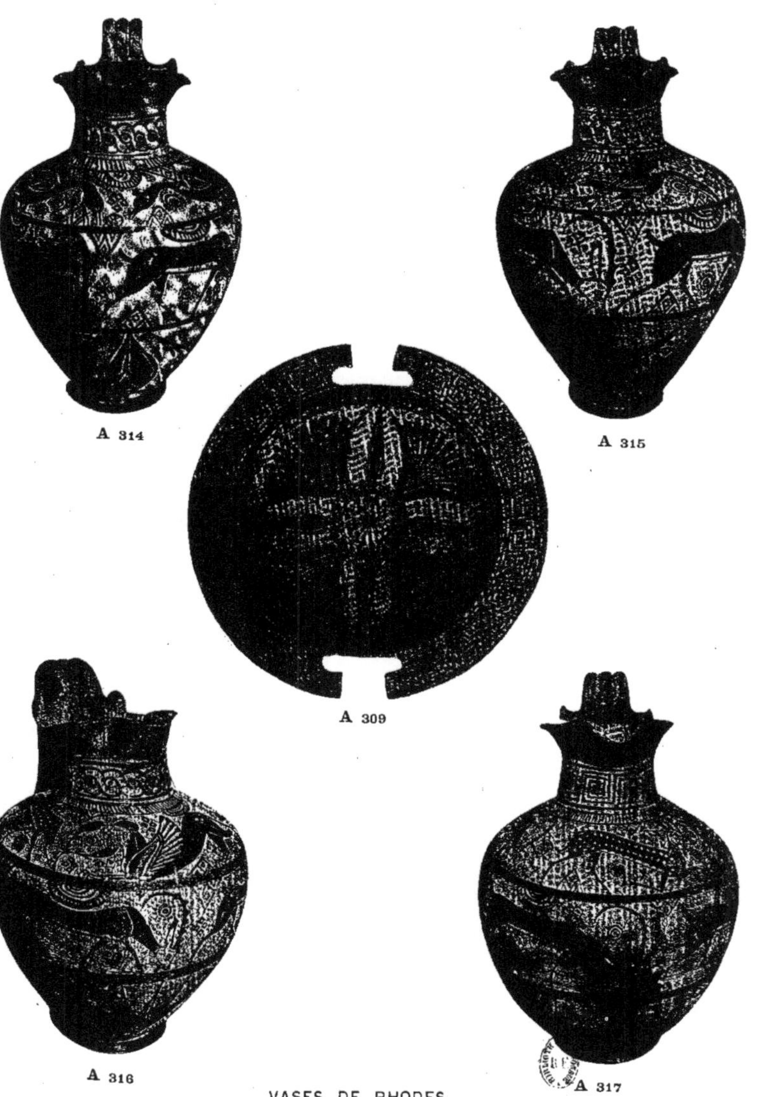

A 314

A 315

A 309

A 316

A 317

VASES DE RHODES

(VIIe SIÈCLE AV. J.-C.)

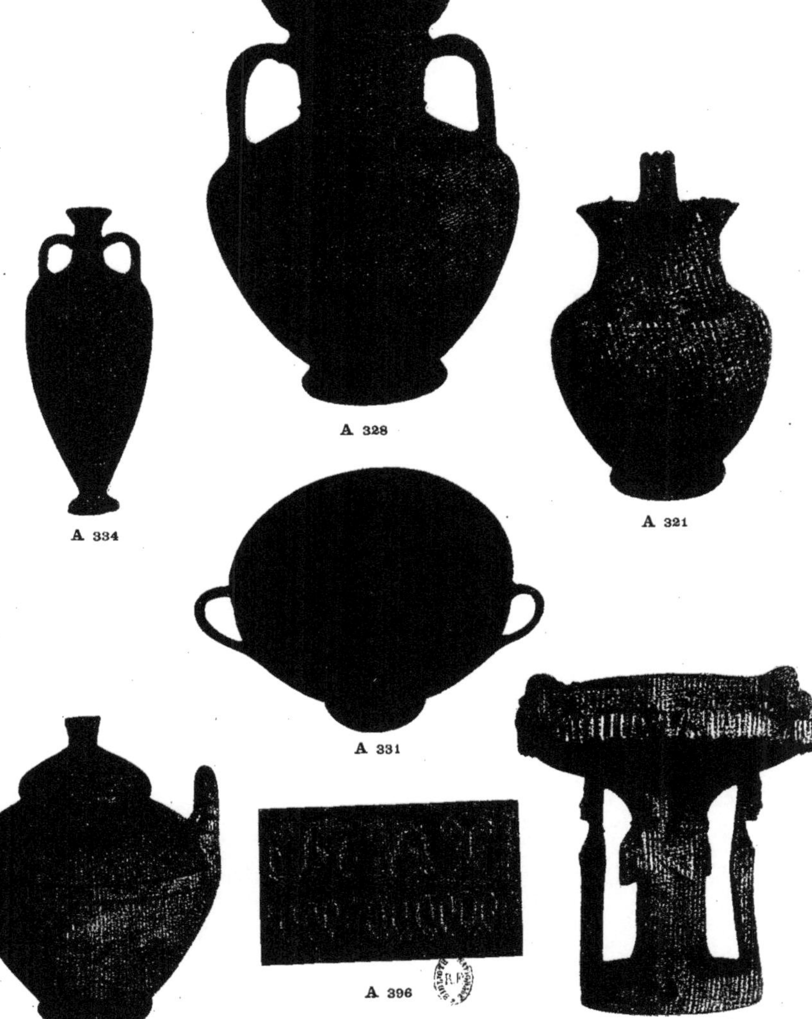

A 334

A 328

A 321

A 331

A 335

A 396

A 396 (1)

VASES DE RHODES

(VIIᵉ ET VIᵉ SIÈCLES AV. J.-C.)

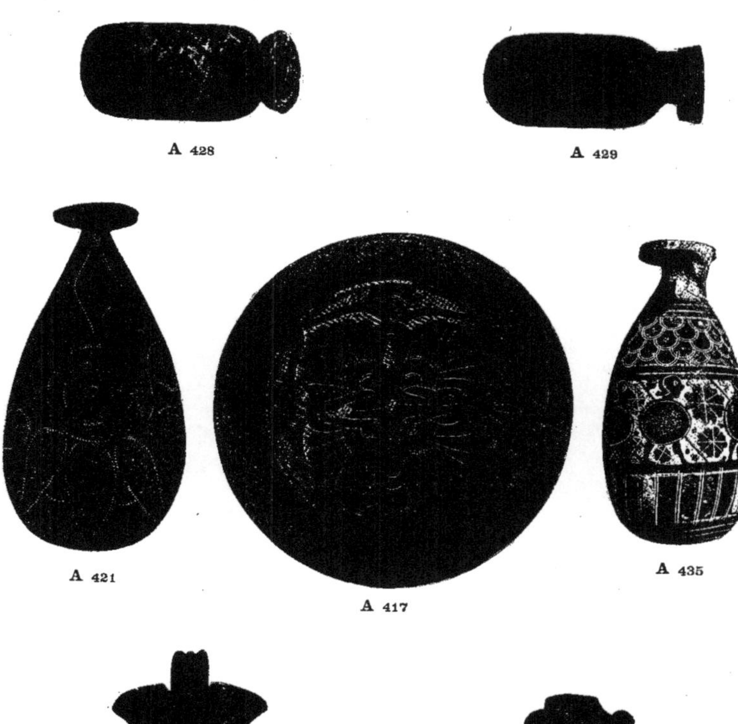

A 428   A 429

A 421   A 435

A 417

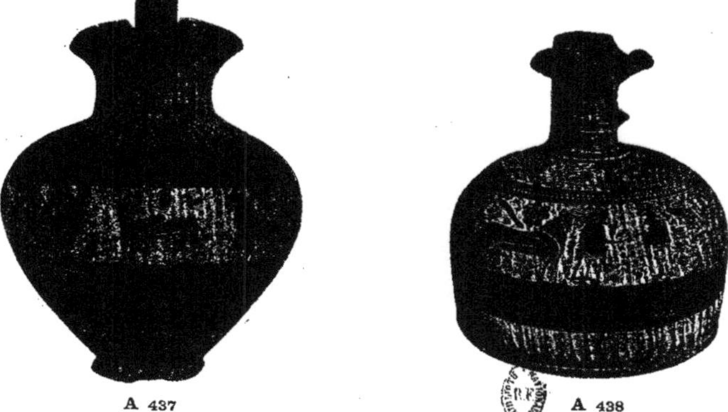

A 437   A 438

VASES CORINTHIENS TROUVÉS A RHODES

(VIIe ET VIe SIÈCLES AV. J.-C.)

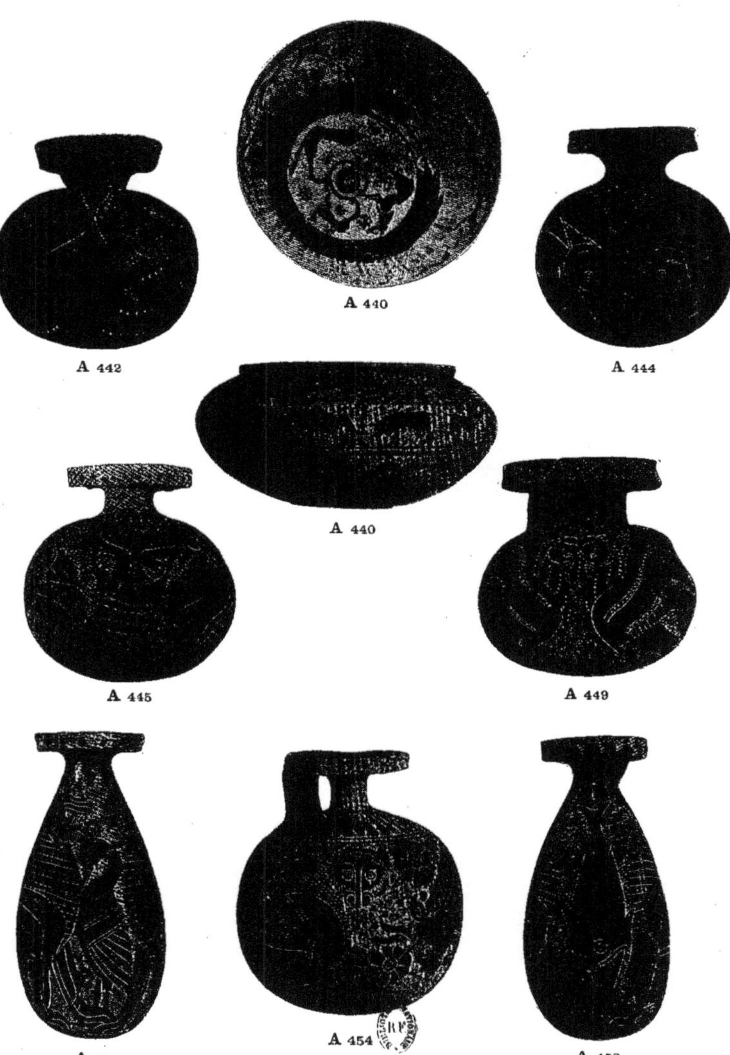

A 440

A 442

A 444

A 440

A 445

A 449

A 451

A 454

A 452

VASES CORINTHIENS TROUVÉS A RHODES

(VIIe ET VIe SIÈCLES AV. J.-C.)

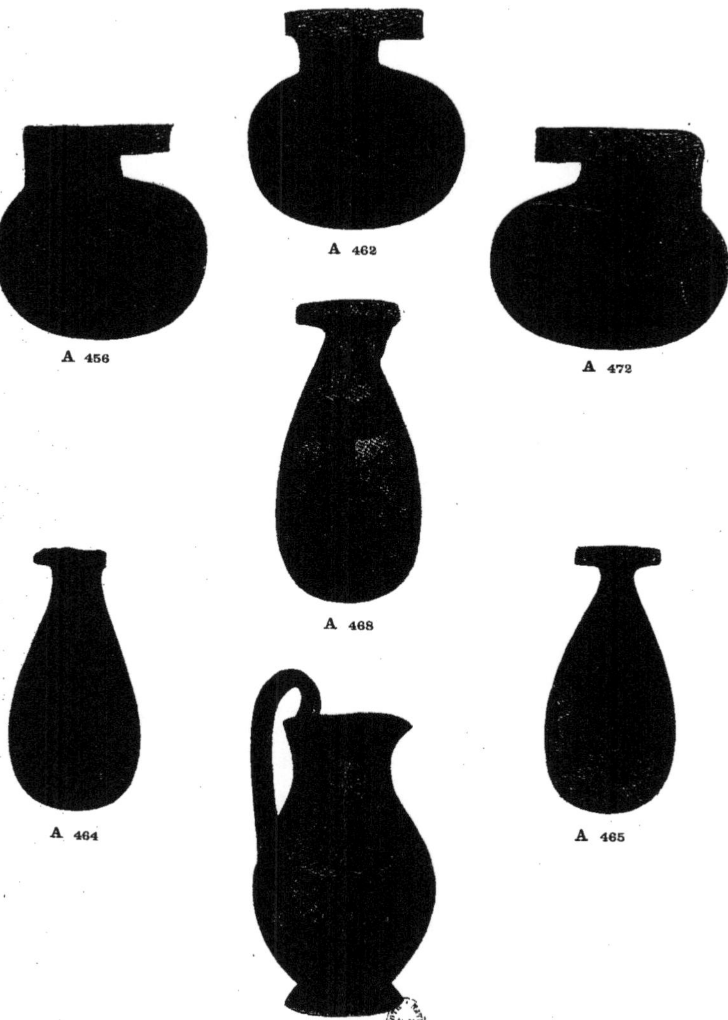

A 462

A 456

A 472

A 468

A 464

A 465

A 474

VASES CORINTHIENS TROUVÉS A RHODES

(VIIe ET VIe SIÈCLES AV. J.-C.)

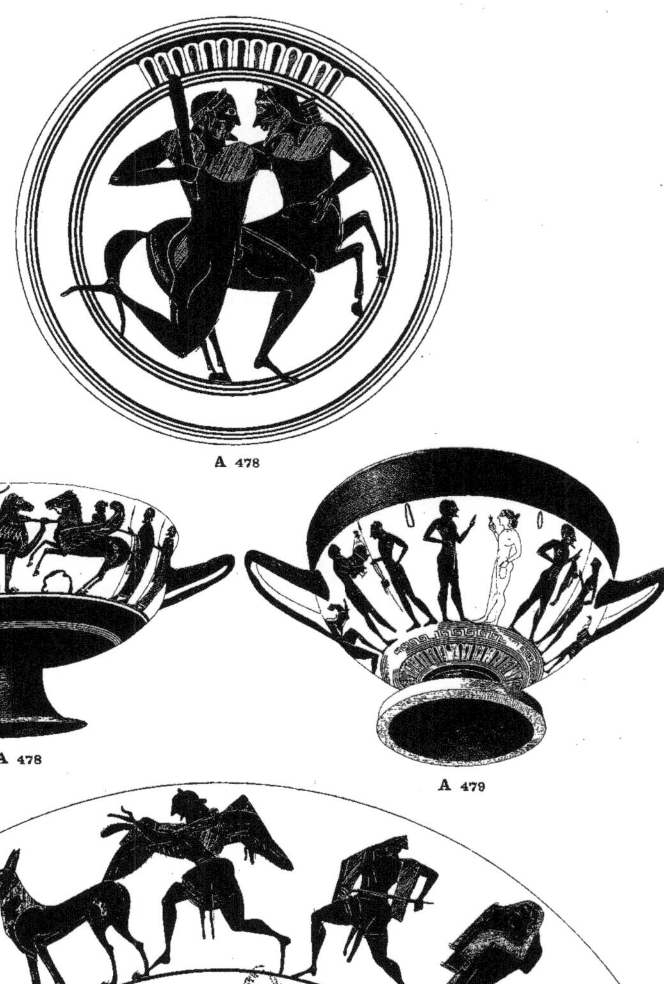

A 478

A 478

A 479

A 478

VASES ATTIQUES TROUVÉS A RHODES

(VIᵉ SIÈCLE AV. J.-C.)

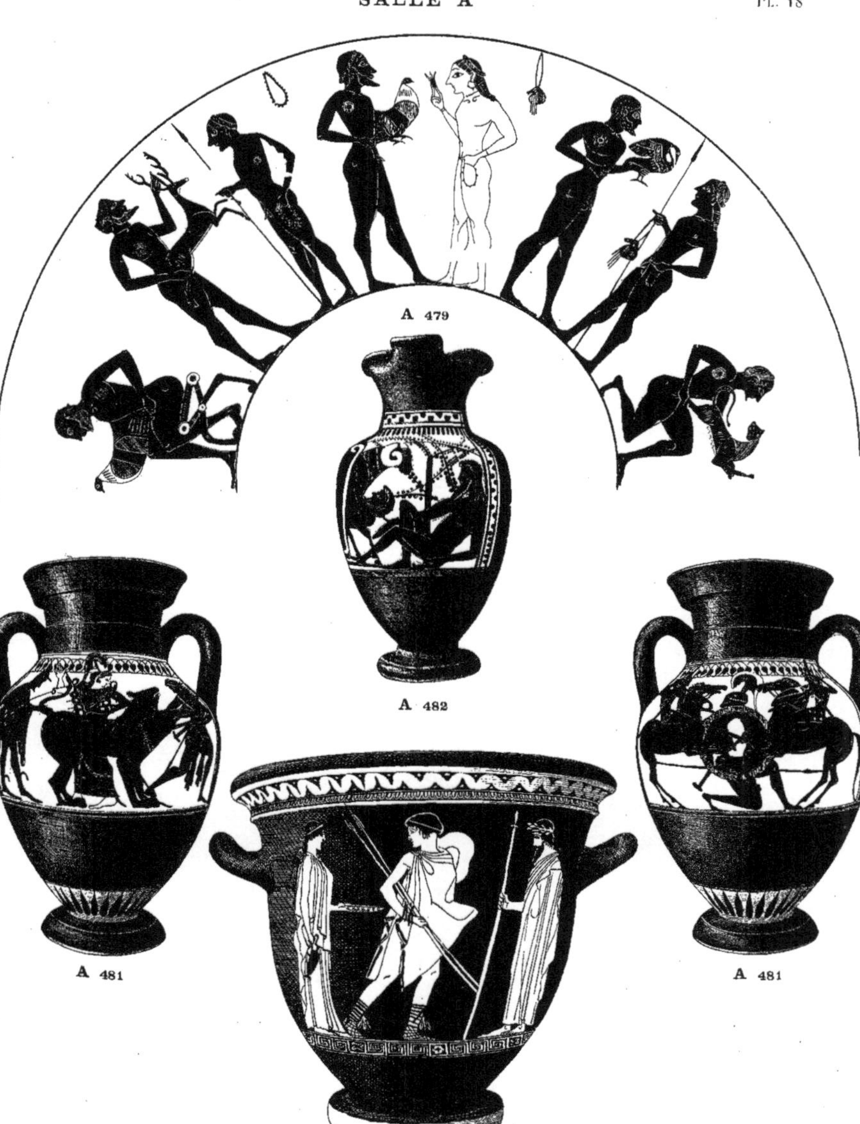

VASES ATTIQUES TROUVÉS A RHODES

(VIᵉ ET Vᵉ SIÈCLES AV. J.-C.)

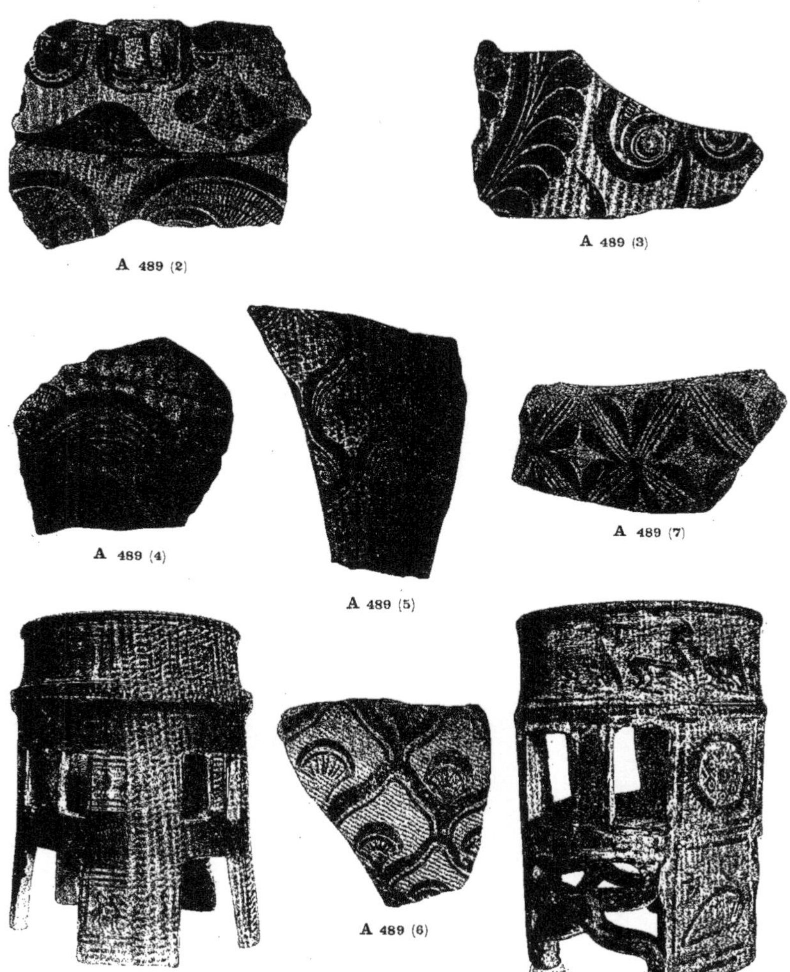

A 489 (2)

A 489 (3)

A 489 (4)

A 489 (5)

A 489 (7)

A 490

A 489 (6)

A 491

VASES MYCÉNIENS DE CRÈTE
(ENTRE LE XV⁰ ET LE X⁰ SIÈCLE AV. J.-C.)

VASES GÉOMÉTRIQUES DES ILES
(VERS LE IX⁰ ET LE VIII⁰ SIÈCLE AV. J.-C.)

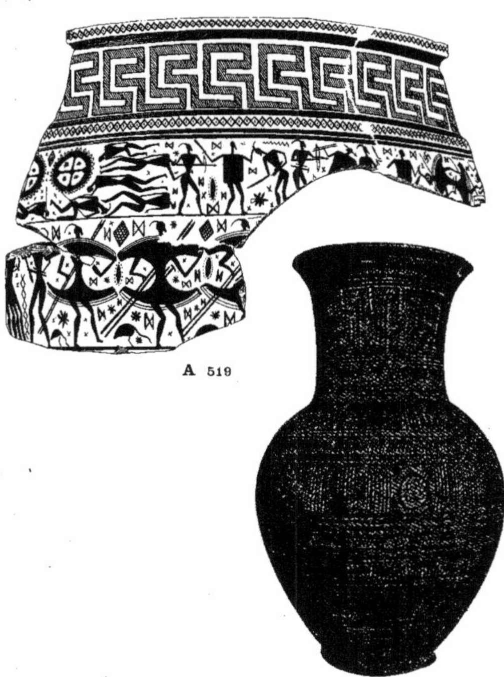

A 519

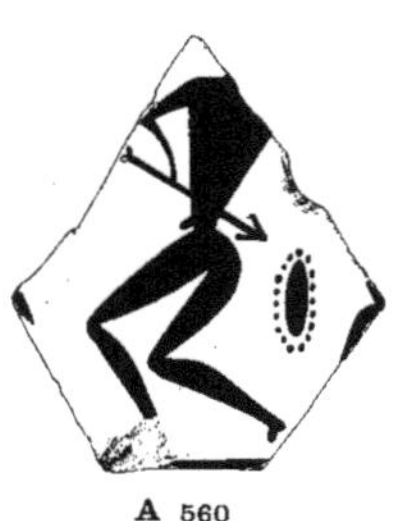

A 560

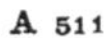

A 511

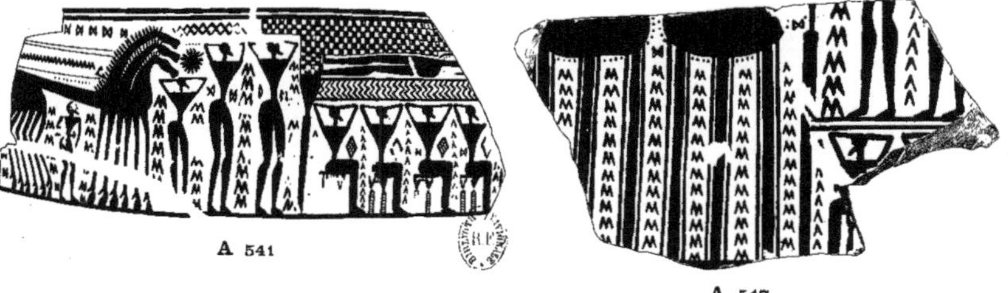

A 541

A 547

VASES GÉOMÉTRIQUES ATTIQUES (DIPYLON)

(VERS LE IXe ET LE VIIIe SIÈCLE AV. J.-C.)

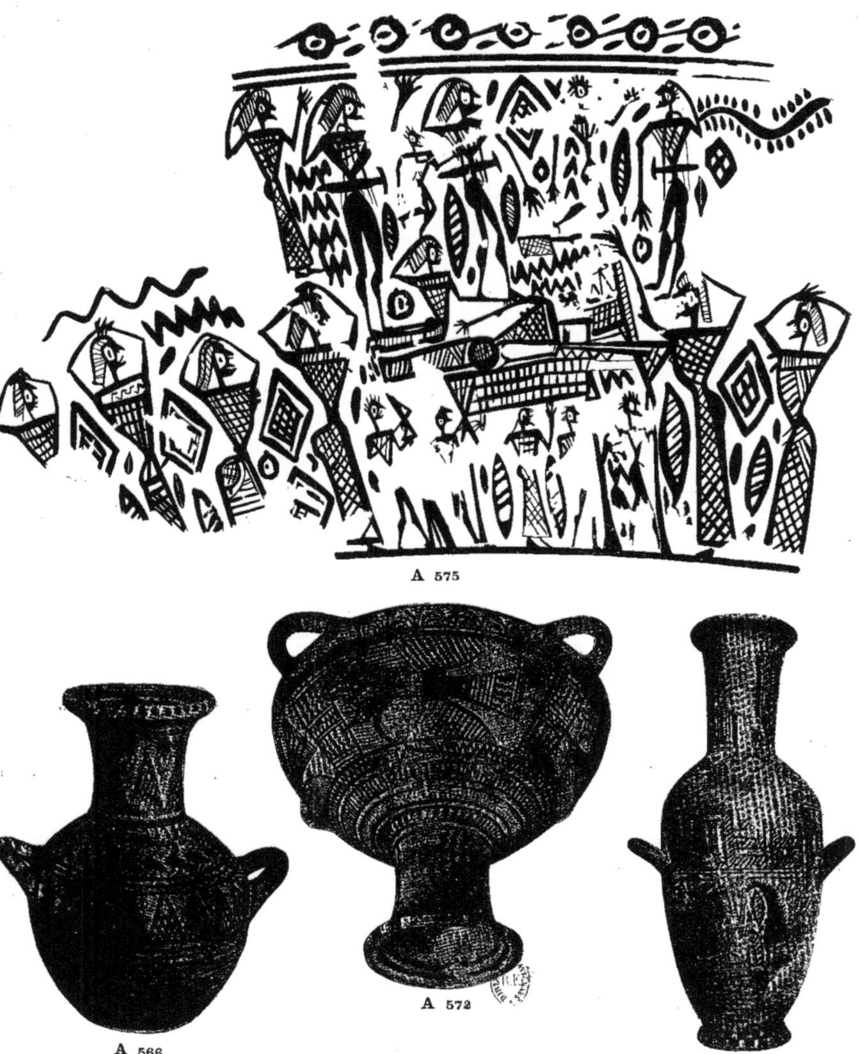

A 575

A 566   A 572   A 575

VASES GÉOMÉTRIQUES DE BÉOTIE
(VIIIe ET VIIe SIÈCLES AV. J.-C.)

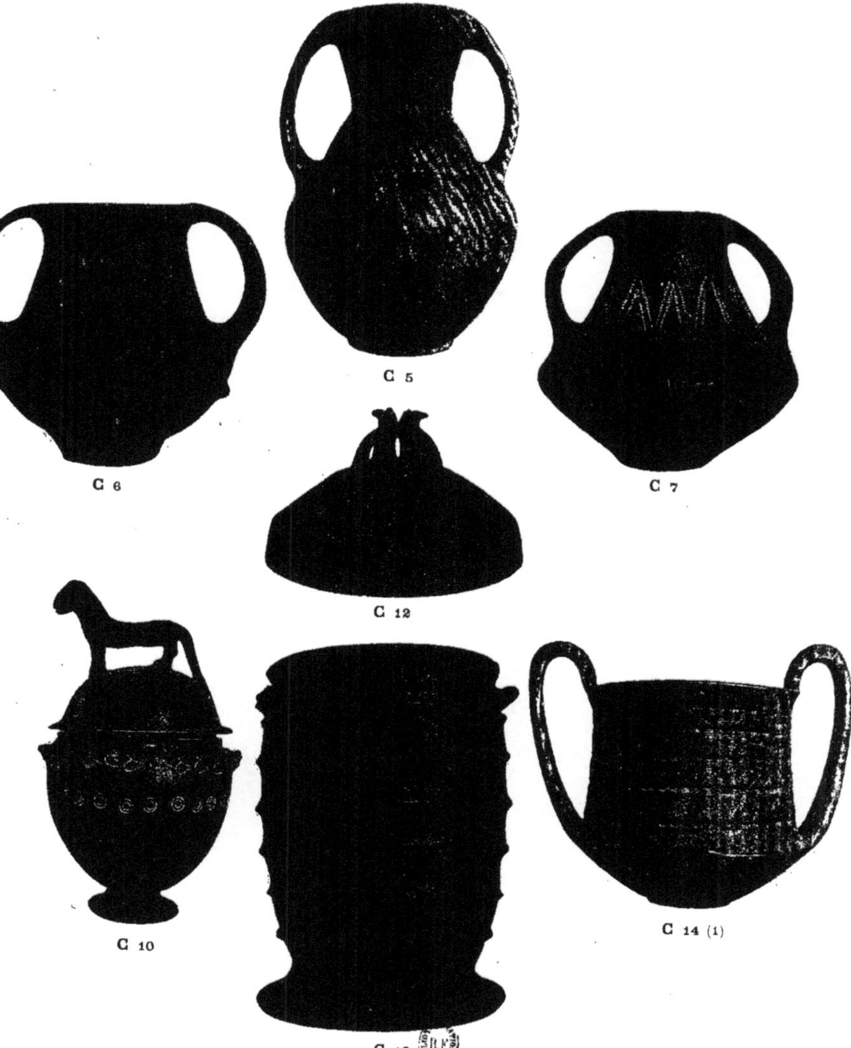

VASES NOIRS ÉTRUSQUES

(VIIᵉ ET VIᵉ SIÈCLES AV. J.-C.)

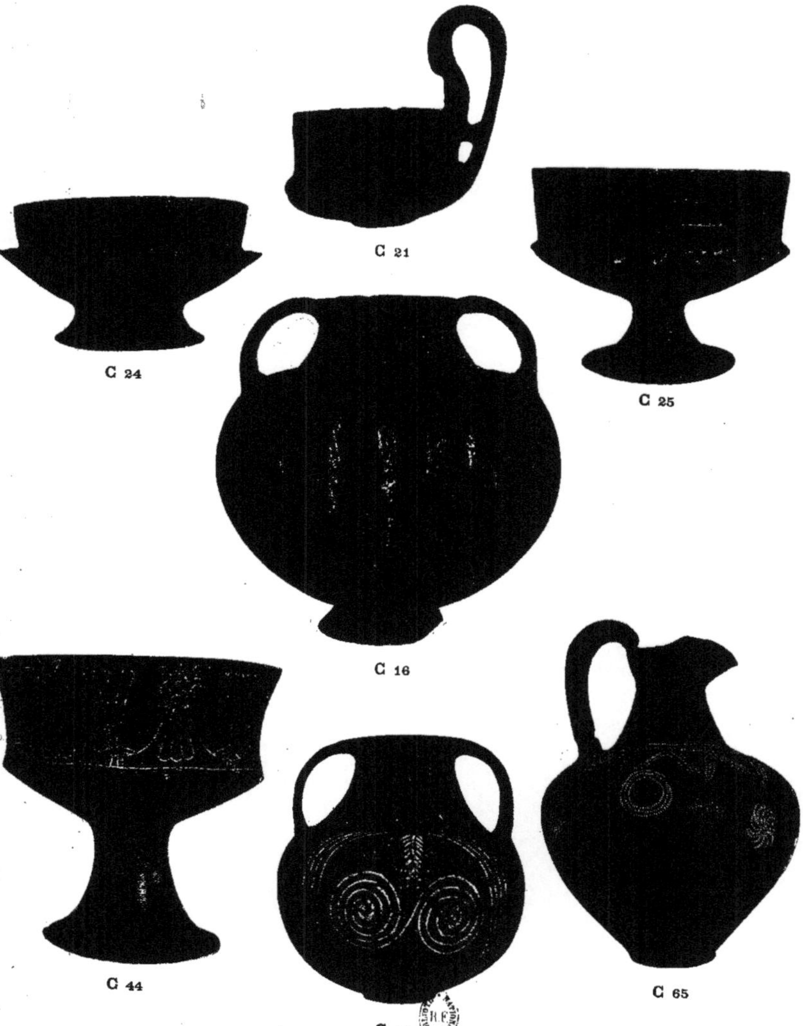

VASES ÉTRUSQUES

(VIIe ET VIe SIÈCLES AV. J.-C.)

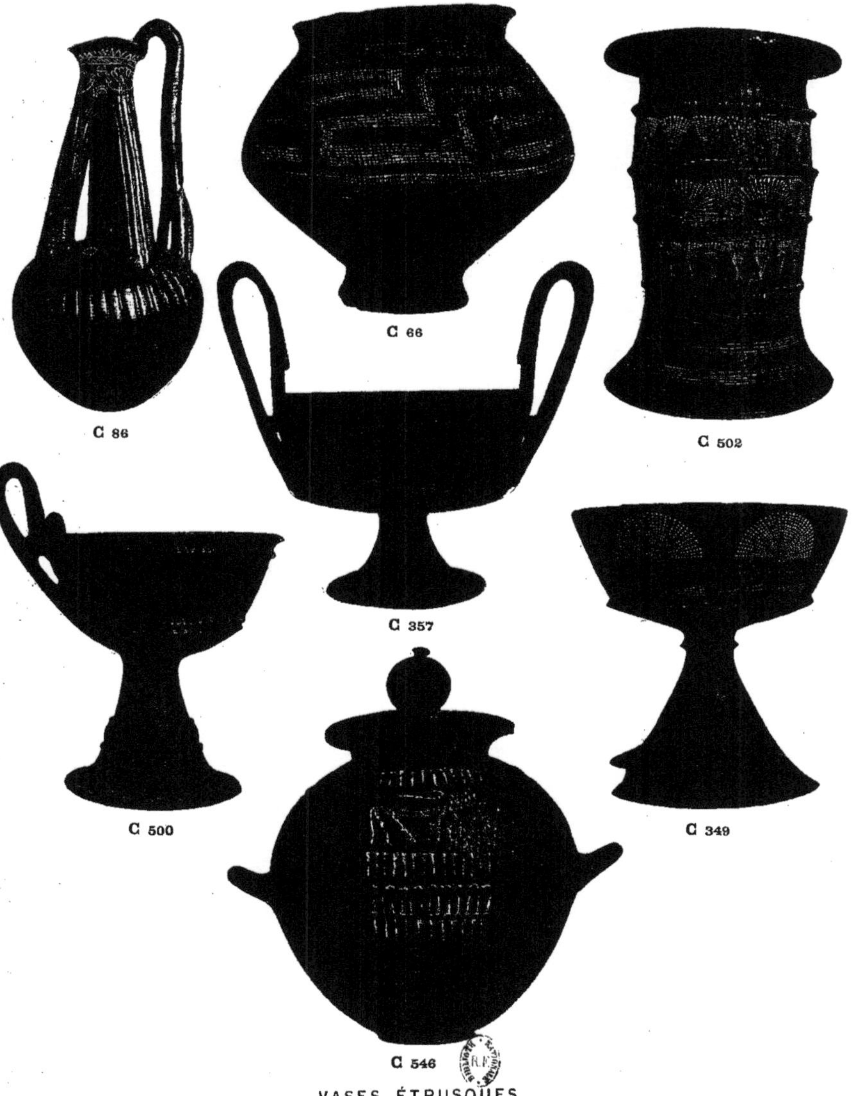

C 86

C 66

C 502

C 357

C 500

C 349

C 546

VASES ÉTRUSQUES

(VIIᵉ ET VIᵉ SIÈCLES AV. J.-C.)

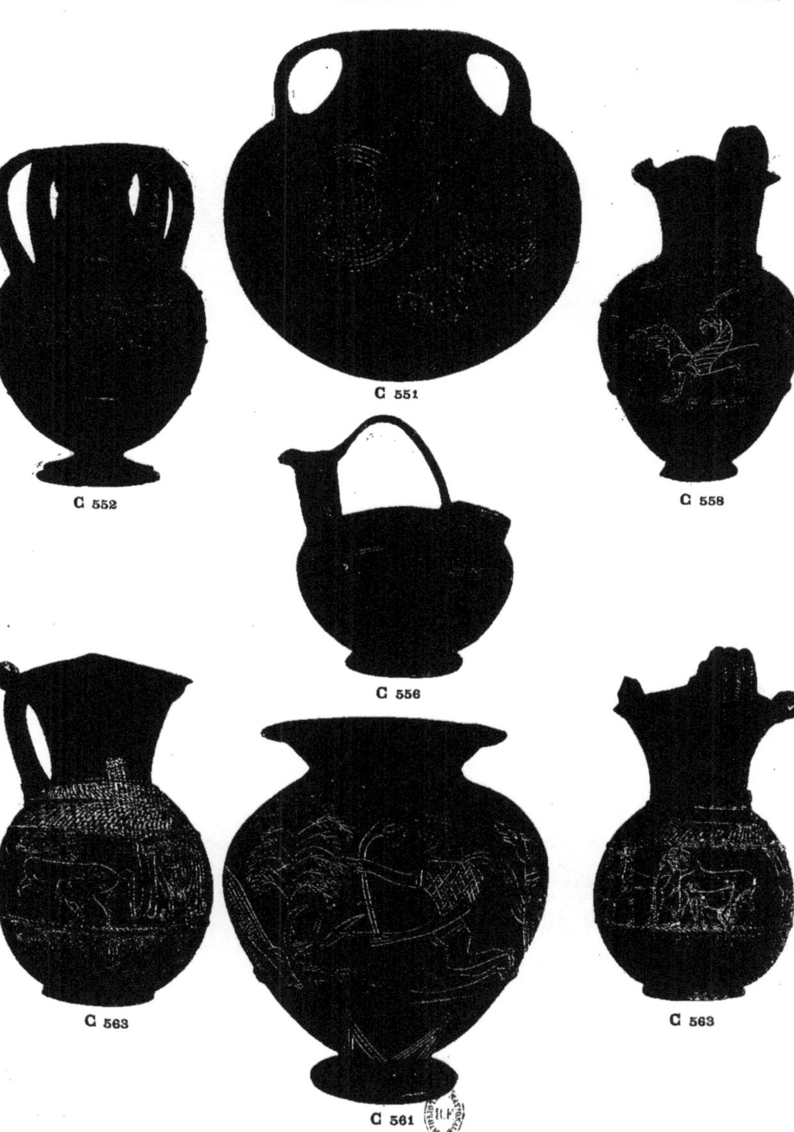

VASES ÉTRUSQUES

(VIIe ET VIe SIÈCLES AV. J.-C.)

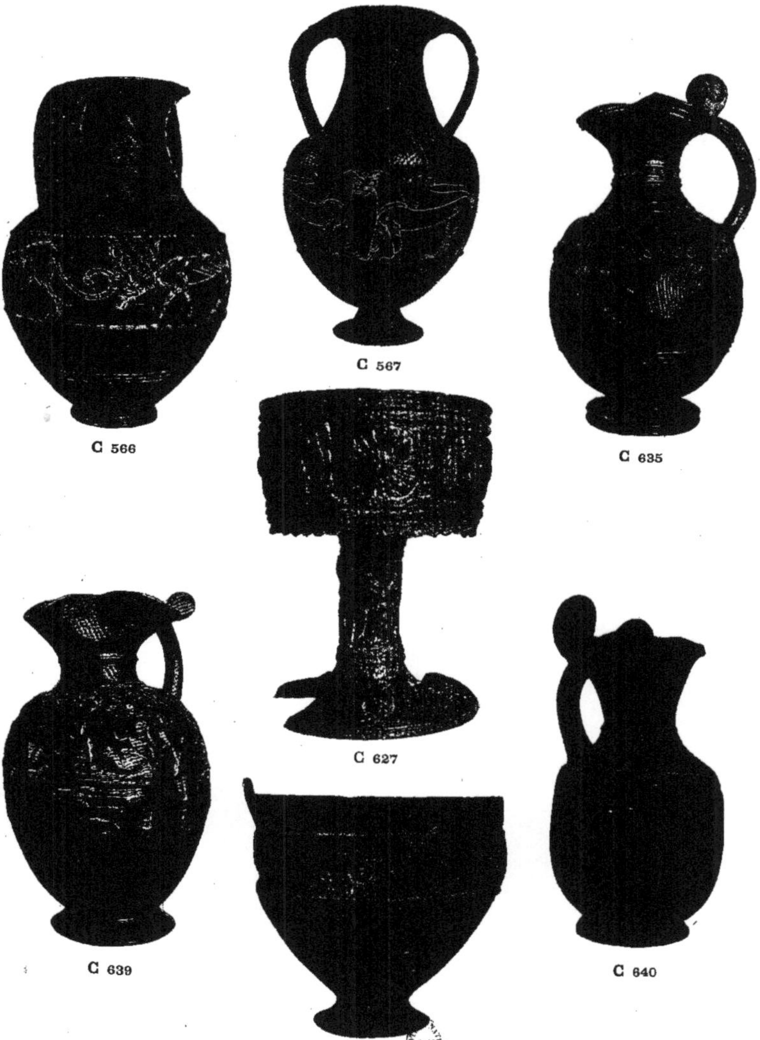

C 566

C 567

C 635

C 627

C 639

C 589

C 640

VASES ÉTRUSQUES

(VIIᵉ ET VIᵉ SIÈCLES AV. J.-C.)

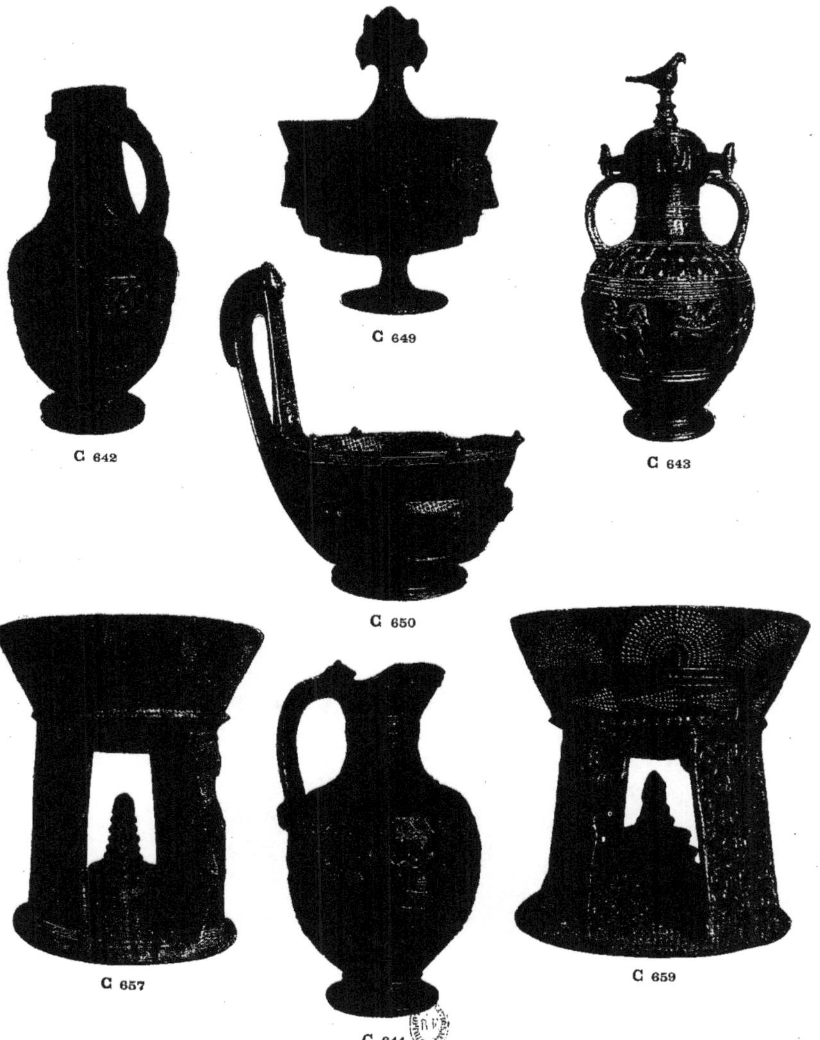

C 649

C 642

C 643

C 650

C 657

C 659

C 641

VASES NOIRS ÉTRUSQUES

(VI° SIÈCLE AV. J.-C.)

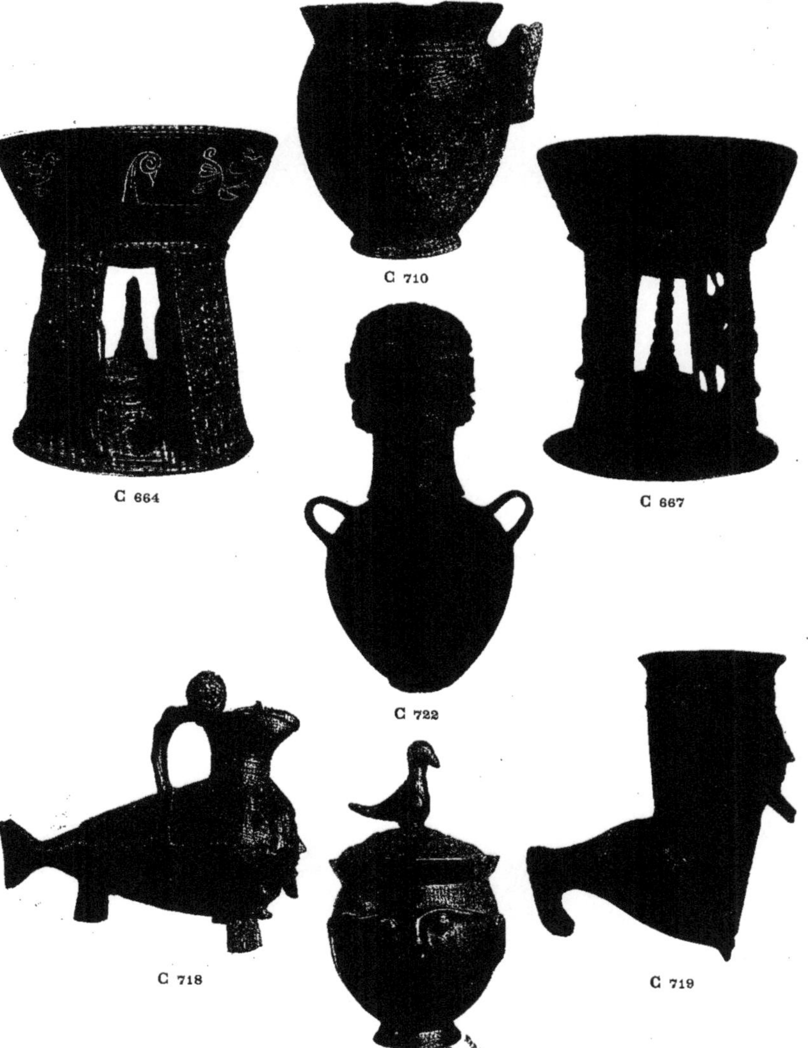

C 710

C 664

C 667

C 722

C 718

C 709

C 719

VASES NOIRS ÉTRUSQUES

(VIᵉ SIÈCLE AV. J.-C.)

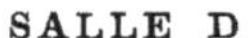

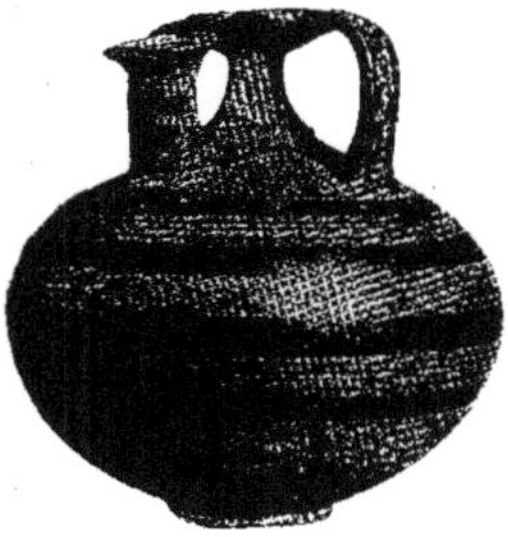

D 1

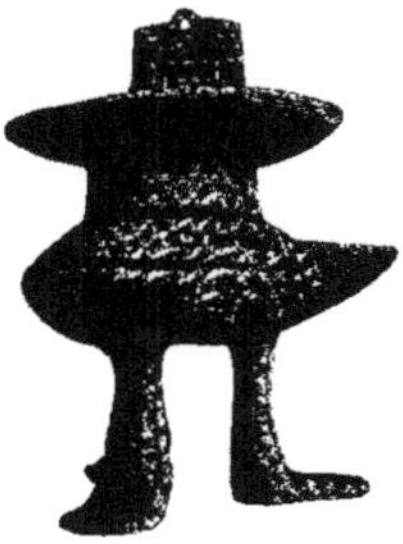

D 23

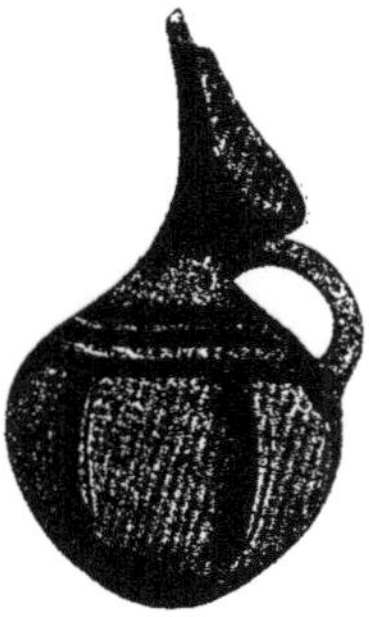

D 5

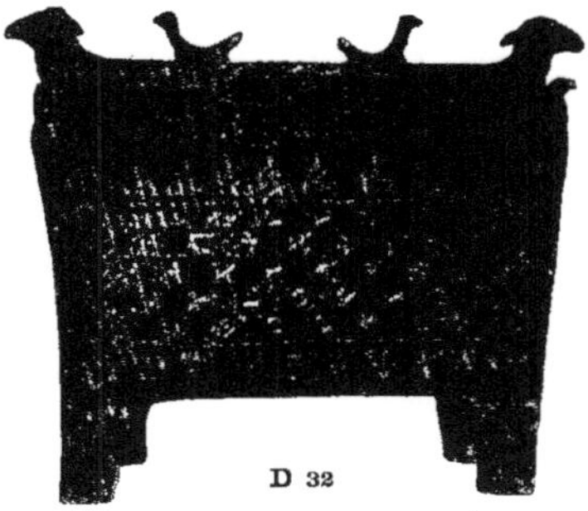

D 32

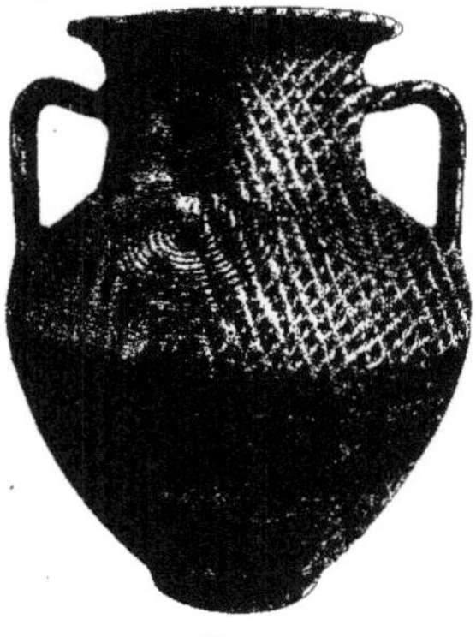

D 18

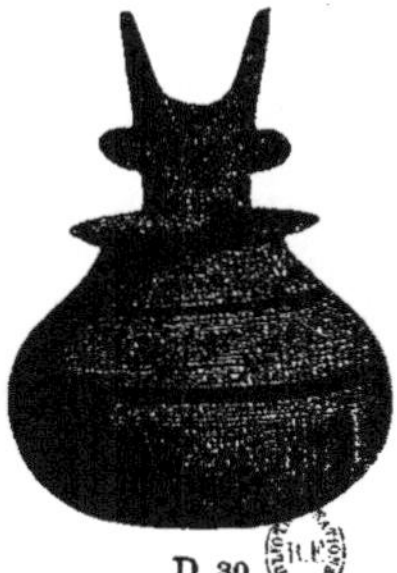

D 30

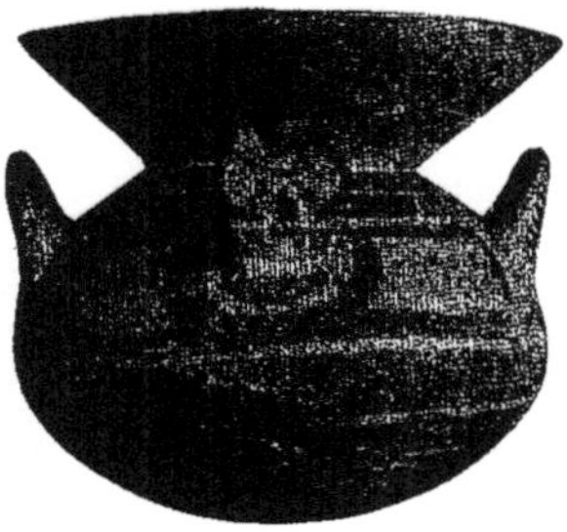

D 20

VASES GÉOMÉTRIQUES D'ITALIE

(STYLE MYCÉNIEN ET STYLE GÉOMÉTRIQUE DU XIIe AU VIIIe SIÈCLE AV. J.-C.)

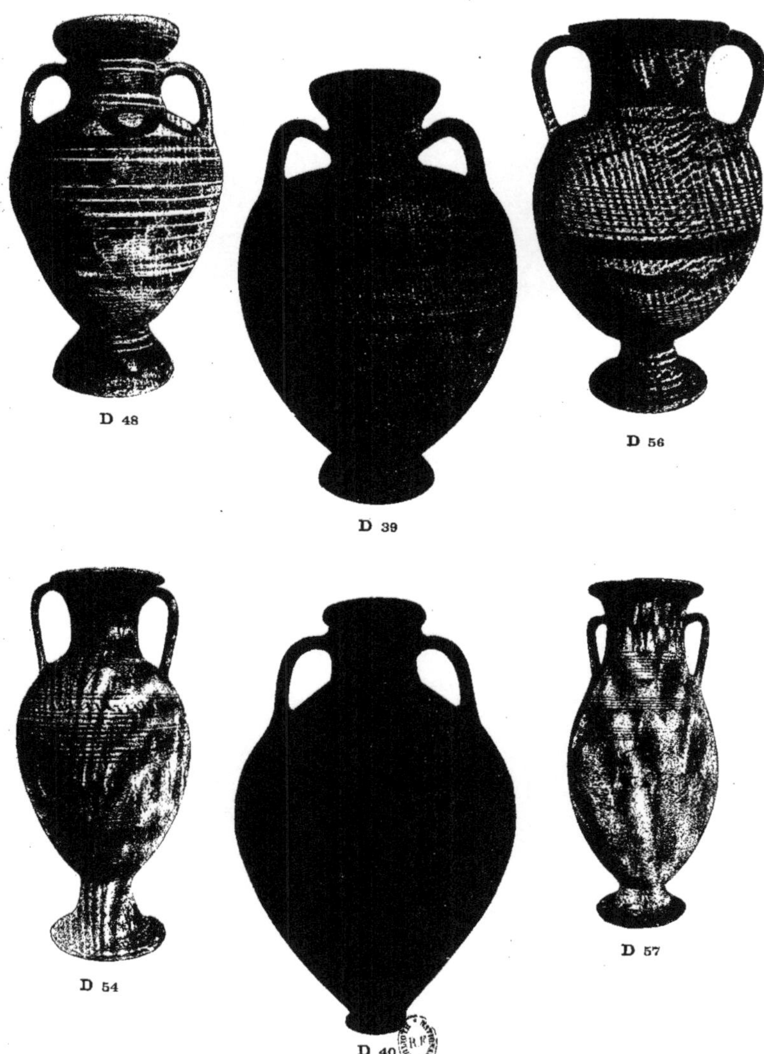

VASES GÉOMÉTRIQUES D'ITALIE

(VIIe SIÈCLE AV. J.-C.)

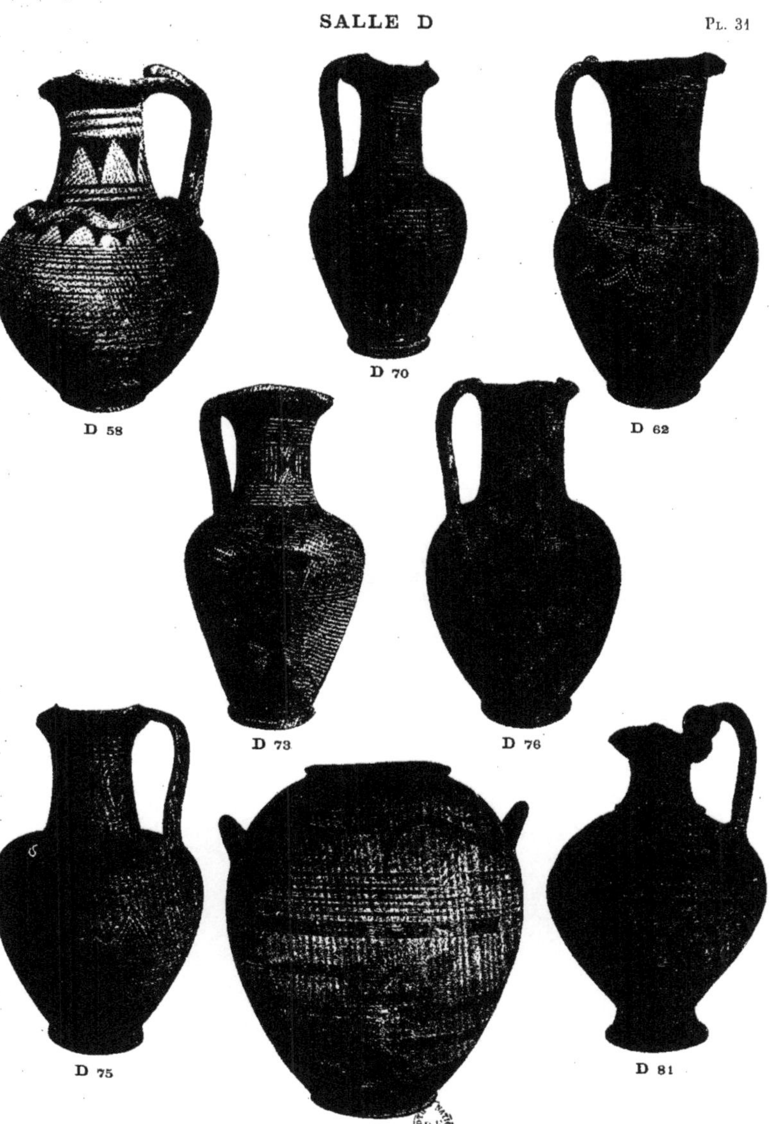

D 58

D 70

D 62

D 73

D 76

D 75

D 87

D 81

VASES GÉOMÉTRIQUES D'ITALIE

(VIIe ET VIe SIÈCLES AV. J.-C.)

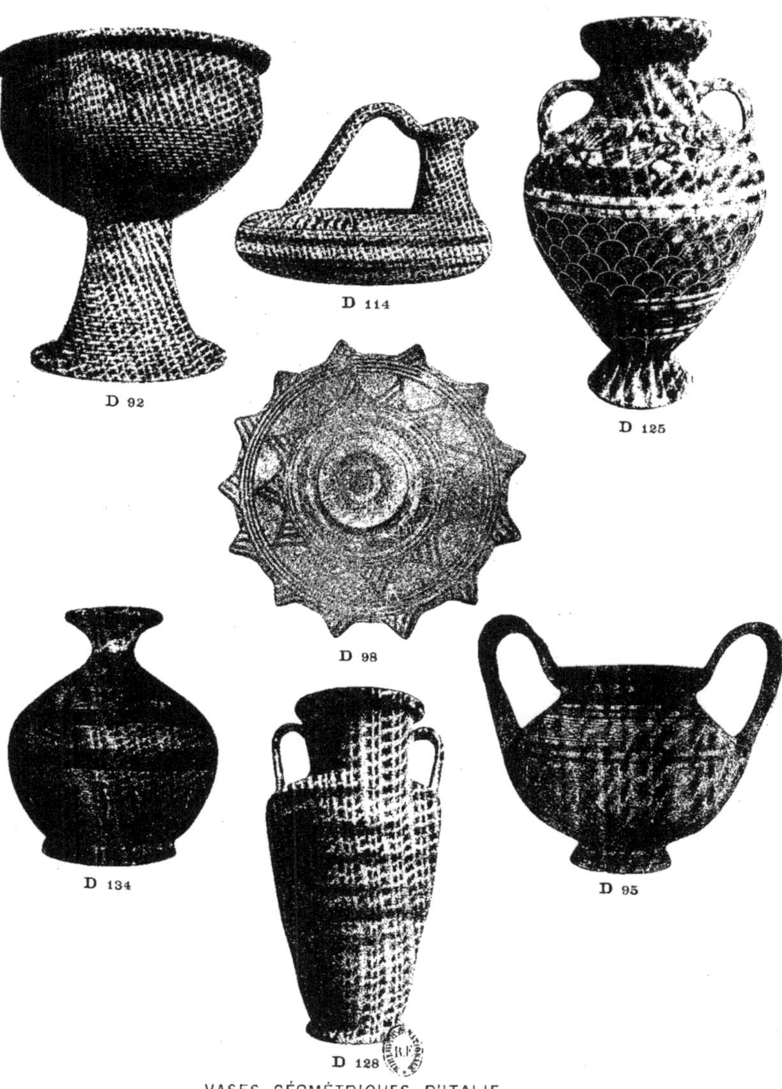

VASES GÉOMÉTRIQUES D'ITALIE

(VIIe ET VIe SIÈCLES AV. J.-C.)

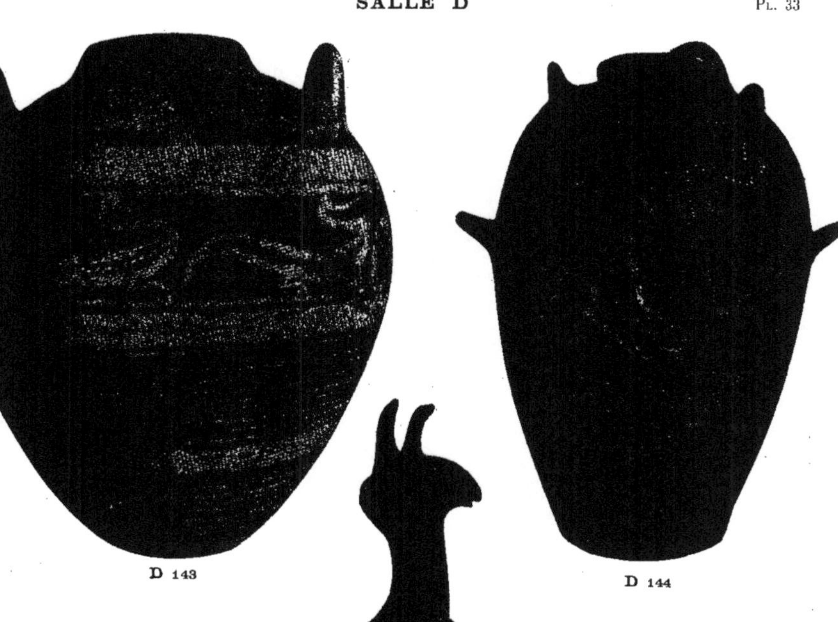

D 143   D 144

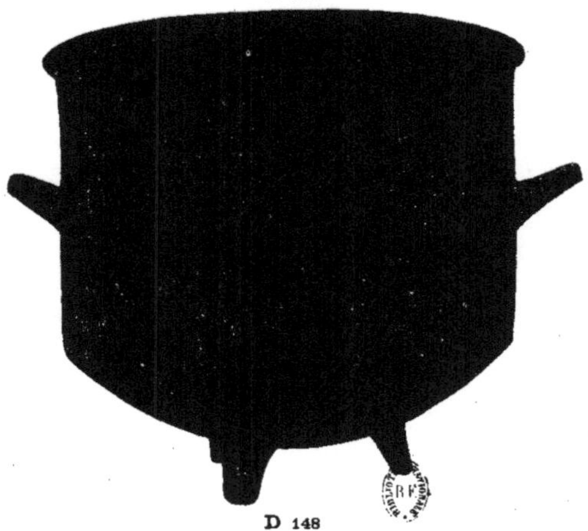

D 136

D 148

VASES DE STYLE ÉTRUSCO-IONIEN

(VIIᵉ ET VIᵉ SIÈCLES AV. J.-C.)

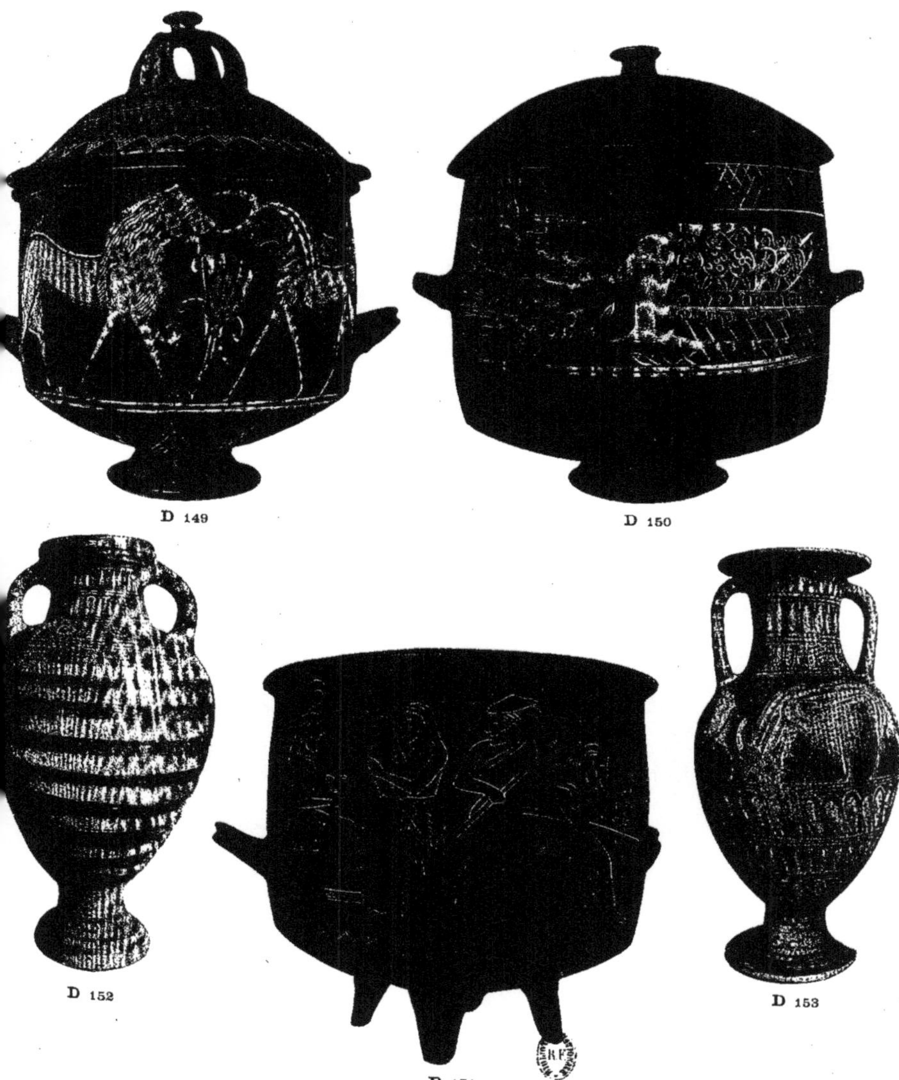

D 149

D 150

D 152

D 151

D 153

VASES DE STYLE ÉTRUSCO-IONIEN

(VIIe ET VIe SIÈCLES AV. J.-C.)

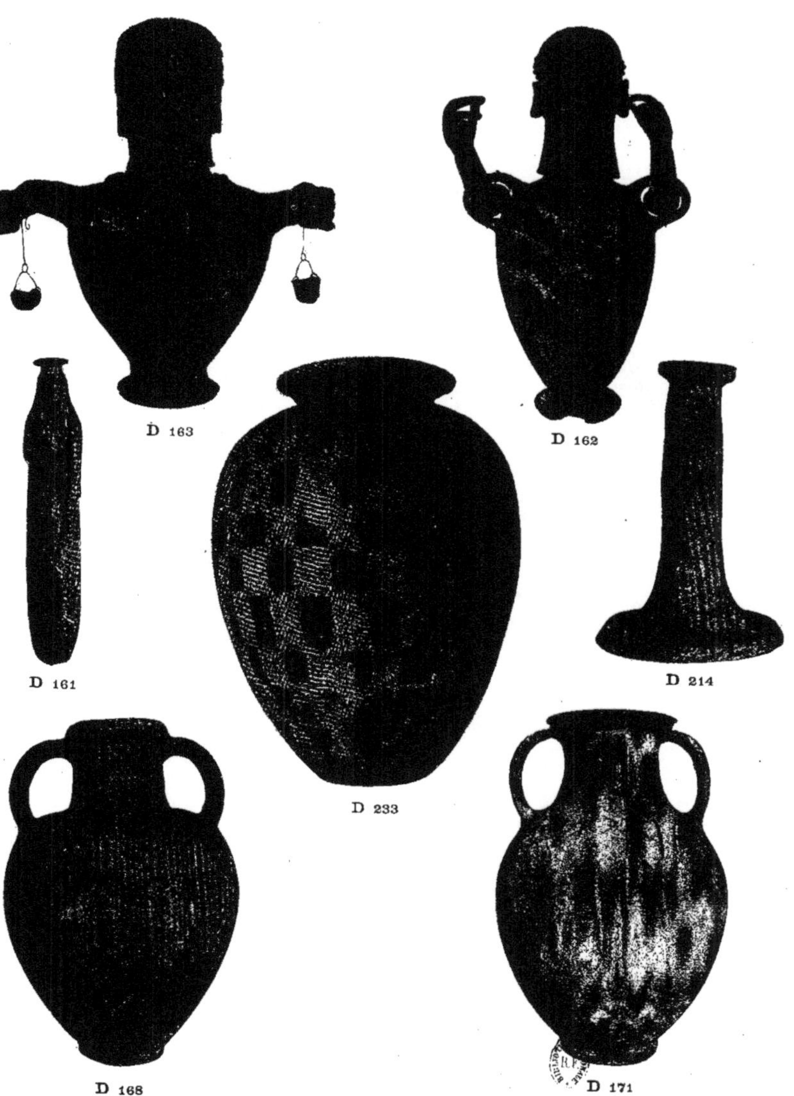

D 163

D 162

D 161

D 214

D 233

D 168   D 171

VASES TROUVÉS EN ÉTRURIE

(VI° ET V° SIÈCLES AV. J.-C.)

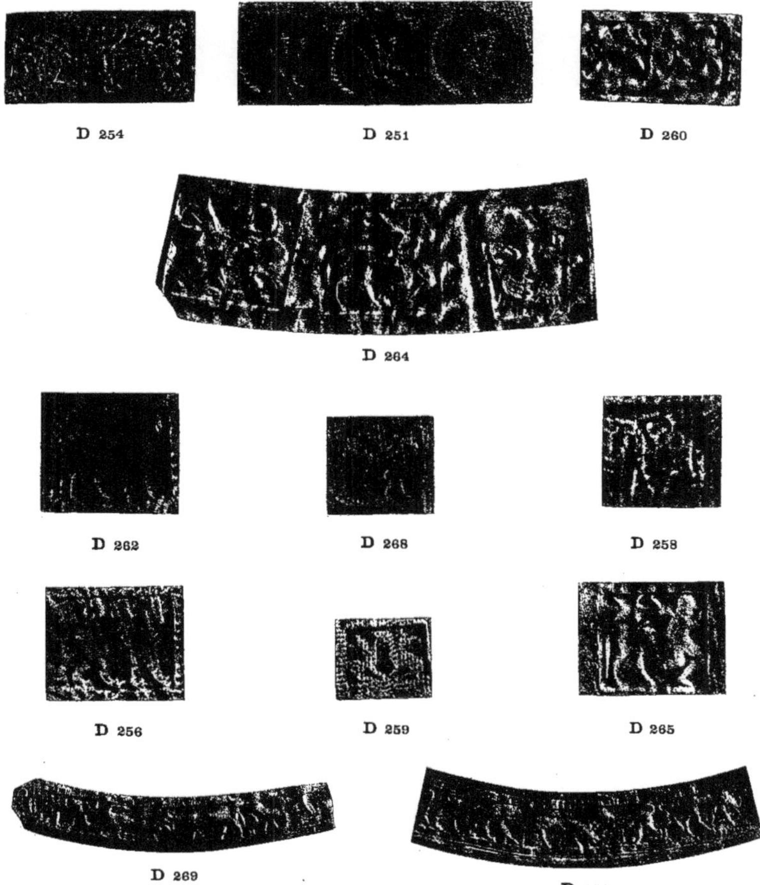

D 254

D 251

D 260

D 264

D 262

D 268

D 258

D 256

D 259

D 265

D 269

D 274

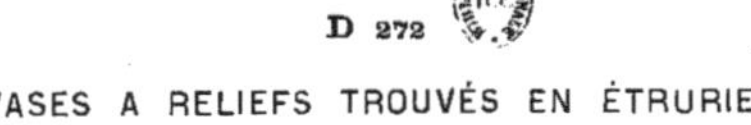

D 272

VASES A RELIEFS TROUVÉS EN ÉTRURIE

(VII° ET VI° SIÈCLES AV. J.-C.)

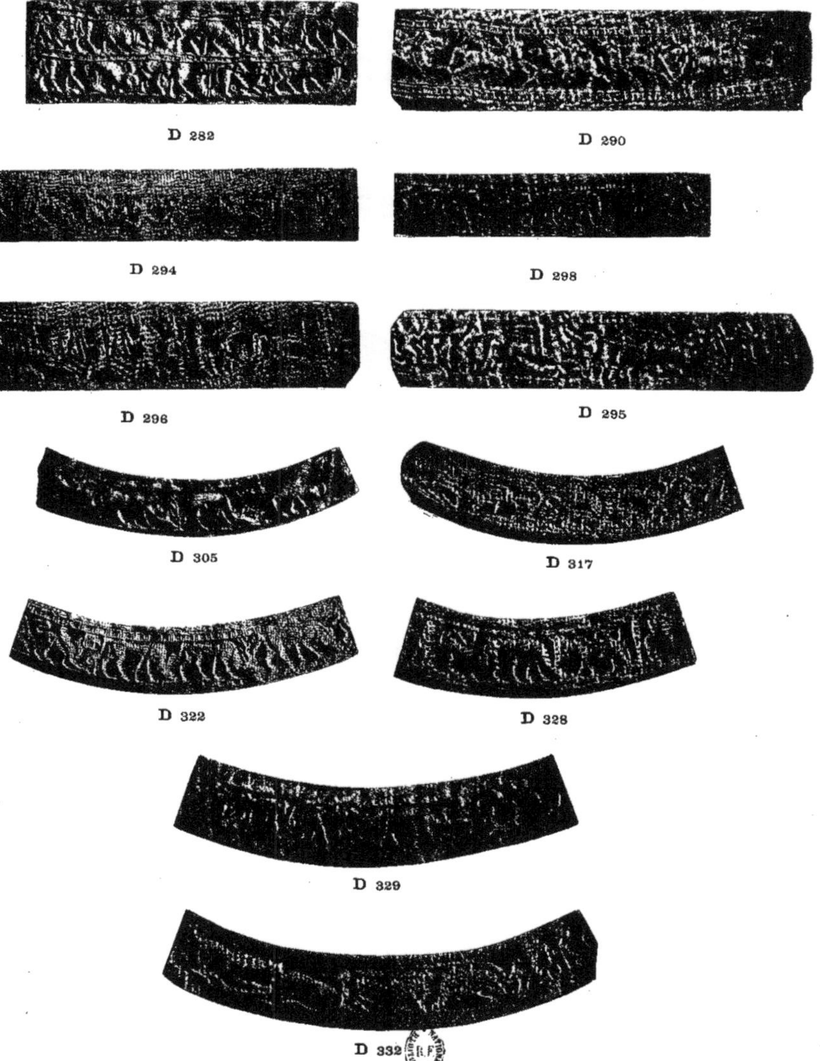

VASES A RELIEFS TROUVÉS EN ÉTRURIE

(VIIe ET VIe SIÈCLES AV. J.-C.)

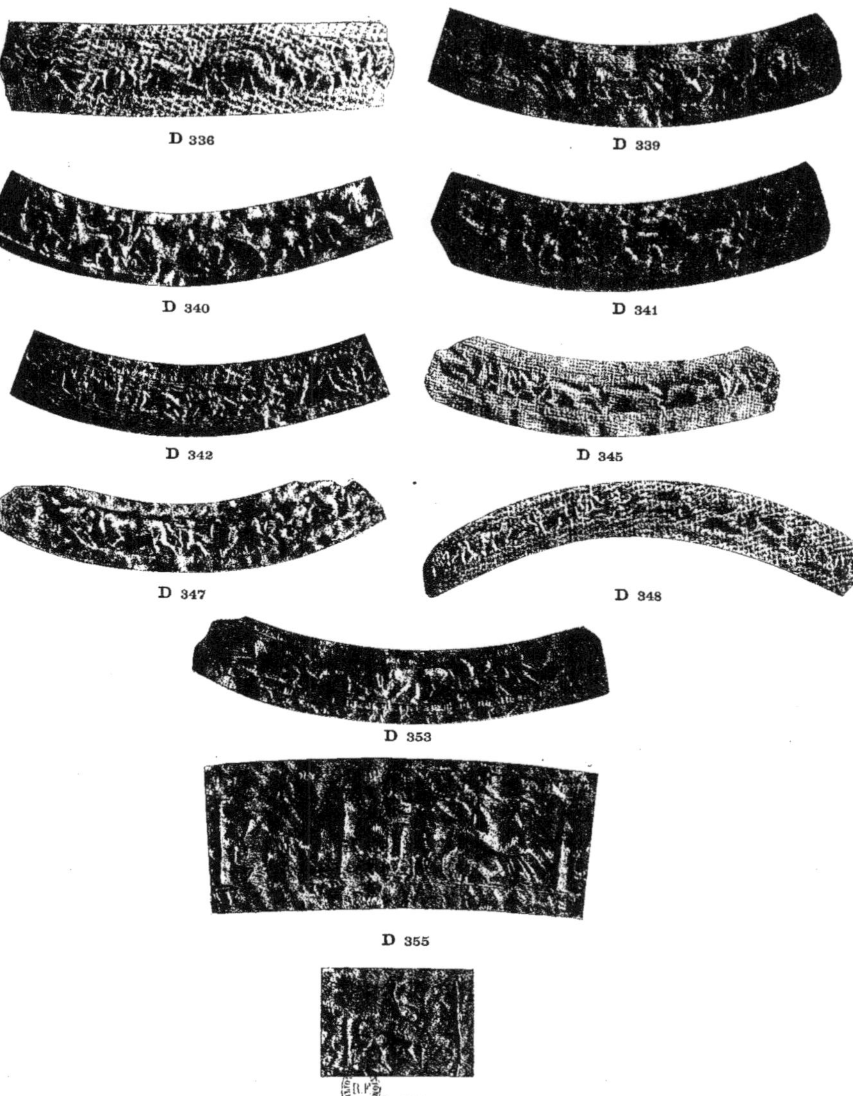

D 336

D 339

D 340

D 341

D 342

D 345

D 347

D 348

D 353

D 355

D 354

VASES A RELIEFS TROUVÉS EN ETRURIE

(VII° ET VI° SIÈCLES AV. J.-C.)

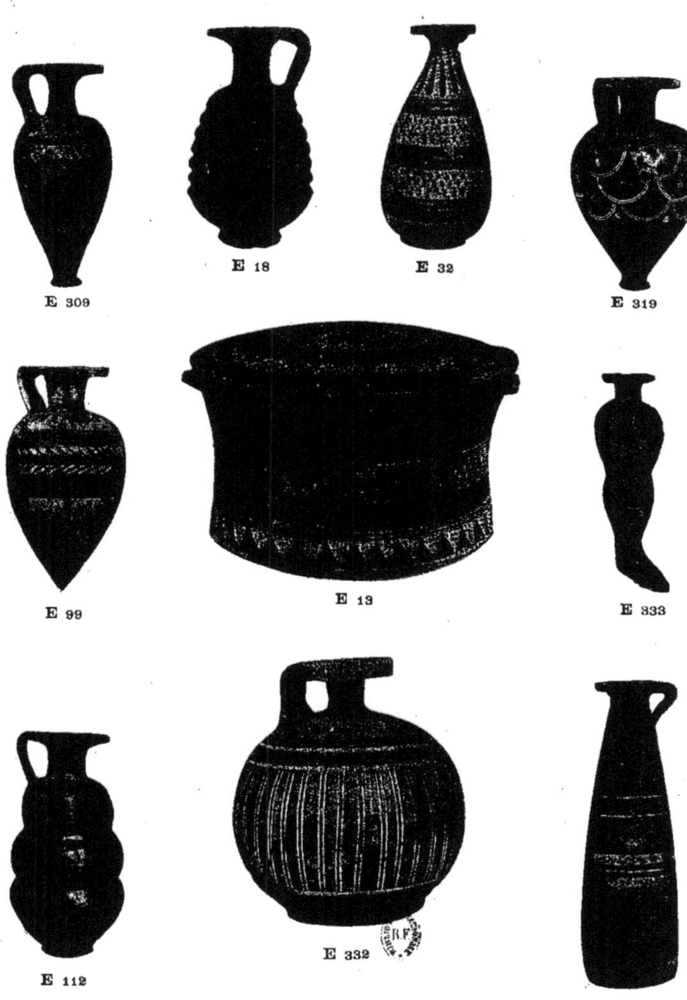

VASES DE STYLE CORINTHIEN TROUVÉS EN ITALIE

(VII° ET VI° SIÈCLES AV. J.-C.)

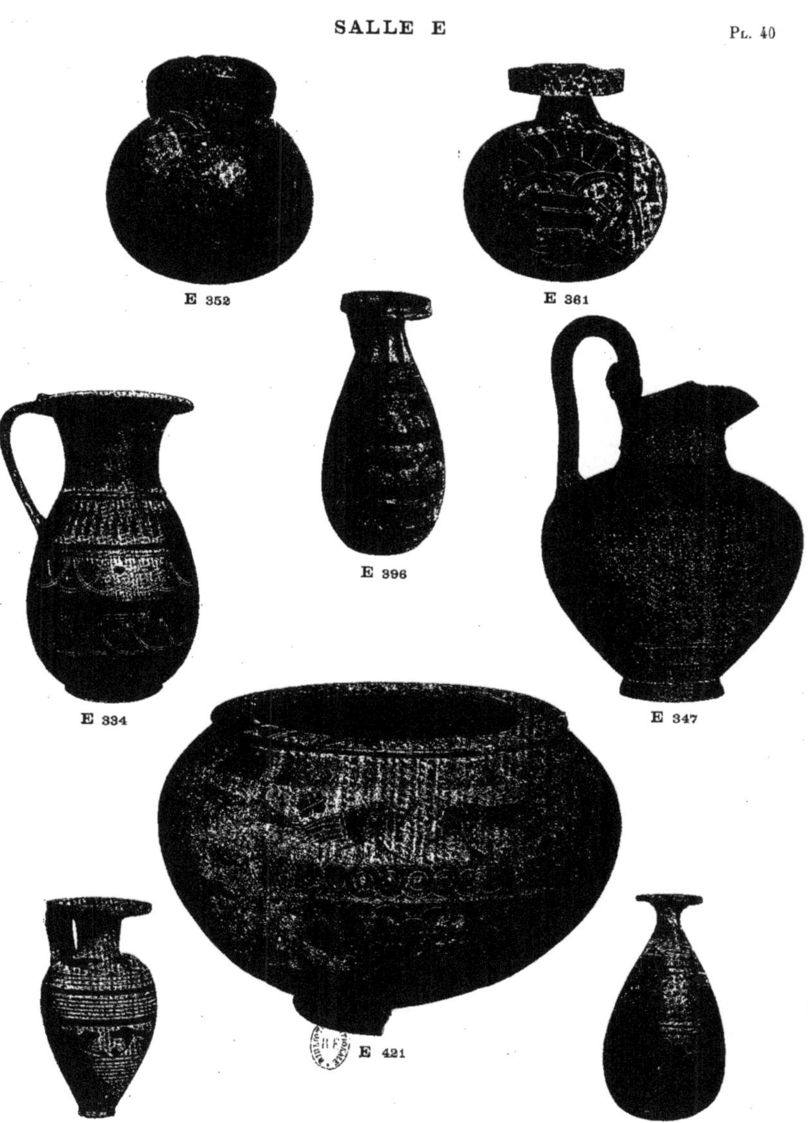

E 352

E 361

E 396

E 334

E 347

E 390

E 421

E 375

VASES DE STYLE CORINTHIEN TROUVÉS EN ITALIE

(VIIe ET VIe SIÈCLES AV. J.-C.)

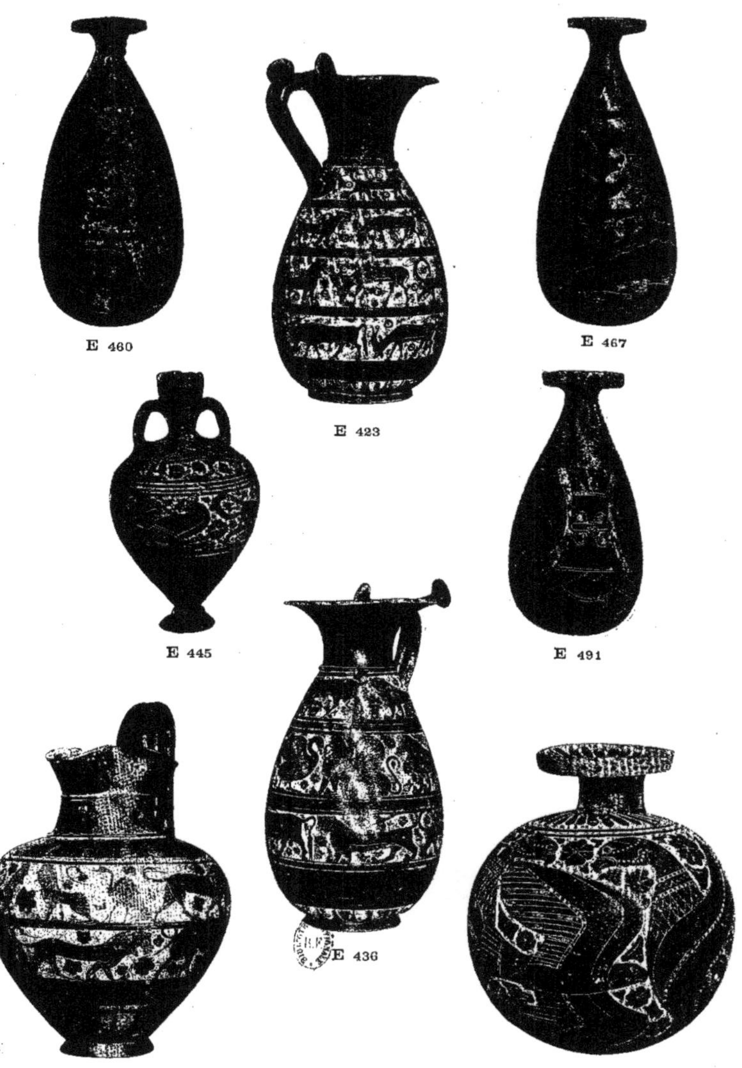

E 460

E 423

E 467

E 445

E 491

E 430

E 436

E 516

VASES DE STYLE CORINTHIEN TROUVÉS EN ITALIE

(VIIe ET VIe SIÈCLES AV. J.-C.)

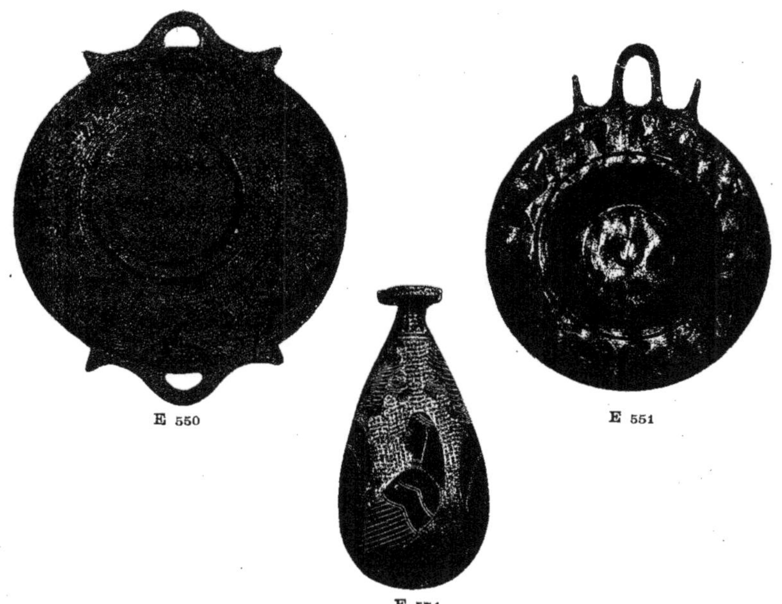

E 550

E 551

E 574

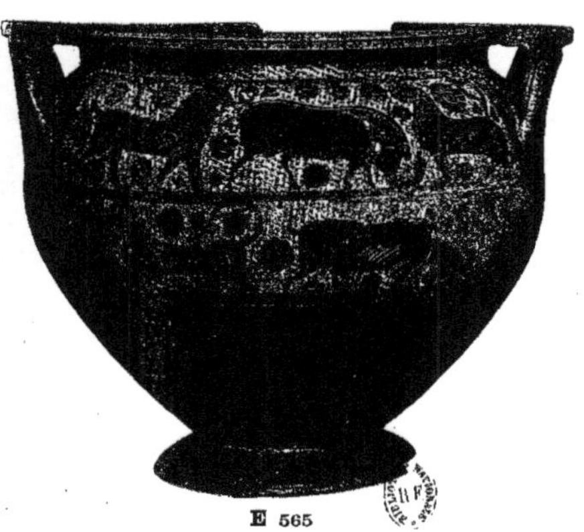

E 565

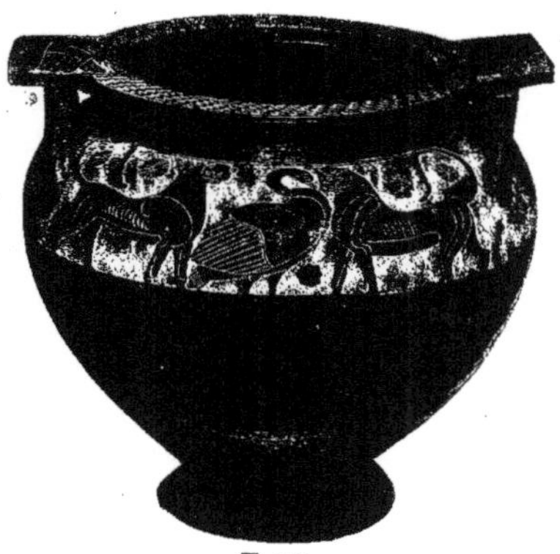

E 570

VASES DE STYLE CORINTHIEN TROUVÉS EN ITALIE

(VII⁰ ET VI⁰ SIÈCLES AV. J.-C.)

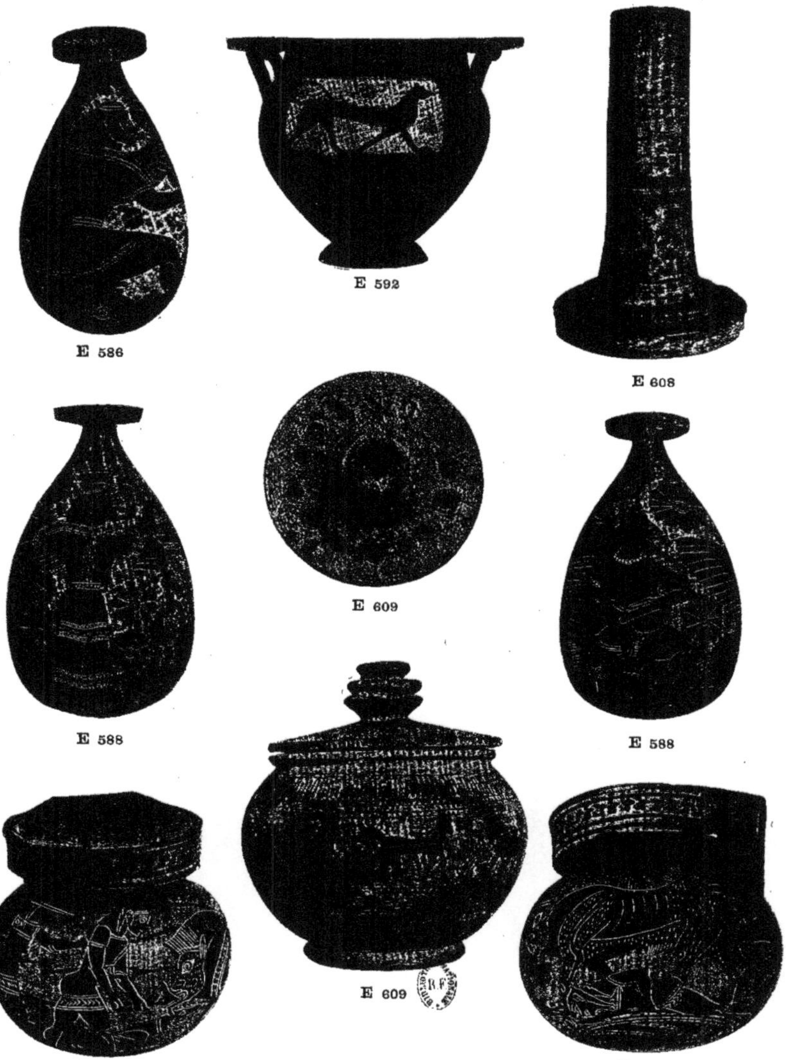

E 592

E 586

E 608

E 609

E 588

E 588

E 609

E 612 (1)

E 612 (1)

VASES DE STYLE CORINTHIEN TROUVÉS EN ITALIE

(VIIe ET VIe SIÈCLES AV. J.-C.)

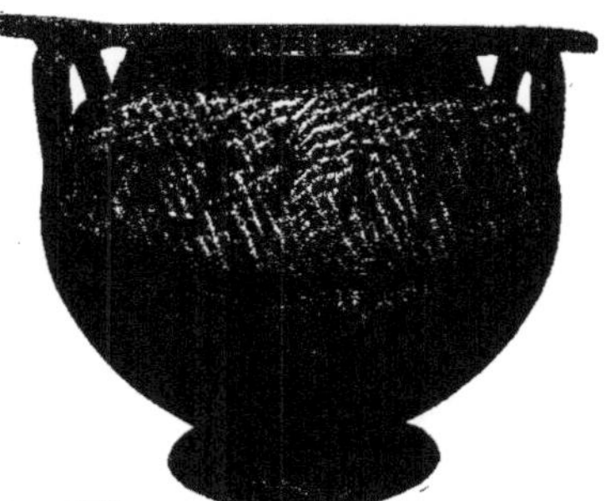

E 616

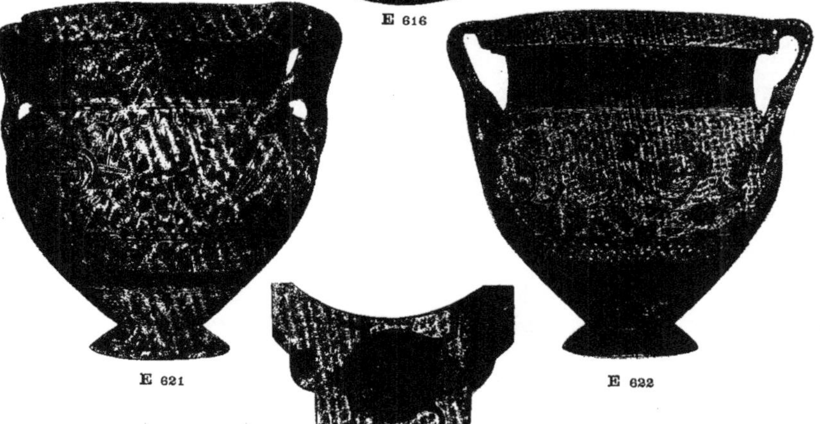

E 621

E 616

E 622

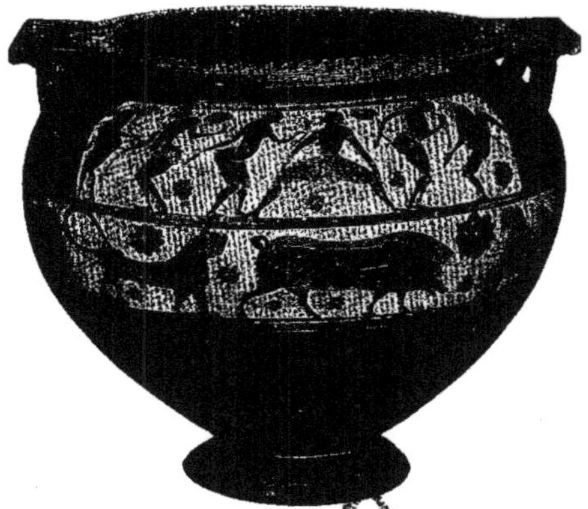

E 620

VASES DE STYLE CORINTHIEN TROUVÉS EN ITALIE

(VIᵉ SIÈCLE AV. J.-C.)

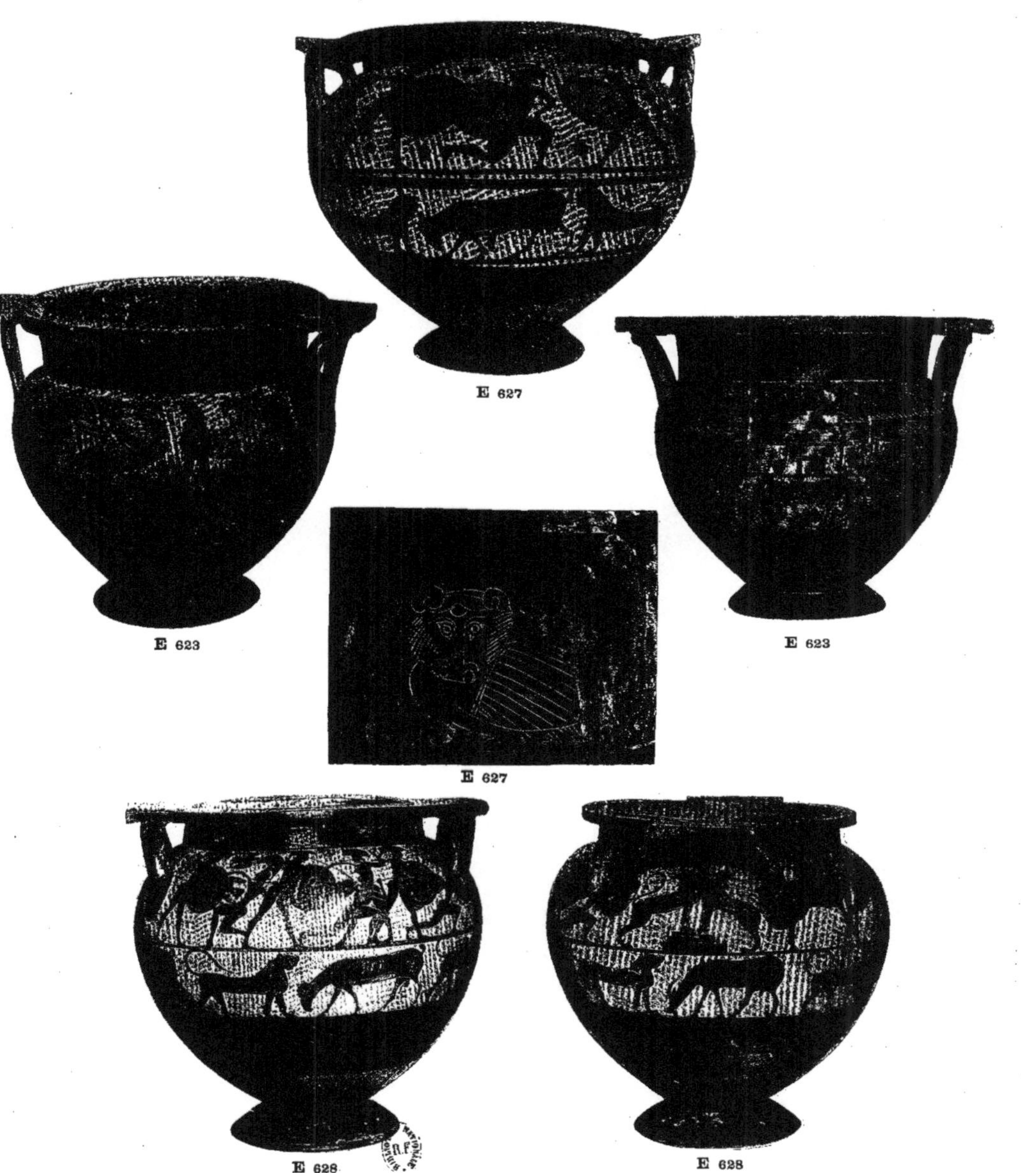

E 627

E 623

E 627

E 623

E 628

E 628

VASES DE STYLE CORINTHIEN TROUVÉS EN ITALIE

(VIᵉ SIÈCLE AV. J.-C.)

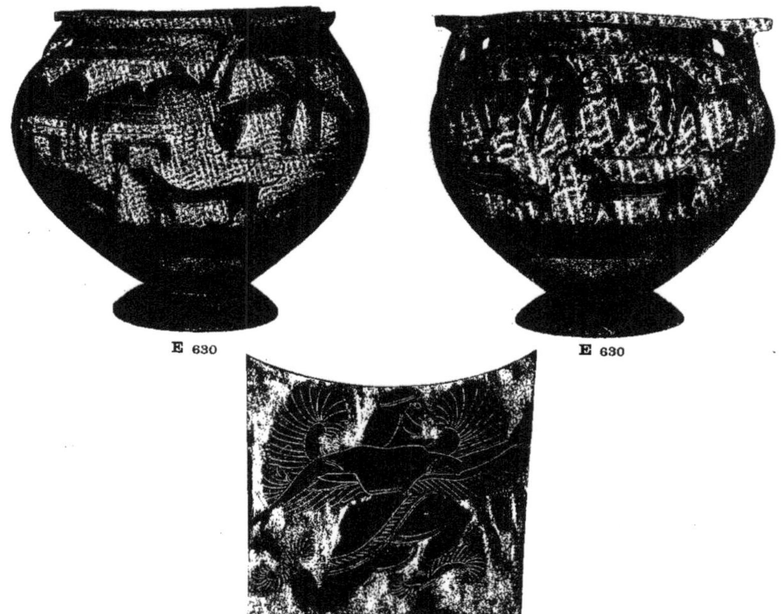

E 630   E 630

E 629

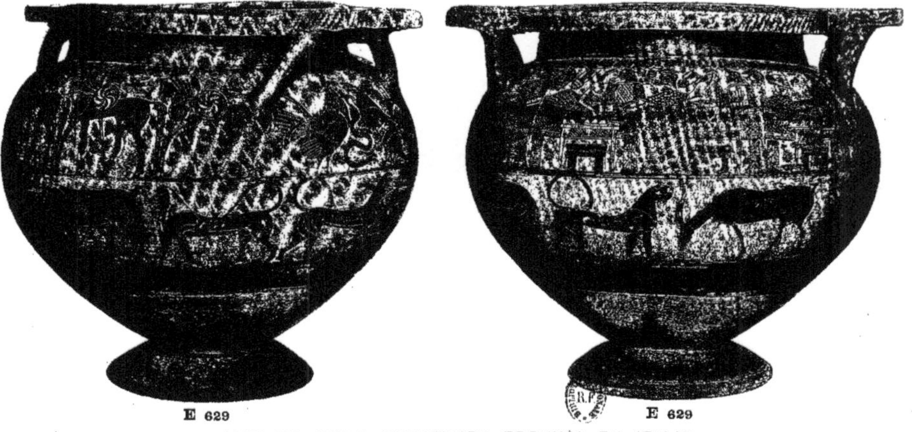

E 629   E 629

VASES DE STYLE CORINTHIEN TROUVÉS EN ITALIE

(VIᵉ SIÈCLE AV. J.-C.)

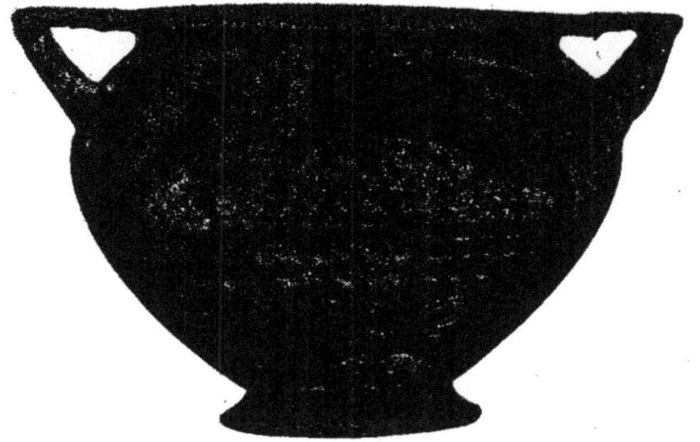

E 631

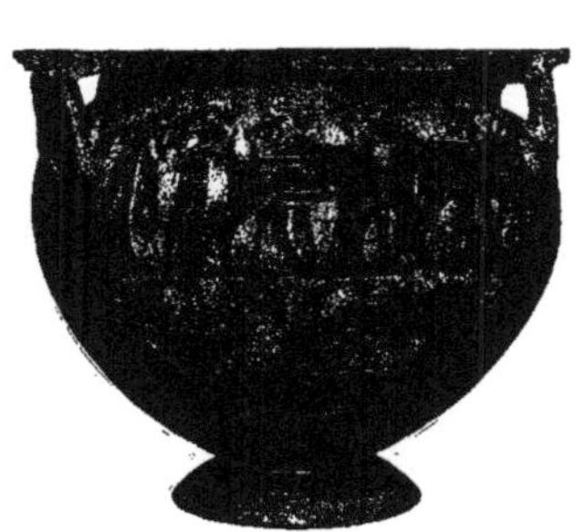

E 633

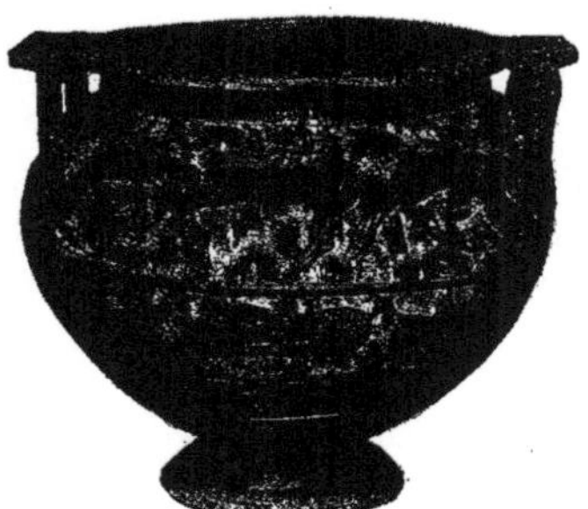

E 633

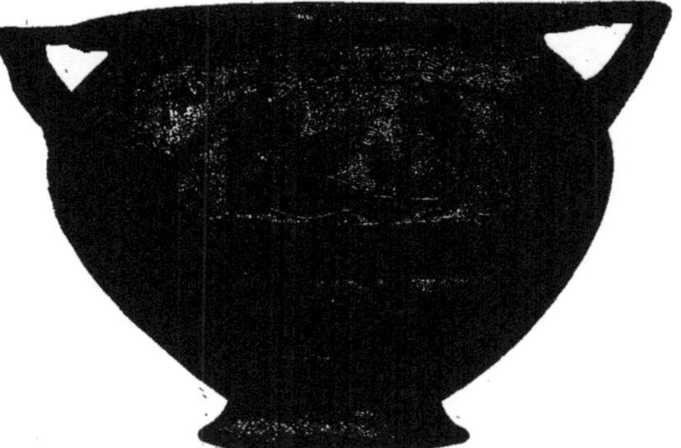

E 631

VASES DE STYLE CORINTHIEN TROUVÉS EN ITALIE

(VIᵉ SIÈCLE AV. J.-C.)

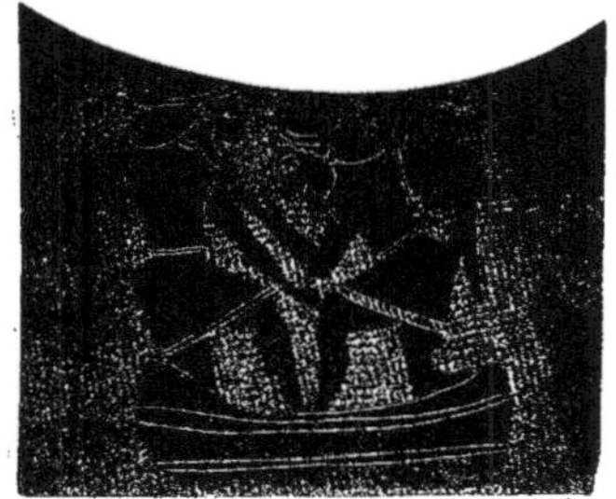

E 634

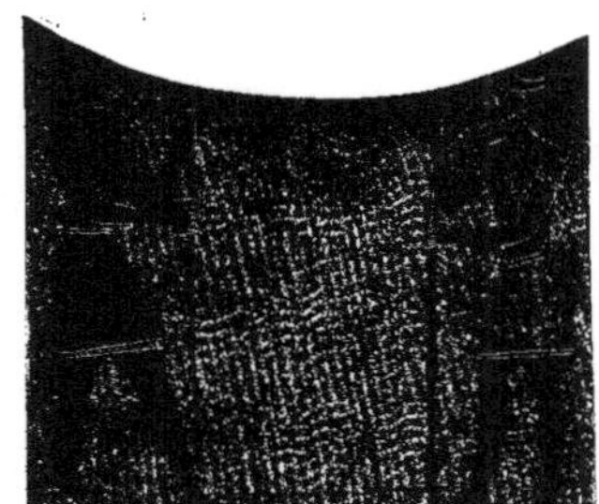

E 634

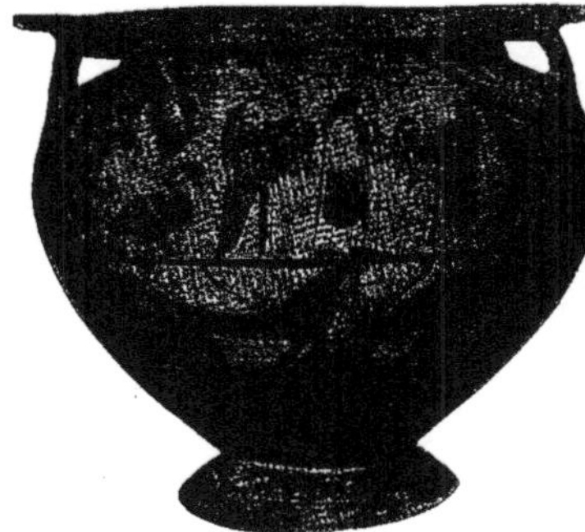

E 634

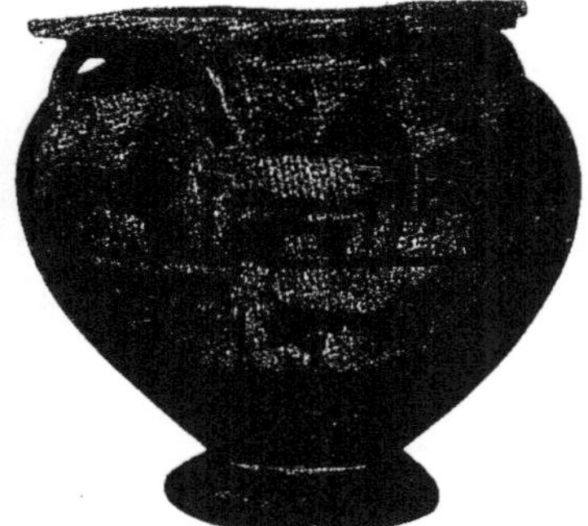

E 634

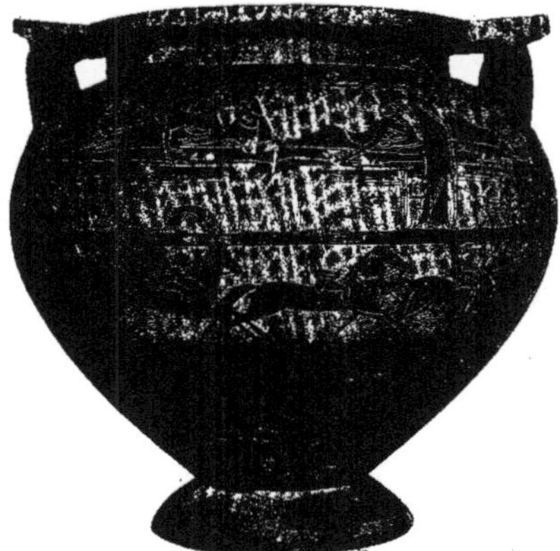

E 635

VASES DE STYLE CORINTHIEN TROUVÉS EN ITALIE

(VI° SIÈCLE AV. J.-C.)

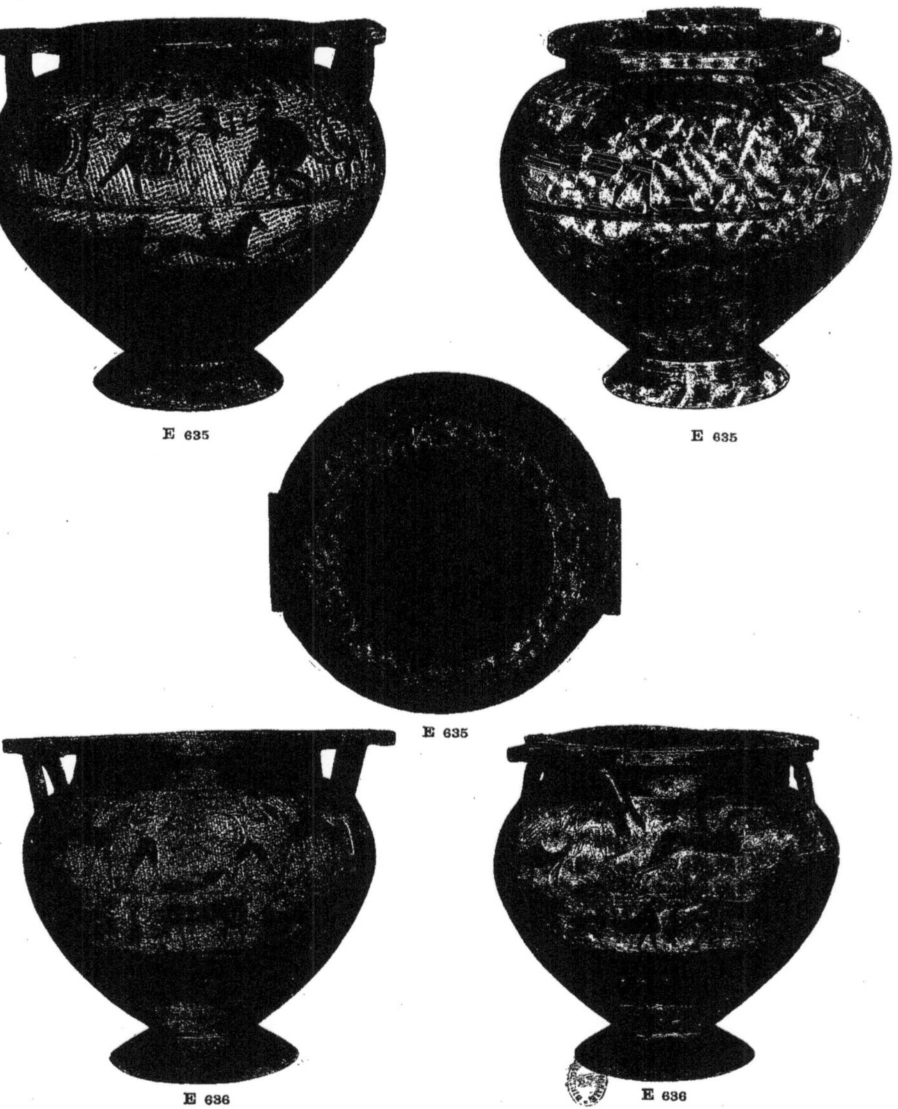

E 635

E 635

E 635

E 636

E 636

VASES DE STYLE CORINTHIEN TROUVES EN ITALIE

(VI⁰ SIÈCLE AV. J.-C.)

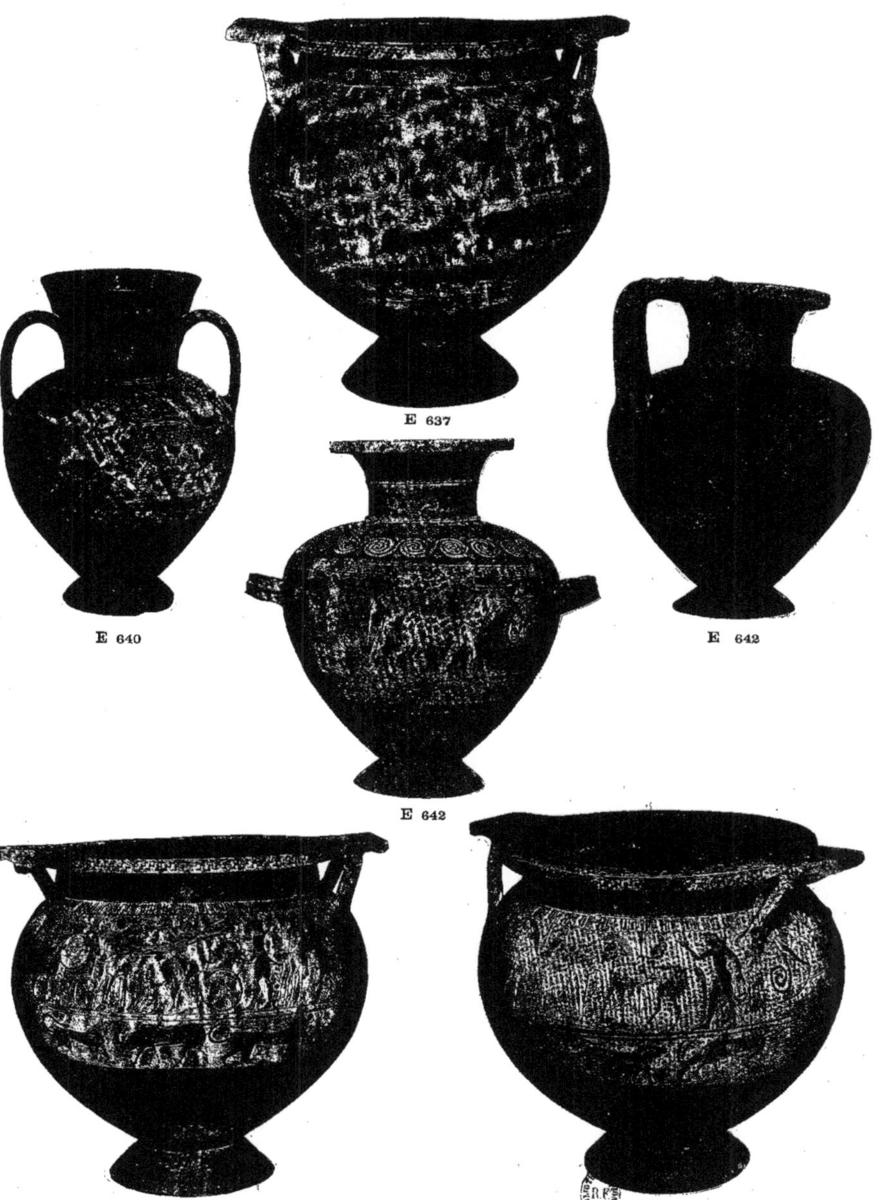

E 637

E 640

E 642

E 642

E 638

E 638

VASES DE STYLE CORINTHIEN TROUVÉS EN ITALIE

(VI° SIÈCLE AV. J.-C.)

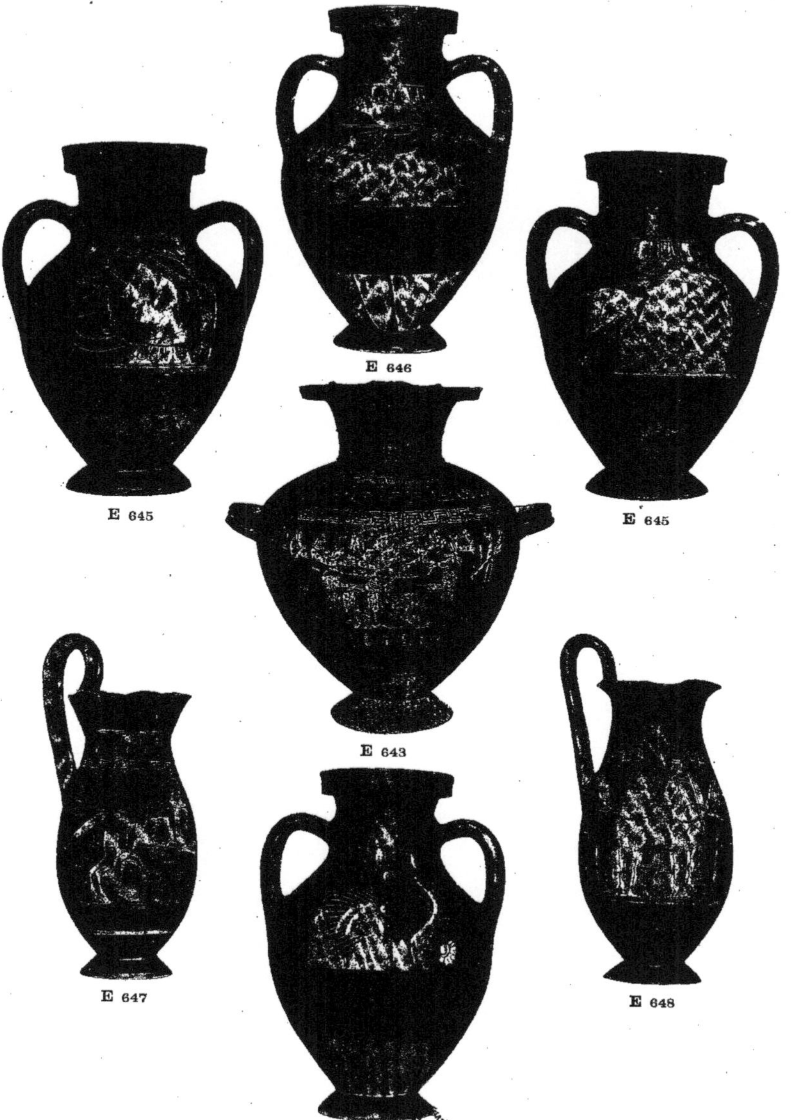

E 646

E 645

E 645

E 643

E 647

E 648

E 646

VASES DE STYLE CORINTHIEN TROUVÉS EN ITALIE

(VIᵉ SIÈCLE AV. J.-C.)

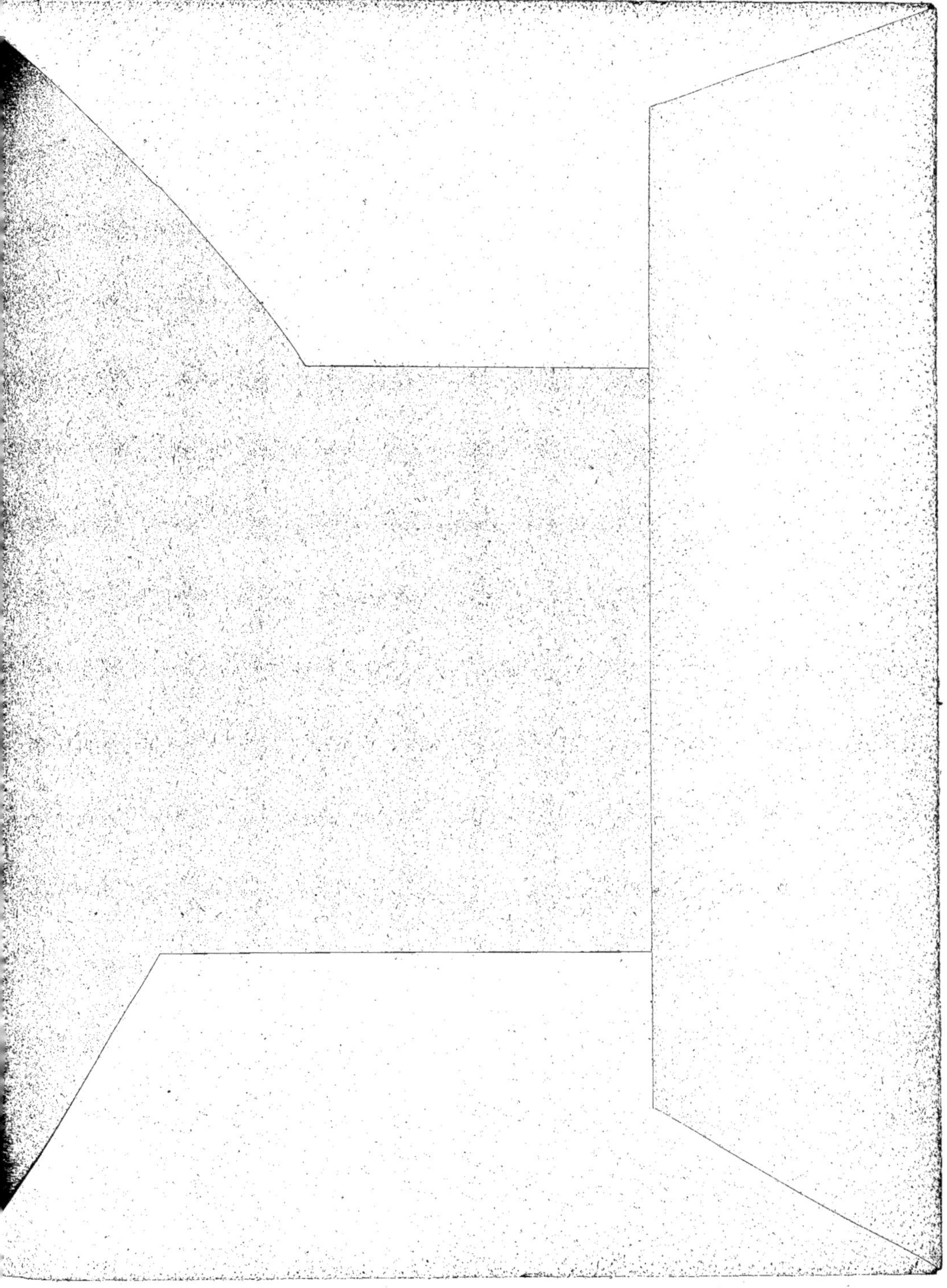